Learning {Re}imagined

重新想象{学习}

互联社会的学习变革

wise
world innovation summit for education
مؤتمر القمة العالمي للابتكار في التعليم

an initiative of
مؤسسة قطر
Qatar Foundation

[英] 格雷厄姆 · 布朗-马丁 —— 著
[伊朗] 纽莎 · 塔瓦科利恩 —— 摄
徐晓红 —— 译

中国人民大学出版社

图书在版编目（CIP）数据

北京市版权局
著作权合同登记章
图字:01-2015-7643号

重新想象学习：互联社会的学习变革 /（英)格雷厄姆·布朗-马丁著；（伊朗）纽莎·塔瓦科利恩摄；徐晓红译. —北京：中国人民大学出版社，2016.10
ISBN 978-7-300-23427-4

Ⅰ.①重… Ⅱ.①格…②纽…③徐… Ⅲ.①教育技术—教育改革—研究—世界 Ⅳ.①G43

中国版本图书馆CIP数据核字（2016）第229653号

重新想象学习：互联社会的学习变革
(英) 格雷厄姆·布朗-马丁 著；(伊朗) 纽莎·塔瓦科利恩 摄；徐晓红 译
Chongxin Xiangxiang Xuexi : Hulian Shehui De Xuexi Biange

出版发行	中国人民大学出版社		
社　　址	北京中关村大街31号	邮政编码	100080
电　　话	010－62511242（总编室）		010－62511770（质管部）
	010－82501766（邮购部）		010－62514148（门市部）
	010－62515195（发行公司）		010－62515275（盗版举报）
网　　址	http://www.crup.com.cn		
经　　销	新华书店		
印　　刷	北京华宇信诺印刷有限公司		
开　　本	170 mm × 240 mm　16 开本	版　　次	2016 年 11 月第 1 版
印　　张	23.5　插页1	印　　次	2020 年 7 月第 4 次印刷
字　　数	290 000	定　　价	79.80 元

目录 CONTENTS

Software

本书开发了可供选择的数字化应用程序，方便读者免费下载。该应用程序为您提供独家访问的额外材料，包括视频访谈和讨论群组。

了解更多详情及下载应用程序，请访问：learning-reimagined.com/app

了解更多本书情况，请访问：learning-reimagined.com

wise-qatar.org

open.163.com/special/openclass/wisebook.html

⊕

序

斯塔夫罗斯·伊恩努卡
（Stavros N. Yiannouka）
WISE首席执行官

世界教育创新峰会（WISE，World Innovation Summit for Education）于2009年由卡塔尔基金会主席谢赫·莫扎·宾特·纳赛尔（Sheikha Moza bint Nasser）殿下赞助建立，至今已成为教育领域辩论与合作的一个蓬勃发展的平台。通过调动赋权个体与改革社群的技能和资源，WISE也一直践行着纳赛尔殿下为所有人提供高质量教育的承诺。

在这个不断变化和日益互联的世界，教育面临着新的挑战，学习者的需求越来越复杂和多样化。正如WISE主席谢赫·阿卜杜勒·宾·阿里·萨尼（Sheikh Abdulla bin Ali Al-Thani）博士所指出的，"看着当今世界正在发生的一切，你会发现，对教育创新的需求从未如此迫切。这就意味着，我们需要更宏观地思考，需要表现更大的决心将创新引入教育领域。我们也需要确保教育的最佳实践得以共享，并以最有效的方式使其适用于不同的地区和文化"。

这本最新出版的WISE图书力求以新颖独创的方式回应这种情况。书中的旅行记录，将带领我们踏上一趟拜访学校和教育工作者的环球之旅。一路的故事描绘了一个广泛的学习环境，每种环境都有各

自的需求和独特的技术应用方法。通过访谈、案例的研究和论述，你会了解采用新方式让学生和教师参与进来的各色学校和项目。你会遇见一些最有创意、最有激情和最有效率的教育工作者，他们的观念和实践正塑造着这个丰富多彩的互联世界。

本书还把技术作为更广泛地探索教育系统作用的试金石：教育的目的是什么？当代技术在哪些方面仅仅只是在强化过时的教学实践？是否存在一种危险，即技术可能会侵蚀或取代团体的文化价值？当技术用于学习空间时，它能否造福社会，并帮助个体培养自我的创造力，实现其人生目标？本书并非全盘认可技术所带来的一切，而是提供一种审慎的视角看待教师角色、评估实践以及优质教育的获取途径——既针对技术先行的社区，也面向服务滞后的社区。本书包括了教育梦想家的人物刻画及教育思想家的对话访谈，他们的理念激发了应对非常情况的新颖项目和创新做法。人们的乐观精神在交流中得以展现，他们时常深刻反思，坦然直面将优质教育引入各自社区并辐射更广范围的一系列挑战。

教育是我们改善生活的最有力的工具——基于这样的信念，WISE将继续支持这些创新者的工作。我们衷心希望，本书能为读者提供思想的食粮，激励他们不断提出重要的问题，指引我们向前迈进。

致　谢

格雷厄姆·布朗-马丁
（Graham Brown-Martin）

我要感谢世界教育创新峰会团队，正是他们的支持、勤勉和努力，让这一项目从构思成为了现实。若是少了那些和我一样对本书问世充满热情的人的支持参与、创意构想、持久耐心及灵活应变，本书与辅助视频就不过是一纸空谈。你无法单枪匹马地创造类似这样的一个作品；即便你去尝试，也有可能精疲力竭。秉承这趟旅程的精髓，我们在分享与合作中不断前行。

我要感谢慷慨给予了我时间，并容忍我无休止提问的所有人。这些问题我都试图捕捉在本书里。我还要感谢那些辛勤在后台工作，帮我安排会议与访问的大部队人马，以及司机、帮手、航空公司乘务人员及酒店工作人员，他们所表现出的温暖善意让这样一段紧张的旅程愈发愉悦宜人。

我要感谢纽莎·塔瓦科利恩，她的照片诠释了本书的主题内容；还有拉斐尔·雅各布乍德（Raphael Yaghobzadeh），他确保一切进展顺利。没有他们良好的精神面貌、幽默和努力，这趟旅程不可能如此精彩纷呈。我将永远珍藏与他们一路同行的幸福记忆。

我要感谢我的太太——冉，还有我的孩子——约书亚、杰西卡、福里斯特和菲尼克斯。在外旅行时，他们耐心静候我；回到家中后，他们始终包容我。

我还要感谢父亲文森特，在我创作本书的过程中他与世长辞。正如我们每个人一样，他绝非完美，但正是他教会了我如何继续。我会永远怀念他。

我要感谢卡塔尔基金会主席纳赛尔殿下，以及世界教育创新峰会主席萨尼博士，感谢他们对教育的承诺及支持。2009年，纳赛尔殿下在卡塔尔基金会发起了世界教育创新峰会这项倡议，旨在以学习领域的创新来成就一个更美好的世界。恰是这一愿景，使得这一项目成为了现实；也恰是诸如此类的倡议，方便了我们更有效地相互理解。

纽莎·塔瓦科利恩（Newsha Tavakolian）

我要感谢我的助手——伊利·多米（Elie Domit）和内达·亚罕班（Neda Jahanbani），他们帮我安排了一切。特别感谢我的丈夫——托马斯·厄布林克（Thomas Erdbrink），感谢他所有的支持与爱。

Acknowledgements

旅程图

探索学习学校
纽约，美国
高科技特许高中
圣地亚哥，美国
世界阅读者
阿代索，加纳
NAVE学校
里约热内卢，巴西
珀维
圣保罗，巴西

艾萨学院
博尔顿，英国
树莓派
剑桥，英国
伊斯特伍德学院
贝鲁特，黎巴嫩
沃萨佳学院
多哈，卡塔尔
宝石教育
迪拜，阿联酋
人大附中西山学校
儿童免费午餐
北京，中国
约旦教育倡议
安曼，约旦
国立教育学院
新加坡
XSEED
BBC媒体行动
印度
加纳移动网络
阿克拉，加纳

SUPER

前　言

最近，我在在线众筹网站 Kickstarter 上参与了一个项目，支持创建一套儿童可以学做编程的廉价电脑工具包。这笔大约 150 美元的冲动投资，就发生在英格兰的冬假前。不久后，我回到伦敦，开始了这趟您将在书中了解到的旅行。这个举动多少有点儿让我想起自己年轻的时候，那时我痴迷于拆卸东西，任何东西，想要弄清它们的工作原理，直到最后被奖励了一个属于我自己的电脑工具包才罢手。不管怎样，童年时代的自制电脑的行为决定了我后来的生涯规划和人生选择，并促使我如今构思、写作这本书。

那个寒冷的冬日早晨，和 8 岁的女儿走路上学时，我问她："你想做个电脑吗？"她想了一会儿，回答道："我宁愿做些煎饼。"就在那一瞬间，我突然感觉到自己曾怀有的美好梦想——和女儿坐在餐桌旁，一起手持烙铁，用一下午的时光来制作她人生的第一件装置，并从此见证她迈上创业家的道路，成功挑战硅谷的所有精英——顷刻间灰飞烟灭。我在想，也许我能做的，只是自个儿去买些工具，以一种黯然的怀旧心情，来体会女儿和我这两代人对待"技术"的不同态度。

在此，我套用教育技术专家艾伦·凯（Alan Kay）的话："技术涌现在你出生之后。"我出生于 1964 年，那是只有三个频道可选择的黑白电视机的时代。那时，英国广播公司（BBC）刚开始推出儿童广播，而唯一值得一听的音乐电台却是非法运营的。相比之下，我的女儿出生在 2005 年，她的世界里充满了移动互联、苹果手机、因特网、视频点播、图像逼真的电脑动画、交互电玩、YouTube 网站，还有各类社交媒体。当学者、教育者和决策者研究讨论如何定义 21 世纪的学习者时，这却是我的女儿与她的同伴唯一经历的时代。

我相信，正是这种差异使得我这千禧一代的孩子做出“那又怎样”的回答。在她看来，做煎饼与做电脑并无多大区别。事实上，她可以任选其一，两者对她来说都没什么大不了的。这并不是说她对自从出生起就置身其中的数码工具和电玩迟钝或无甚兴趣，远非如此，只是她与技术及互联世界的关系远远不同于我的情形。

这种情形也不是第一次了。我的家族培养了大批像我父亲这样的汽车工程师。原本我也该子承父业，然而让他失望的是，在我十多岁时，随着个人电脑的诞生，我对成为一个满身机油的机械师再也提不起兴趣。我们家族的工程师之梦也就此完结。

这一世代的转变，就是故事的关键，也是即将呈现在您眼前的这番旅途的核心。从我的祖辈直到父亲，甚至我的哥哥，都曾以为家族的工程师事业必将世代传承。然而，正如我们所知，微处理器的发明及它与大众传播技术的融合，正在推动社会产生一场地震般的变革，给原本抵制变化的社会内部结构带来一番不可预测的结果。

数字技术如何影响学习，仍是一个备受争议的话题，比如，从技术作为学习自身成果的探讨，到在一个通过指尖便可获取信息的时代进行记忆水平测试是否还有意义的争论；从当今大中小学应当如何自处，甚至言及我们是否还需要教师。然而，这些讨论最终总是指向同一个方向，即整个社会对教育目标的定位。也许当我们能回答这一问题时，技术所能发挥的作用也会因此变得更为清晰。

工业革命之后，我们利用技术节约成本，提升品质，实行标准过程自动化，从而实现可预测的标准化产品输出。然而，当技术应用于学习情境中时，这仍是我们可期待的目标吗？

要是在十年前写这本书，我一定会精心整理系列文章来呈现一个构思严密的故事，以证明数字技术是改造世界所有弊病的灵丹妙药，包括教育之病。事实上，我的书架上堆满了各类预言数码天堂的大部头书。然而，时至今日，我却多了一点儿谨慎，开始怀疑我们曾以为极具变革性的某些事物，其实并非真的如此。

在此，借用我父亲生前在汽车拍卖会上说的一句话："那没什么稀奇的，也就是在旧引擎上做一下外部改装罢了。"

"变革"，就像许多其他词语一样，突然时髦起来，在无数讲演的幻灯片上频繁出现，与其伙伴"颠覆性"一词一样，变得难以定义。这是因为两者的释义和用法都受到特定情境的影响。就像在没电的村庄里，一个灯泡的出现就是变革；而若是换在一个富裕社区，仅用智能白板替代教室里的黑板或投影仪，变革之意就明显少了许多。

在我看来，世界教育创新峰会发起的"重新想象学习"项目之所以独具创意，就在于它的全球视角。这个项目给了我机会，让我在不同的情境下去重新审视"学习的变革"的含义。就像教育本身不可一刀切，"学习的变革"也没有万能的定义。我所了解到的是，全球有着无数发声者、思想家和行动家，他们竭尽所能，将教学、学习和教育变得动人而有意义，以应对不确定未来的种种挑战。

这趟旅程带我跨越了 5 大洲，正式拜访了 11 个国家，还经历了与此项目相契合的其他行程和演讲。我加入了一个高规格智库，参与创建 2030 年的学习蓝图①。我寻求知名人士的意见，但更多地关注底层微弱的声音。我探访科技最发达地区的学习状况，也亲临众多发展中国家的边远村落。无一例外，所到之处，我遇见的都是充满激情的人，他们是现实世界的英雄和创造者，坚定地迎接着这个不断变化的世界的种种挑战。宏观而言，我所目睹的，是世界各地的人们在为同一幅巨画创作各自的那部分。我发现，尽管技术的确是画的一部分，但却并非最重要的一部分。

书中记载的拜访和会晤发生于 2013 年 7 月至 11 月。在此之前，我花费了数月时间，与我的摄影师纽莎·塔瓦科利恩以及技术助理拉斐尔·雅各布乍德一同开展调研，并做好复杂的后勤安排，才得以完成这一宏伟计划。即便如此，不可避免的是，仍有大量极具创意的个人或组织本可在途中拜访，最终却未能成行。

① Equinox Learning 2030 Summit
learning 2030.org——作者注。

尽管这些案例未能收入本书，但作为改善教育的全球运动的一部分，他们的努力不应被疏忽和轻视。

基于真实经验和田野调查，本书所述实为质性研究，意在呈现人们的所作所为及其想法和感受。因此，与那些易于测量的量化研究不同的是，对这些内容进行归类分析要困难得多。如此而言，我们重新又回到了围绕学习和教育的讨论的核心。我们想要检测的，究竟是简单的问题还是关键的问题？过去的工业系统指向前者，可如果教育领域的数字技术也采用此法，就存在着风险。

在此，有必要谈谈我的背景、资历。12 岁时，我在父亲的指导下完成了汽车学徒训练；15 岁起，我离开全日制学校，开始了自学之路。在“非学校教育者”（unschooler）这个词还未出现时，我就已是其中一员。我自学成才，起初是通过从商店偷来的书学习，到后来尽我所能寻找擅长启发与激励的导师，来解答我认为重要的问题。直到今天，我仍在为终身学习和人生难题而寻求导师的指导。我创办并出售过教育出版公司和数字娱乐公司。我经历过穷困、富有、再度贫穷的遭遇，也体验过痛苦的煎熬与快乐的相伴。我是一名社会主义者，或者说，至少是一个信仰自由市场的人。我热衷于发现人类无尽的创造力，并对未来的生活持乐观态度。

本书包含游记、旅行日志和评论，以短文、访谈、案例研究和思想录的形式呈现，辅以优美的摄影作品，同时借助一个不断完善的数字资源库，以记录联结日益密切的当今世界正在如何发生变革，以及全球教育学习者当如何应对变革中的挑战。

也许有人会问：“都数字化时代了，我还要一本纸质书有什么用？”

我想说的是，因为它足够精美，因为这种可触摸的艺术品在我们的社会中仍然占有一席之地。尽管数字经济正在持续破坏并取代实体经济，但这并不意味着故事的终结。有迹象表明，实体经济，无论是零售业，还是手工制作，抑或是艺术产业，将会经历一场复兴——您尽可以重新想象——以应对数字主宰的世界。

事实上，在硅谷精英们的身上，就能找到这种复兴的迹象。以他们技术乌托邦的视角来看，万物都在弹指点击间便可获取。我们曾经以为原子将转换为比特，而新的趋势却是，随着创客运动的兴起，比特正在转换成原子。正是诸如 3D 打印、开源电子原型平台“阿尔杜伊诺”（Arduino）、微型计算机“树莓派”（Raspberry Pi）等新数码平台的诞生，使得人们不再成为被动的技术消费者，而是对技术产生新的兴趣，利用它来制作各类有形的物品。

与主题相契合的是，本书也是印刷媒体和作者们将如何重新定位自己的一个案例。数码技术所擅长的是，规范地复制内容，进行数字化，再以廉价的方式传播，并尽可能呈现其原汁原味。然而，无论是电子邮件用词不当而带来误会，还是将音乐压缩至 MP3 的文件格式，数字科技都无法避免有失偏颇。这就促使我去思考该如何将亲身经历与数字体验融为一体——那些认为二者水火不容、非此即彼的观点，倒像是个伪命题。毕竟，成为数字玩家这么久，我的感觉是，真实与虚拟并非不能和谐共处。

本书的行文与设计也特别考虑到了读者的阅读体验——您是自由的，喜欢从哪里开始，就不妨从哪里开始。如果您愿意，您可以从前往后一页不落地读。要是像我的话，先浏览全书的视觉效果，随意翻看下，再将目光锁定在吸引自己的地方，也是一个不错的选择。我没有把它设计成一段线性的旅程，书中也没有宏大的结论，有的不过是您自己的看法，可以与朋友和同事分享。我会陈述我的思考，但那也仅是个人意见，并不见得比您的看法高明多少。尽管如此，坦率地说，这趟旅程倾注了我的许多心血和努力，并非一时随意所作。

在以不可思议的速度完成这趟环球之旅时，我发现，经历过睡眠缺失与文化失调的煎熬后，不同的挑战与解决方案也在眼前逐渐变得清晰和明朗起来。我有一个非分之想，希望您在阅读时也能感同身受。

愿您享受此次旅行。欢迎与我分享您的阅读感受。

您当然知道在哪里可以找到我（@GrahamBM）。

思想录：未来已来

但凡了解雷·库兹韦尔（Ray Kurzweil）[①] 奇点理论的人都将意识到，预计在2030年前后，计算机便能拥有感知能力。也就是说，它们将像人类一样思考、决策、自我感知。本书无意探讨这个预言带来的启示，但我们仍不妨考虑一下2030年的世界将会怎样。

为什么是2030年?

因为一个从2014年开始接受正规教育的孩子，将在2030年大学毕业——如果大学到那时还存在的话。

未来学家总是很受各大会议的青睐，尤其是那些技术决定论者，他们往往看不到自己的言论会在社会上造成什么样的影响。技术决定论是硅谷的信仰。这套还原主义的学说，假定社会的内部结构与文化价值的进步正依赖于技术发展的推动。呵呵，他们当然这样想了。

技术决定论仅能与经济决定论相匹配。在人类发展历史上，经济决定论赋予经济结构凌驾于政治之上的地位。经济决定论要么常常被大肆宣传，到头来变成对马克思主义的一种误解；要么屡屡被政客们利用——他们打着“关键是经济，笨蛋！”[②] 的竞选口号，相互抨击。我却想说，考虑到大部分无产阶级终其

① 雷·库兹韦尔，美国著名发明家、思想家、企业家及未来学家，尤其擅长人工智能领域的研究。他出版了多部畅销书。在《奇点临近》中，库兹韦尔将进化划分为六大纪元，并探讨分析了科学的发展趋势。——译者注。

② 1992年，美国经济衰退，正值克林顿与布什竞选总统，克林顿党内幕僚提出了“关键是经济，笨蛋！”的竞选口号，向选民承诺将组建一个大有作为的政府，随后击败布什，赢得了大选。后来，“关键是……，笨蛋！”这句话成为了美国政治文化的常见说法。——译者注。

一生都在追求衣食住所，我认为经济决定论优于技术决定论。好吧，我跑题了。

技术决定论者试图说服你，科技的发展是历史和社会变革的主要原动力。的确，当你回想到蒸汽机的发明引发了第一次工业革命时，你就会觉得这种说法相当有说服力。那咱们就暂且这样认为吧。

假定人类按目前的轨迹发展，在技术层面上，我们应该能做出一些预测了。最显而易见的就是原始计算能力。未来学家总是会给你看一系列图表，向你展示计算机越来越强大的处理能力，不管这种计算机是基于硅还是其他材料。在这方面，他们或许是对的。如果他们说得没错，那么到2020年，我们就会进入百万兆级运算的时代，其中部分计算机的运算能力甚至堪比人脑。这些计算机起初大概只会出现在实验室中，但不出几年，它们可能就会出现在你的手机里。到2030年，我们预计将进入泽它级（Zetta，10^{21}）运算的时代，此时的计算机将比人脑强大1000倍。谁知道这究竟意味着什么！

让我们暂且不提“机器意识”这个难以理解的概念。一台泽它级计算机能干什么呢？

它至少可以提前两周精准预测全球天气形势。不是说伦敦大概两周后有雨这么简单，而是准确知道什么时候下雨、下多久以及雨量多少。它可以预测这个星球上任何一处的天气。这将给旅游业和雨伞销售带来很大帮助，而且这种计算能力也意味着，你的个人DNA测序只需几秒钟时间，你与任何人的任何一次数字互动都会在瞬间被分析出来，或者，你的下一步行动将变得几乎完全可以预测。

如果你发现自己患上危及生命的癌症，这一切都意味着好消息。比起现在治疗癌症使用广谱化疗会带来种种痛楚，到时候会有专门的技术来寻找并摧毁潜藏在人体里的癌细胞。但不好的一点是，在你做任何事之前，别人就已经知道你的想法了。但如果你不做坏事，就没什么可担心的，不是吗？

你错了。

错误之处在于你不知道谁将掌控这一切，以及我们可以信赖谁来做出这些有关伦理、道德以及人类自主思考能力的决定。2014年我写下这些的时候，世界才刚刚开始进行一场关于意识形态、宗教和道德的对话。说实话，我无法告诉你2020年会发生什么，更不用说2030年。但有一点可以肯定的是，我不愿意把这一切外包给一个由硅谷的技术决定论者编写的计算机集群。

那就让我们换个角度看问题吧。如果你是一个5岁孩子的老师或导师，而这个孩子今年开始入学接受正规教育，你将教授给他怎样的技能，让他得以应对这样的未来？

显然，会写Python代码是远远不够的。

访谈：赛斯·高汀

作家、企业家

2012年，美国作家、企业家赛斯·高汀（Seth Godin）著书倡导改变学校的教育方式。在这部名为“停止盗梦”① 的书中，赛斯指出，西方的经济模式已经发生了巨大的变化，而教育体系却变化甚微。就此，我约了赛斯，请他谈谈自己的想法。

格雷厄姆·布朗－马丁：赛斯，你觉得学校和教育的作用是什么？

赛斯·高汀：公共教育至今才诞生150年。当时在打造这个教育系统时，我们有一个明确的目标：培养下一代，让他们能胜任工厂的工作。这就是当时教育的目的——培养顺从的工人。因此，我们需要考虑：学校现在的意义是什么？我们没有提出过这个问题，家长、管理者、纳税人都没有考虑过学校的作用。我的意见是，学校不应再用来培养更多工人，因为我们不再需要那么多工人了。

我认为，我们需要教授两件事：第一，如何解决有趣的问题。第二，如何领导。看看现在北美洲或欧洲的任何一所公立学校，我们并没有向孩子们传授这些理念。我们只是教孩子们如何在考试中获得好成绩。

格雷厄姆：为什么你会认为，我们工业化的学校系统抵制社会其他领域正在发生的变革？

赛斯：我们打造了学校制度，而这个制度是与世隔绝的。我们构建了官僚体系来维系这个教育系统。我们的制度是为100多年前从事专业工作的职员制定的。因此，我们的教育系统没有在早上醒来时看着窗外对自己说：是时候重新定义自己，以便为不同的世界培养更优秀的学习者了。对此，我一

① *Stop Stealing Dreams*, Seth Godin www.sethgodin.com/sg/docs/stopstealingdreamsscreen.pdf ——作者注。

点儿都不惊讶。

我们不再处于工业驱动的经济社会，我们不再以同样的方式来生产同样的东西。我们现在所处的经济社会的价值是由联结创造的，是在我们与周围信赖的人一同工作的时候建立的，是在我们寄予高度期望和创新的时候建立的。这一切都来源于创造艺术、探索未知领域、做与自己息息相关的事情。没有一项是通过听从指示完成的。然而，自打你一年级入学起，就不断因为听从了指令而受到奖励，这一点需要改变。

格雷厄姆：你怎样看待我们的教育系统应当更重视创造力？

赛斯：学校就是一家工厂、一个盒子、一座建筑、一处产出学生的地方。20世纪80年代，人们在底特律生产劣质汽车的时候发现，如果对产品质量进行检测，就会使质量得到提高。所以，底特律发现了改善缺陷的办法，当然日本更早发现了。因此，工业世界的工厂都信赖科学监管，他们都相信检测每个细节是有效的方法。于是我们把这套模式拿到了一个叫学校的工厂，认为既然可以对产品进行检测，就能相应改善质量。

无法检测的东西，就变得不重要。因此，也就没有必要惊叹为什么那些教育工作者、那些因为检测而受到褒奖的人，会放弃教授那些无法测量的东西。

这个错误是我们自己造成的。作为为工厂买单的人们，我们却在追求错误的东西，追求那些可以通过美国大学入学考试或美国学术能力评估测试等方式测验出来的东西。我们应当培养勇于创造非凡的智者。

如果统计我们培养出了多少此类学生，而他们又创造出了多少价值，我相信学校也会开始有所改变。有一种小芯片，叫做阿尔杜伊诺，29美元就可以买到，批发的话应该可以半价。它上面有整个 Linux 操作系统和组建一台新电脑所需要的所有东西。这里我想问的问题是，为什么我们没有把这个交给8岁的孩子，让他们弄明白。

为什么我们没有告诉 9 岁的孩子“这个问题我们找不到解决方案，你看看怎么解决最好”？为什么我们没有教育孩子们承认“这行不通”没什么大不了的？这是一个创新的领域，只有那些成功人士和具有影响力的人士才会在早上醒来，对自己说：“这可能行不通。”而我们正在教孩子们做的，却都是行得通的事情。

格雷厄姆：教育行业的批评者说，提出问题容易，而要实施变革就不那么简单了。你怎么看？

赛斯：你想要一张地图？你想对肯·罗宾逊（Ken Robinson）爵士①这样的人，甚至对我说：“告诉我怎样一步步去做。”你需要指示，或者傻瓜式的指导，对吧？对不起，这不是我的工作。我做的是指南针，不是地图。

我不会教你如何一步步创造艺术。我要告诉你的是，这里存在巨大的脱节：世界正需要你们——学校管理者和老师们，而你们却没有回应。

我完全相信教育产业混合体中有足够的人才和热情来解决这个问题，有无数的解决方式。但在我们开始研究策略之前，需要在战略上达成一致。我们需要在问题的根源上达成共识，停止从 1950 年或者 1962 年的角度来解决问题。我们必须认识到眼前的世界已经大不一样了。

格雷厄姆：你觉得技术可以在教育体系的变革中起到什么作用？

赛斯：任何可记忆的东西都可查到。人们现在通过智能手机就能轻松访问到想要的信息。你可以找到每个事件、每个人物、每个数学计算。没有做不到的，只有想不到的。那么我们为什么还要花时间在教室里学习？为什么还要把孩子们极其珍贵的时间浪费在记忆式学习上，而不是激发他们的潜力，让他们自主学习？

萨尔曼·可汗（Salman Khan）②也说道，现在的课堂的意义在于完成作业。

① 肯·罗宾逊，人类潜能开发、人类创造力开发专家，作家，演说家。2003年，因其对文化艺术所做的卓越贡献，被英国女王伊丽莎白二世册封为爵士。——译者注。

② 萨尔曼·可汗，教育工作者，可汗学院创始人。——译者注。

晚上我们让孩子们回家看一个由最棒的老师录制的教学视频，当他们第二天再次回到学校时，教师和他们一起学习，指导他们，挑战他们。

学校的存在是为了解决问题，是为了指导并教育孩子们找出畏惧并克服它，从而学会如何在事业中领先，如何处理和解决有趣的问题。我不需要你来测试我是否知道阿拉斯加的州府在哪里。这不重要。

格雷厄姆：随着慕课和其他在线学习平台的兴起，你怎么看待大学的角色转变？

赛斯：大学是干什么用的？现在不需要进大学就可以学习大学课程。我可以随时随地在世界的任意一个角落观看斯坦福大学或者麻省理工学院的课程。

突然间，大学课程不再是稀缺资源，到处都存在丰富的网络课程。所以，如果大学仅仅是用来听课的话，那它们就已经过时了，因为课程的教授不再仅限于学校内部。网络赋予了它们自由。不仅如此，通过网络，我能获取比一所普通大学提供的更优质的课程资源，因为无论是在世界哪个角落，我都可以学习最顶尖的课程。

既然大学课程不再仅限于从大学里获得，既然我可以随时随地在世界的任何一个角落观看斯坦福大学或者麻省理工学院的课程，那么问题来了：大学何为？大学一直以来的意义何在？如果大学是我们掌控的稀缺资源，只有特定的人才可以进入大学深造的话，大学就完了。我认为大学的意义远不止于此。

我认为，大学一直以来的职责不外乎三个：第一，课程学习，显然这个已经不再重要，因为世界上最好的课程都可以在网上学习了。假设我住在曼彻斯特或者柏林，我不需要在曼彻斯特或者柏林上学，我可以听该领域世界上最专业的老师的课。第二，在学校里我们与谁共度时光？坐在我旁边的人是谁？我的导师是谁？谁是关心我的老师？这正是塑造我们生命的重要推动力。第三，我们获得了资历。在我毕业时，要给自己贴上怎样的标签？我如何证明自己是一个哈佛人或者牛津人？

大学的稀缺性不再是谁来听课，而是你跟谁坐在一起共同合作，还有毕业时你将如何证明自己的成果。所以教育业不像唱片业。唱片业的结果是将黑胶唱片中的某些文件释放出来，放到 CD 中或者任何其他地方，并且都免费。

既然我们现在不需要教室了，我们就得好好想清楚大学院校究竟提供了什么价值，才会让人们心甘情愿为了获取文凭而去读它，才会让人们觉得无论是从投入的时间还是金钱方面来看都物有所值？仅仅是似是而非的一个现象——说大学能获得学分而在线课程不行——就要让我花费 20 万美元？对不起，我不接受。

格雷厄姆：有人认为，教育行业将经历一次颠覆，就像音乐共享服务软件 Napster① 颠覆了音乐行业一样。你怎么看？

赛斯：如果我们认真思考教育的变革，这将是个绝佳的机会。如果你跟热爱音乐产业的人交谈，你会发现存在两个阵营。一个阵营喜欢音乐产业的产业部分，他们怀念豪华轿车，怀念曾经的派对，怀念 A&R 公司的艺人。另一个阵营则喜欢音乐本身，他们热爱音乐，觉得一个自由艺人可以在三天内被全世界都知晓是多么的难以置信。如果你关注音乐人，那么互联网就是你的天堂。越来越多的人从事音乐，人们听音乐的频率也越来越高。同样的事情也正在教育产业里发生。

很多院校将不再辉煌。混日子的人们已经面临生计危险。而我们能够为教育创造的事物，远比人们想象的要宏大和迅猛。我们如何能够忍受平庸？我们如何能够只停留于见好就收？我们现在有机会在降低标准的同时降低成本。但我宁可提高标准，宁可去创造一些荒诞的、不可能的事物，让人们在五年后仍然不禁感叹："我们居然能够教这么多人创造出了这么不一般的智慧。"

① Napster是一种在线音乐服务，由肖恩·范宁（Shawn Fanning）创建的文件共享服务。Napster是第一个被广泛应用的点对点（Peer-to-Peer，P2P）音乐共享服务，它极大地影响了人们，特别是大学生使用互联网的方式。它的出现，使音乐爱好者间共享MP3音乐变得容易，却也因此招致音像界大规模侵权行为的泛滥。——译者注。

加纳 Ghana

Ghana

我们的旅行始于加纳。

加纳位于西非的几内亚湾，南濒大西洋，西邻科特迪瓦，东毗多哥，北接布基纳法索。由于纬度非常靠近赤道，加纳全年气候炎热。在经度上它位于格林尼治子午线上，恰好穿过伦敦南部我的故乡。

我的太太就是加纳人，因此我对这个国家十分了解。这 15 年间，我感受到了加纳巨大的变化。应该说，这个国家于我而言就像第二故土，我对它的未来发展所怀有的兴趣远非一个过客那般简单。

15 世纪以来，来自葡萄牙、荷兰、德国、瑞典、丹麦和英国的欧洲商人相继入侵，开始了加纳的殖民统治时期。1957 年，加纳脱离英国殖民统治而独立，成为撒哈拉以南非洲地区的首个主权国家。如今，加纳享有稳定的议会民主，经济增长迅猛。曾被称为“黄金海岸”的加纳，素来以丰富的自然矿藏资源著称，包括黄金、石油、天然气和农业。加纳盛产可可，是世界上第二大可可出口国，仅次于它的邻居科特迪瓦。加纳人口日益增长，目前拥有 2500 万人口。

1996 年，加纳政府推出一套框架政策，旨在通过全面改革，“用一代人的时间”将加纳“从一个落后贫穷的低收入国家建设成为一个繁荣昌盛的中等收入国家”。这一蓝图后来被命名为“加纳 2020 年远景规划”。它与李光耀在 1959 年执掌新加坡政权后推行的国家改革计划十分相似。在稍后的旅程中，我们会到访新加坡，在此暂不赘述。

受篇幅所限，我无意深入研究错综复杂的国家政治与政策。然而，这趟环球旅程带给我的宏观与微观相结合的视角，使得我——姑且先不论对错——情不自禁地总是想要联系各种相关因素，尤其是在考虑教育对促进国民经济发展的重要潜力时。在制定教育政策时，有人往往会问“15 到 20 年后我们想要什么样的经济”。事实上，成功的教育领导者正是这样做的，稍后我会进一步阐明这一观点。

加纳的一些评论员认为，“2020 年远景规划”中所制定的目标遥不可及，或者已被遗忘。然而，至少在诸如首都阿克拉、库马西等主要城市，加纳中产阶级群体的财富增长十分显著。

2013 年 3 月，在总统约翰·马哈马（John Mahama）的领导下，加纳政府斥资百亿美元，启动了一个历时三年的项目，决定在阿克拉城外打造一处高端数码中心，为科技公司及其雇员建设配套的办公场所及住房。该计划名为“希望之城”，反映了加纳政府参与全球市场和数字经济竞争的决心。

就我有幸到访的地区而言，加纳不仅是世界上最友好的国家，也是最安全的国度之一。每一次回到加纳，我都惊讶于她的变化和发展。就像一个尴尬的叔叔，每年回趟老家拜访亲戚，总是会谈到每个人的成长和变化。可见的物质财富增长，从大城市的中心向外蔓延。让我感叹的是，加纳的发展模式与巴西极为相似。在巴西，富人与穷人的天壤之别造就了城市周边的贫民窟，在那里，一无所有者向内遥望一无所缺的有钱人。首都阿克拉市的某些片区，也让我想起了自己于 20 世纪 80 年代中期到访韩国在首尔看到的景象。因此，不难想象一个“渐趋迅猛”的增长态势。尽管加纳“2020 年远景规划”的目标是要扩大中产阶级群体，消除贫困，然而，我却担忧这个国家在拥抱现代化的同时，是否还能保持其独特的文化特征和生活方式。

在加纳，我到访了阿克拉市内一所培养数字企业家的学校，还有另一所为每个学生配备个人平板电脑的农村小学。此外，我还顺便去了一所在詹姆斯敦海滩上的学校。毋庸置疑，我和我的团队十分享受这趟加纳之旅。此行所获良多，离开时我们备受鼓舞。

案例：世界阅读者

阿代索

“世界阅读者”（Worldreader）是一个旨在消除世界最贫困人口文盲数量的全球性非营利组织。借助诸如亚马逊 Kindle 的电子阅读器或者廉价功能手机的移动应用程序，它们为使用者提供了一个庞大的图书馆资源。

这一项目从小学生开始启动。电子书中精选了上千个当地故事，还有大量国际知名书刊。当学生将电子书带回家与家人分享时，消除成人文盲也在悄然发生。

这一构想最初由亚马逊前高管大卫·瑞舍尔（David Risher）和西班牙 ESADE 商学院营销总监科林·麦克尔威（Collin McElwee）策划提出。2010 年，该项目在加纳启动。

到 2013 年年底，世界阅读者已将 80 多万本书分发到 9 个非洲国家的 12000 多名儿童手中。

Ghana

这个项目依赖捐助者的支持而运作，任何个人或团体都可出资赞助学校或教室。一万美元为起始金额，被捐赠者将获得一个工具包，内含技术、培训与相关支持。世界阅读者希望通过与捐助组织合作，将电子设备的价格降低到当地社区能够接受的水平，使得该项目的发展可持续并可推广，同时他们还在社区层面加强能力建设，为项目主管和当地教师提供教学和技术方面的培训。世界阅读者还支持当地已提供功能手机服务的商业团队，以弥补电子阅读器的缺乏。就这样，一个支持阅读的生态系统在发展中国家建立起来了。

我们拜访了加纳东部地区的阿代索长老会中学。在那里，我们与学生、老师、项目主管及世界阅读者联合创始人科林·麦克尔威分别进行了会谈，以了解更多关于该项目的运作情况。

从首都阿克拉驱车三小时，就到了阿代索。它是一个小乡村，以农业为主要产业。路上，阿克拉喧嚣的城市生活和拥挤不堪的交通逐渐被繁茂葱郁的乡村景象取代，恰好在上课前，我们赶到了学校。

摄像团队和我的出现让孩子们兴奋不已，但他们很快又回到了自己的教室。正值暑期，家长们忙于农活，学校就是学生的安全去处。这里的气候全年都很炎热，为了尽量给孩子们创造凉爽的空间，教室也做了特别的设计。每个教室都有百叶窗，既能大幅度开窗，加强空气流通，同时在中午又可以避免强烈的日光直射。

在伦敦，人们总是就课堂上是否应该允许学生使用平板电脑而进行激烈的争论。然而，就在加纳的这个小村庄里，孩子们已经人手一台平板电脑了。

以一个西方人的视角来看，这里的变革似乎并不明显。毕竟，那些只有入门配置的 Kindle 电子书并未给孩子们提供机会去上网浏览、视频对话或者学习如何进行电脑编程。但是，在阿代索这个小村落里，它们是确保孩子融入数字世界的重要一步。

作为一个后殖民国家，加纳教育体系的主要职能在于为学生提供书本，培养其读写能力。纸质书的价格、派送及保管费用超出了并不富裕的普通人群所能接受的范围。所以，在这里，拥有现代书籍的图书馆十分罕见，大部分家庭无法负担拥有书本的奢侈开支，学校也仅仅是依赖教室里的课本共享。这无疑妨碍了农村教师的日常教学，使得他们在努力教授课程的同时，无法有效地激发学生的好奇心及对阅读的热爱。

通常，世界阅读者的一部电子书包含 5000 本以上国内外小说和其他书刊，能给每个孩子提供几乎一个图书馆的藏书。与 iPad 相比，电子书功能单一，反而确保了阅读项目的成功运作和全国推广。因为这个项目旨在为教学实践提供书本支持，几乎不会招致官方的反对。也许有人会说，这一项目并未改变教学过程，而仅仅使变革成为可能——对这所学校和与其相似的学校来说，这已经是变革。

低功耗、结实耐用、阳光屏、操作简单、微乎其微的网络安全隐患以及低成本——所有这些因素都对孩子们有利。正是这些特征，使得这些设备在西方消费类电子产品中大获全胜，也为自己在阿代索的环境里赢得了一席之地。有人可能会说，选择多功能平板电脑优势多多，然而，若是缺少了可负担的互联网以及一系列教学和技术方面的支持，这种项目通常熬不过试验期。如今，世界阅读者打造的这一项目已在非洲大陆普及，惠及无数适龄儿童及其家庭。

这个项目还带来了一些附加收益。起初，政府担心电子书的普及将会损害加纳国内或泛非洲出版商及作家的利益。然而，在加纳国内出版商与世界阅读者合作后，不但更多国内读者开始阅读他们出版的作品，同时他们的作者还获得了国际读者，而且他们开创了图书出口市场。时至今日，越来越多的年轻人和世界阅读者校友也开始参与其中，以深受 Kindle 和世界阅读者移动应用程序所青睐的 ePub 格式制作并出版图书。

（www.worldreader.org）

世界阅读者联合创始人

访谈：科林·麦克尔威

科林·麦克尔威是世界阅读者的联合创始人。他聚焦商业发展，曾任职于各大营利及非营利组织，并善于将既有经验在全球各地转化为实践。近期，科林在西班牙ESADE商学院担任首任营销总监，在巴塞罗那，他帮助学校赢得了世界级商业教育机构的荣誉。此前，他以经济学家的身份开始自己的职业生涯，曾为布鲁塞尔的数个游说欧盟委员会团体服务①。后来他供职于苏格兰·纽卡斯尔啤酒股份有限公司，负责消费品部的全球营销。

科林育有两个女儿，父女都是书虫级的阅读者。他在曼彻斯特大学取得了经济学学位，在ESADE商学院取得了MBA学位。他是世界经济论坛全球（非洲）议程理事会的邀请成员。

格雷厄姆·布朗-马丁：科林，请介绍下世界阅读者。

科林·麦克尔威：创建世界阅读者组织，最初是我在跟合伙人大卫·瑞舍尔谈话时产生的想法。当今社会联系日益频繁，任何人只要有手机，就能收到书，而我们知道，世界上90%的人都有了手机。这与另一个只有小部分人才能获取书的世界形成了反差。

① 游说团体通常由实力雄厚的大企业赞助，负责开展游说活动，意在通过斡旋劝告欧盟委员会议员，达到影响政策制定的最终效果。——译者注。

格雷厄姆：书的数量，大概是一个什么样的规模？

科林：通过电子书平台，我们已在九个国家配送了80万本书。在移动平台上，每个月有50多万人访问我们的一个拥有2000本书的图书馆。

格雷厄姆：你们的这个项目以亚马逊的Kindle阅读器为载体。选择这个平台有什么具体的原因吗？未来会使用怎样的平台？

科林：我们三年前才开始这个项目。对数字出版业来说，三年其实是一段比较长的时间。Kindle电子书还比较新，但在这个领域它已经是老大了。我们主要有两个平台——电子书和手机。

电子书平台，我们与亚马逊合作；移动手机平台，我们与许多不同品牌的手机合作，使用某种技术压缩数据。也就是说，当我们把书发送到手机上时，手机很快就能接收，成本也很低。这个技术适用于安卓手机甚至一些Java功能手机——这些手机在发展中国家的人群中，占到了90%的使用比例。

格雷厄姆：你们将世界阅读者推介给不同国家时，碰到了哪些挑战和阻碍？

科林：政府以前总是跟我们说："出版商可不大会喜欢你们这个项目。你们会拿走他们的利润。"但我们每进驻一个国家，总是先跟出版商谈，再跟政府谈。出版商完全接受电子化出版。他们其实是先以电子形式存储作品，再将其印刷成纸质书。我们跟他们解释说，如果把作品给我们，将文档转化为电子出版的ePub文件分享到我们的平台上，他们的读者市场就会从本地、本国扩展到全球。对出版商来说，这可是个巨大的优势。

格雷厄姆：你觉得，把西方作品派送给另一种文化，会不会在某种程度上被视为通过内容输出进行数字殖民？

科林：我们很早之前就意识到的一点是，做这件事最重要的就是输出的内容。技术不是关键，优秀的内容才是。就我们的项目来说，能让孩子们和年轻人真正产生共鸣的优秀内容，都离不开当地的生活环境。这也是世界阅读者与60多个非洲出版商都签订了协议，让他们不但将已有的创作内容给我们，还帮我们介绍新的作家和写手，来为这个项目共同创作新的内容的原因。这是一个非常健康良性的循环。

格雷厄姆：就设备来说，你们使用的是阅读器。那么，内容创建方面你们做了什么努力？

科林：我们最近在跟这个项目的一些学生志愿者合作。很多志愿者都在帮我们创作诗歌或短篇小说，我们将他们的作品转化成电子格式并传播出去。成为阅读先锋没什么大不了的，但能以作家的身份被同龄人和同学认可，就很了不起了。我认识的一个孩子已经创作了一本书。那种快乐，我小时候没体会过，但它确实是非常有益的经历。它会让你对读写产生更浓厚的兴趣。

格雷厄姆：家长看到家里多了这个设备，有什么反应？

科林：不论开始哪个项目，进驻哪个社区，我们都会邀请学校，邀请管理者，邀请社区一同参与。我们举办一个社区发布会，并不是在推销一个新概念，而是通过这个项目分享更多可能性。家长们跟我说："我以前从没考虑过买一本书。因为要么书太贵，要么只有政府才会去考虑这个问题。现在，我也可以用阅读器或是手机来看书了，真是太让人兴奋了。"

然后，家长就会考虑是否需要买一本书。买的话，不用五到十美元，而是一美元一本，甚至更便宜。对孩子们来说，这也是一个很棒的决定。他们真切感受到了父母对阅读的支持。

格雷厄姆：是否可以说，这个项目的一大优势，首先就是给孩子们提供了读到书的机会，就像在加纳农村地区那样？

科林：世界阅读者的一个基本特点就是，我们提供书——给世界上以前读不到纸质书的一些地区的民众提供数百万册书。这给当地带来了一股惊人的活力，正因为以前人们读不到书，所以人们极其渴望有书，这就意味着存在一种潜在的需求。

我们把这些优秀的非洲著作，还有一些国际名著送到以前从没有书的地区，收到了热烈反响。不仅是教师、学生，还有整个社区都欣喜至极。

格雷厄姆：你们这个项目是在当地真正做到初具规模的少数几个项目之一。你觉得是什么因素导致了项目的成功？

科林：坦率地说，对任何组织而言，规模化都是最基本的挑战。之所以能够扩大规模，是因为我们做的事情正好与现实世界的需求相吻合。人们需要书，教育系统需要书，书就是它们的命脉。只要关注了需求，项目本身就会扩展，而且还会持之以恒地迅速扩展下去。三年前做这个事，花费成本之高，实在让人望而却步。但是我们当时认为，再过个五到十年，成本就会降下来，降到某个水平，而项目的规模化依然自动运行。实际上，三年就足够了，成本已经降到那个水平了。

格雷厄姆：要让数字阅读设备在加纳这样的国家带来变革性的影响，你认为最佳设备成本值应该是多少？

科林：考虑到设备成本，我们启用了两个平台。移动手机平台，每个至少花费20美元。电子书的话，三年前我们刚开始这个项目时，一部电子书要卖到300多美元，现在不用60美元就可以买到。这个价格是会持续下降的。如果考虑到规模化效应，设备的最佳成本值应该是在20到50美元之间，最终取决于你要投入的市场规模和人口总额。

格雷厄姆：以你的经验来看，我们该怎样激发教育创新？是什么让变革在减速？

科林：我们都知道，教育领域的创新是一个巨大的挑战。教育的一些特质使得创新尤为艰难。首先，从教育部到教师、家长、学生、家校协会和考试委员会，有太多利益相关者。如果你想在教育领域创新，你得在同一时间让所有利益相关方采取一致的立场。这非常难。如果你想做教育创新，你就得学会跟这个系统合作。

在跟书打交道的这几年里，我们发现的是这个系统中所固有的未被满足的需求。书是大家都能接受的，人们也不会认为这是什么颠覆性的创举。这恰好强化了现有的教育系统，让它运作得更加完善。这就是我们的创新。

世界阅读者在最初的这三年里收获良多。我想指出的是，首先，我们的努力真的行得通；其次，我们的努力可以带来持续的规模效应。真的，关键在于：从现在开始，我们可以做到什么程度?

这样做下去是一个很大的工程。技术在以各种各样的形式飞速地变化。对我们来说，就是要不断关注，把书送达学生手里，让知识进入全球儿童和青少年的头脑中，最好的办法是什么。世界阅读者始终专注于为所有人提供书籍，为所有人提供知识。未来，我们会使用最好的技术，跟最好的伙伴合作，让它持续运作下去。

案例：加纳移动网络

阿克拉

“加纳移动网络”（Mobile Web Ghana）是设在首都阿克拉为数众多的组织之一，它关注终身学习、开发本地人才、培养创业精神，孵化科技初创企业。

加纳在数字基础设施方面的显著投资，给本国带来了挑战和机遇。挑战在于，网络上的许多内容并未本地化；而机遇在于，加纳的商业能够影响数字世界，通过提供产品或服务获得收益。为了最大化地利用现有机遇，加纳公民和本地企业家需要重新掌握适应新的数字和移动平台所需的技能。

由于连接了西非登入互联网的最高功率的数据电缆，加纳有非洲大陆上最快的网速。近期加纳对互联骨干网的种种改进，意味着稳定的固线连接成本将下降。然而，加纳境内增长最快的业务，却是目前的3G移动宽带以及很快应用的4G LTE频段移动宽带。国际电信联盟2013年的一份报告①显示，在使

① www.itu.int/en/ITU-D/Statistics/Documents/publications/mis2013/MIS2013_without_Annex_4.pdf——作者注。

用移动宽带连接方面，加纳是增长最快的非洲国家。加纳政府承诺通过私人资助的项目来刺激本国数字经济，比如高达百亿的“希望之城”技术中心——很明显，加纳的确是认真考虑了自己的数字未来。要想成功，就需要培育本土人才，投资新的高科技初创企业。

作为万维网基金会的部分移动创业计划，加纳移动网络应运而生。它是横跨非洲的首个实验室网络项目，旨在打造一个企业家生态系统，创造能满足本地市场中社会或商业需求的移动服务。万维网基金会由蒂姆·伯纳斯-李（Tim Berners-Lee）爵士创办，他也是万维网的发明者。

2010年建立的加纳移动网络是一个非营利孵化基地兼培训机构，服务一群数量日益庞大的加纳人——他们热衷于信息技术，并有意创建本地数字服务。通过培训，加纳移动网络设法将现有技术和热情与必要的知识相融合，以此开创和发展业务。加纳移动网络由沃达丰（Vodafone）①赞助。

加纳移动网络的培训历时三周，邀请本土专家和国际专家到场，对20名遴选出的学员进行授课指导，以便创建移动应用程序，开发商业技能。在三周的时间里，培训者帮助学员拓展自己的服务。参与的学员通常都是研究生，他们需缴纳100美元，作为名义上的课时费。

培训之后就是六个月的导师指导孵化期，有潜力的项目将进一步开发，以转变为商业服务产品。加纳移动网络的导师指导项目为从培训中脱颖而出的有志开发者指定经验丰富的企业家作为导师。秉持将项目从原型推进到发布这一目标，导师与开发者合作，以提供指引，增强软件技能，开发商业模型，识别市场需求，管理知识产权并寻找资金。

加纳移动网络为早期初创企业提供廉价的孵化和办公空间，小至流动公用办公桌，大到功能齐全的办公套间。

① 沃达丰是一家跨国移动电话运营商，为世界500强企业之一。沃达丰的名结合了Vo(=Voice语音)称—Da(=Data数据)—Fone(=Phone电话)三个意思。——译者注。

加纳移动网络的孵化培训实验室总部就设在阿克拉的麦迪纳区，该区与邻近的莱贡区都是活跃的数码科技活动中心。在这里，你可以找到本地的视频游戏开发商，还有如融水技术创业学校等其他孵化场所。麦迪纳区还是加纳大学的所在地，周边有谷歌、沃达丰、国际电信业巨头MTN等数个跨国科技公司。

我抵达的那天相当忙碌，一些来自韩国的学生与加纳移动网络的一群学生正在合作学习。这是某个文化交流项目的一部分，韩国学生正为他们的东道主加纳同伴提供关于安卓软件开发和网页创建工具的指导。由于能说少量韩语和加纳本地语，我很高兴可以分别用两种语言进行自我介绍——这一举动着实令所有人诧异，至少吸引了众人的眼球。

到处都是叽叽喳喳的声音。很明显，韩国学生十分享受这一过程，而正在学习新技能的加纳学生也是如此。有人也许会质疑，韩国政府出资开展这样的交流活动是否划算。韩国的三星集团是世界领先的安卓系统智能手机供应商。在加纳，日益增长的中等收入人群逐渐由使用功能手机转向使用智能手机。也许，能提供关联最密切的应用软件的机型就是最受欢迎的机型。

加纳移动网络在运营的三年时间里，已经见证了数个企业的成功诞生。农户专线[1]就是一个移动数据和短信服务公司，为农民提供即时信息，让他们在劳作中做出更多商业决策。农户专线的愿景是打造一个新兴的非洲，使得市场运行力量不再只由非政府组织主导，小农户也能够生产、销售更多食物。农户专线的创始者从加纳移动网络所获得的培训和指导，不但影响了他自己的生活，还惠及了内部聘用人员和服务使用群体。

(www.mobilewebghana.org)

① farmerline.org——作者注。

加纳移动网络创始董事

访谈：弗洛伦丝·托法

从融水技术创业学校毕业后，弗洛伦丝开发了一个时尚在线门户网站，推销非洲的服饰。2010年，她被万维网基金会任命为区域社区经理，负责创建一个非政府组织，开展移动创业项目。

在莱贡的加纳移动网络企业家学校，我见到了弗洛伦丝。

格雷厄姆·布朗-马丁：加纳移动网络成立的背景和使命是什么？

弗洛伦丝·托法：加纳移动网络是蒂姆·伯纳斯-李爵士创办的万维网基金会提出的一个构想。它是一个帮助人们使用网络的非政府组织。在西方，多数人会在电脑上

弗洛伦丝·托法（Florence Toffa）是加纳本土人才的一个完美典范。她从位于阿克拉的融水技术创业学校获得了软件创业的研究生证书，并在加纳大学获得了心理学和社会学的学位。弗洛伦丝有与移动企业家、信息总汇商、开发人员、技术领袖及电信公司合作共事的经验。她推销、招募、训练、协调及管理一个移动技术企业家社区，并已成功运行加纳移动网络这一移动创业项目。

使用网络，而在非洲却截然不同。我们所拥有的能改变我们的生活、使得我们所做的事情更有意义的唯一的数字工具，就是移动手机。

加纳移动网络是一个叫做“非洲移动企业家”的万维网基金会项目的一部分，目的是培养创业者，开发适用于移动手机的增值服务，从而改善加纳人的日常生活。

格雷厄姆：既然加纳以外的世界正在生产海量的数字内容，那你在加纳创建数字内容还重要吗？

弗洛伦丝：这非常重要，因为即使人们消费数字内容，大部分内容都是国外的。就比如说，你生病了，你想检查自己的健康状况，我个人常去的是全球医疗网WebMD①。我不上本地创建的网站。然而，非洲有些疾病是西方没有的。那你即便上了国外的网站，又怎么知道这种病的具体情况和治疗方案呢？

所以，我们觉得，转变人们的观念，让他们去创建与自己的生活息息相关的内容是非常重要的。因为他们就生活在这里。他们了解自己的文化。只有我们才知道，要开发什么内容才会让自己受益。

格雷厄姆：你们培养本土人才的挑战有哪些？

弗洛伦丝：在帮助他人独立，或者促使他们开发内在潜能的过程中，挑战就在于，有时候他们的确有技能，却无法付诸实践。在非洲，人们如果要照顾孩子的需求，是很难生存下去的，更不用说创业了。

因此，培训结束后让学员开发自己的应用程序，一直碰到一连串的挑战。接下来，他们要么找工作，要么找其他事情来做。要是他们找到了一份工作，能用上在我们这里培养的技能的话，也算是项目部分成功了。但我们的主要目标是培养企业家，只有极小部分人会成为出色的企业家。

① WebMD是美国最大的医疗健康服务网站，该网站为病人和医生建立了一个网上了解和交流医疗信息的通道，汇集了全美医师的临床报告及各种医疗资料库。——译者注。

在加纳，一个初创企业很难存活。就企业发展所需的银行贷款或者原始资本来说，人们缺乏必要的帮助。培训结束后，即便学员具备了做事和创业的技能，他们仍然需要更多资本来投入市场。将某个想法推向市场是这里的一个巨大的挑战。

格雷厄姆：那你是否认为加纳需要获得良性的技术投资？你会对外来投资者说什么？

弗洛伦丝：我要说的是，我们有人才。有个很有名的人说过这样的话：是金子在哪里都会发光，无论是在西方还是在非洲。在加纳，我们有接受培训的合适人选。他们勇于面对挑战，都是值得帮助的人。

我们有稳定的政治经济，从世界各地飞往加纳都很便捷。

格雷厄姆：在创意产业，有很多加纳人成功的先例。你是否认为加纳人具有某些特质，能够让他们在数字经济中占据优势？

弗洛伦丝：我觉得我们都是很有创意的人，而且我们待人友好。比如说，有许多人在时装业获得了成功。加纳移动网络有很多时装设计研究生，他们带着自己的构想，来学习如何使用社交媒体推销产品、自我赋能，并获取关注。

他们有创作才能，但他们不懂得怎样在互联网上曝光自己。他们学习如何将内容发布到像 YouTube 之类的基础应用网站上，去接触他们所需要的市场。即使在时尚、音乐和艺术等不同行业，也到处都有机会。所以，如果人们掌握了必要的数字技能来展示自己、自我赋能，他们将会产生很大影响。

格雷厄姆：你能否描述一些出自加纳移动网络的成功案例，或者即将成功的案例？

弗洛伦丝：我觉得农户专线就是一个成功的例子。他们有一个应用程序，可以帮助农民获得如何种植庄稼的信息。它包含一个短信服务程序和一个交互式语音响应程序。比如说你是农民，你只需呼叫一个短代码，就会获得如何种植庄稼的信息。现在，农户专线的开发者已收到英国深蓝信托（Indigo Trust）① 的一笔赠款，并与另一家跨国公司签订了合约。他们在加拿大和其他地区获得了数个奖项，还走遍了欧洲。

当时，他们在我们这里培训了21天，21天的时间改变了他们的人生。如果你在谷歌上搜索他们的名字，他们就会出现在搜索引擎的最顶端。他们还雇用了其他人加入公司。所以，他们不仅改变了自己的人生，也改变了与其共事的人的生活。

格雷厄姆：加纳在输出数字内容、参与全球数字经济竞争方面的情况怎么样？

弗洛伦丝：有个公司叫Dropify。它是融水技术创业学校孕育的一家公司。如今他们去了硅谷，客户遍布全球。他们在加纳起步，现在声名大噪。最近，他们接受了美国有线电视新闻网和其他国际新闻机构的采访。

还有一个公司叫零售力（Retail Power）。他们和亚马逊网站合作，打造在线商店，给加纳人提供通过这一平台经营店铺的机会。这些公司在加纳起步，现在正打入西方世界。

格雷厄姆：你希望加纳移动网络未来怎样发展？

弗洛伦丝：我想我们只是在城市地区有了一点儿知名度。我们在库马西提供培训，在北部地区也做了一些培训。我们想去农村，接触草根阶层。我们想向他们展示技术；我们想让他们知道，哪怕只是在网站上列出自己的信息或者是店铺的信息，就可以获得力量。我们想走入农村百姓的生活，希望他们知道，我们是一个专门教人开发手机应用程序的机构。

在加纳移动网络过去两年的运作里，我们为有潜力的创业者提供了他们所需的培训。这个组织创立一年后，我们意识到，需要把大家带入真实场景中，所

① 深蓝信托是一个总部设在英国的资助基金会，其核心要务是资助非洲国家的技术驱动发展计划，以帮助引发社会的变革。基金会的信托业务主要侧重于创新、透明度、问责制及赋予公民权利。——译者注。

以我们为初创企业和其他参与人员开放了这个孵化场所。

所以，加纳移动网络就是一个核心创造场所。它是一个孵化空间，一个指导空间，一个鼓励人们创新、创造性地思考和解决本地问题的场所。它的核心不只是移动应用程序，还在于它创建了一个人们可以亲身参与并实践自己想法的社区。

思想录：技术为零

——技术真的重要吗？

20 世纪 70 年代，我还是个孩子，当时很喜欢一部电影《我不能死》（*Logan's Run*）。它是一部科幻影片，讲述 23 世纪的人类生活在一个监控下的完美社会，周边封闭在一个叫做“圣所”的监控环境之下。影片当然少不了追捕，其中一幕是，公民被禁止翻越到安全可控的穹顶之外。虽然好奇心不被鼓励，却总有人想弄明白外面的世界。反思古巴之行，让我好奇的是：我们穹顶之外的社会是否就是古巴？

这次古巴之行处于“重新想象学习”项目进行期间，倒像是正式访问中的家庭度假，所以，不可避免地，我是以一个戴着玫瑰色太阳镜的游客视角来观察这个国家的。但是，我们的确不仅光顾了旅游景点，还偶尔抽身出去对这个国度的文化探寻了一番，了解生活于其中的民众。正值古巴的暑假，由于没有参观学校的正式许可，我无法如往常那样深入挖掘，但离开时自己倒是备受启发，决定再来时必定要了解更多讯息。

我在推特上发声，希望在古巴会见教育人士。有朋友回复说，鉴于古巴是该地区与外界联系最少的国家，很少有人能够在家上网，更鲜有人会在像学校这样的公共场所上网，所以我不太可能找到自己感兴趣或与本书项目有关的内容。

对我来说，这可能是最有意思的一点，因为尽管古巴并没有狂热使用 21 世纪的数字平台或屈从国际学生评估项目排行榜，但是根据国际机构——如经合组织和联合国教科文组织——采用的测量工具和指标来看，古巴已经构建了全世界最好的教育体系之一。这个教育体系，让小学至高等教育的所有学生学费全免，国民识字率几乎达到了百分之百。这个教育体系，使得输出熟练的保健医疗专业人员成为古巴的一个关键出口，其有效的扫盲计划也已传播到整个拉丁美洲，甚至远至澳大利亚和新西兰。

对比古巴和芬兰的教育体系，厄瓜多尔著名教育家和前教育部长罗莎·玛丽亚·托雷斯（Rosa Maria Torres）做了一番有趣的阐述 ①。托雷斯指出，古巴和芬兰虽然有着截然不同的历史文化和社会政治教育系统，两者在教育和其他社会成就方面却都获得了极高的国际知名度。根据救助儿童会 2013 年《世界母亲状况》(*State of the World's Mothers*）报告，古巴和芬兰在母亲角色和抚养孩子方面均跻身最好的国家行列。

这两个国家均采用公立免费的教育系统，从初级教育到高等教育，学生无须缴纳任何费用。古巴和芬兰的学生成绩也都名列前茅：古巴参与了拉美实验室协同联合国教科文组织圣地亚哥办事处组织的教育质量评估，芬兰参与了经合组织的国际学生评估项目。古巴在教育质量评估中的表现显著优于其他拉美国家，甚至该地区的老牌教育典范智利——目前为止在国际学生评估项目测试中取得最好成绩的拉美国家——也要甘拜下风。托雷斯认为，虽然这两个国家都展示了成功的学校体系，却只有芬兰教育国际闻名，且被视为一种激励人心的模型。

但在我与沿途遇见的古巴人随意交谈后，我才真正感到惊讶。某天晚上，我发现跟我聊天的 11 个人中，有 7 个人受过高等教育，其中 3 个人还持有硕士学位——无意冒犯我的邻居——而我在伦敦本地旅馆遇见的情形未必如此。

① otra-educacion.blogspot.co.uk/2013/06/cuba-and-finland.html——作者注。

古巴也并非一切都完美。它是一个社会主义国家，从 1957 年开始经济由国家监管，意味着其工资水平有别于西方国家。一些古巴人会抱怨日益上升的失业率，目前报道是 2%，但即便这个数字低于实际情形，它仍然好过欧洲那些失业率达 20% 以上的国家，或者实际已经破产的希腊。我发现自己偶尔也会陷入“草更绿”之类的谈话中，但我总会情不自禁地想到，古巴的一个大学生可以获得医学学位，而不必在职业生涯初期就背负数万美元的债务。

古巴革命之后，菲德尔·卡斯特罗政府给予教育和医疗保健最高的优先级。无论遭遇了什么挑战，政府已经成功达成了这一目标。在古巴，每 40 个公民中就有一名教师。未来，随着禁运解除和西方品牌的涌入，古巴会如何变迁仍有待观察。然而，旅途中一位出租车司机对我说的话引起了我的共鸣。他说：“因为教育，古巴是一个安全的国家。”

我想再加一句：“教育革命万岁！”

阿联酋 United Arab Emirates

格雷厄姆·布朗-马丁　摄

United Arab Emirates

阿拉伯联合酋长国（简称阿联酋）位于阿拉伯海湾，东与阿曼接壤，南临沙特阿拉伯。横跨海湾向西是卡塔尔，向北是伊朗。1971年独立后，它成为七个酋长国的一个联盟。从那时起，阿联酋已成为中东地区最重要的经济中心之一。其中两个酋长国——阿布扎比和迪拜是商业文化活动的主要场所。20世纪50年代后期，石油的发现将过去依赖渔业和日渐衰退的珍珠产业的经济转变为今天的模样。阿布扎比于20世纪60年代开始出口石油，而石油储备小得多的迪拜，则追求更大程度的经济多样化。外籍人口占阿联酋人口数的80%以上。

25年前，迪拜是一个只有35万人的沙漠小镇。如今人口接近200万。每年接待游客600万人。就我过去几年到访阿布扎比和迪拜的经历来说，其规模令人瞠目结舌，我时常感觉自己仿佛穿越到了一个异度空间。从全球最高建筑到最高酒店，再到世界上首个建在沙漠腹地上、内有滑雪设施和冰雪公园的琳琅满目的购物胜地，迪拜简直令人惊艳。

阿联酋拥有一个国家教育系统及一个庞大的私立教育体系。它是自由市场经济下的教育。尽管政府每年都对学校逐个进行巡查，发布结果，可真正的压力却来自父母群体的市场力量——他们几乎无一例外都在为孩子寻求一种真实的哈利·波特式的学校体验，以便孩子在考试中获得高分和高通过率。明显的教育资源过剩，让学校之间竞争异常激烈。在迪拜期间，我曾在一个教育技术会议上发言，会议主题是部署学校一对一计算机资源，主要围绕平板电脑展开。区域内的学校数量众多，200多位人士代表学校参会，所有人都提到己方在考试分数方面获得了相当可观的结果，因此我急于了解，为何他们觉得有必要投资数字平台，这样是否会改变他们的教学方式。尽管有些对话围绕改善学与教进行，我却并未感觉到他们所做的投资意在变革教学实践。市场力量的驱动，使得人们把关注的焦点放在标准化考试成绩方面，继而才是哈利·波特式的学生幸福感，即“他们喜欢学校吗”。

除了在技术和计算机相关学科取得更好的成绩之外，有人可能会认为相比诸如营造学生喜欢的学习环境、吸引学生的教与学的方式等因素而言，部署 iPad 或其他技术应该没那么重要。这就使得采访宝石教育（GEMS Education）最近任命的首席技术官赫夫·马尔什（Hervé Marchet）这一契机愈发有趣。宝石教育是成功企业家桑尼·瓦尔基（Sunny Varkey）在迪拜创办的一家国际教育公司，它拥有一个全球学校网络，为 150 个国家的 142000 名学生提供教育。宝石教育雇用了一个备受关注的执行团队以及众多知名的咨询顾问，提供不同级别学费的广泛课程，以扩大市场份额。赫夫加入宝石教育之前，曾在苹果公司担任执行销售和市场营销一职，专注于教育领域。

在迪拜期间，我参观了宝石现代学院。该校隶属于位于新德里的印度学校资质考试（India School Certificate Examinations）委员会，对幼儿园水平至年满 18 岁的学习者开放招生。学校实施寄宿制，上午安排学术教学，下午则是由学习小组、俱乐部及体育运动构成的课程活动。学校环境舒适，各年龄段的学生待人有礼、兴趣盎然且充满自信。我们所遇见的学生都相当聪慧。学校装备精良，从光纤数字网络、视听系统到设备齐全的科学实验室，一应俱全。

我坐在学校的3D实验室里，和一群男生一起上一节化学课。每个座位都有投影和个人电脑。学生戴着3D黑色眼镜，观看浮动在屏幕前方的一段视频，给现场增添了一种未来复古的效果。然而，真正让课堂生动的并不是戴着3D眼镜的一群学生——尽管这是一个绝佳的摄像机会——而是教师的活力和热情。说真的，她的确热爱这门学科，并喜欢与学生讨论他们所看到的景象。

于是，我们就有了“教育101：投入的教师+投入的学生=学习”的课例。你可以将技术抽离课堂，而教师仍然能够开展教学。要是换成一个不太投入的教师，加上技术，我不相信还能完成如此有效的教学。这是一个典型的课例，教师本可以翻转课堂，让学生事先在家观看视频，继而在课堂上讨论，以确保每个学生都能掌握。这间教室的真正价值便是教师。

接下来向我们展示的，是小学班级，在这个班级里，八岁儿童使用iPad学习有关岩石和矿物知识。这回又是一个熟练的教师掌控班级，她鼓励学生使用他们的设备，以点对点或合作的方式回应她提出的问题和指令。有些孩子比她更快地找到了答案，这对她来说也没有关系，那仅仅是让课堂多了些嗡嗡声而已。我在教室里时，课堂的无线网络连接出了故障，但这并没有中断教学或者干扰教师——当知道学生无法上网查找东西时，她继续上课，只是改变了教学策略。

探访课堂让我体会到的是，教师的技能将是学习使用数字平台的任何变革的核心，学生需要通过小组合作来分享思考，解决问题。看来学校或教室的环境影响了技术的使用方式。似乎有人认为，因为传统教学是孩子排排坐，教师站在前方，任何数字化的干预也都应该以这样的方式工作。然而，我所看到的是，教师的角色由掌控变为鼓励，而有效使用的数字平台可以使众人的合作达到前所未有的程度。

（www.gemseducation.com）

访谈：赫夫·马尔什

宝石教育首席技术官

赫夫·马尔什曾长期担任苹果公司教育执行销售，并负责欧洲、中东和非洲的营销策略。之后，他加入了宝石教育。

总部设在迪拜的宝石教育是拥有全球学校网络的一家国际教育公司，为 150 个国家的 142000 名学生提供教育。

格雷厄姆·布朗－马丁：赫夫，你能描述下你的背景以及你是怎样成为宝石教育首席技术官的吗？

赫夫·马尔什：即便我自认为是一名世界公民，可我还是一个法国人。我在伦敦住了 8 年，在苹果公司担任了 12 年技术部主管，负责欧洲、中东、印度和非洲辖区。这份工作给了我一种融合商业元素的激情，也就是说，很长时间以来我都是一个商人，而商业让我变得更富有激情，因为将技术带入教育世界是一份很棒的工作。我在苹果公司干得很开心，后来有一天我遇见了桑尼·瓦尔基。

他跟我说，有一点非常重要——我自己也这样认为——受教育是一项人权，每个孩子都应当有机会接受教育。那次谈话改变了我的许多看法。我在苹果公司表现得不错，离开这个公司是个艰难的抉择。但是聊完后，我决定要继续前行。我给董事长瓦尔基先生回了个电话，告诉他："如果有适合我的职位，我会非常乐意加入你的公司。"他说："我有个全球首席技术官的职位。"然后我说："我喜欢，但我可以将技术改为'变革'吗？①我可以作为全球首席变革官加入吗？"然后他说："可以，来吧。加入宝石，我们一起干事业。"

格雷厄姆：我们无数次听说变革，但是在过去30年，数字先驱们的这个预言并未到达教育领域。指针几乎没有移动，就算有，也没有达到一定规模。你认为今日教育领域数字变革的阻力是什么？

赫夫：我们听了许多关于替代和变革的讨论。很多人说技术取代了一些做事的方式，很多人却在寻求真正的变革。我相信，对我来说，这就像政治：承诺是只对相信承诺的人而言的。我觉得有必要树立正确的期望。人们总是碎片化地看待教育将会变革的方式，但我是更注重全局观察的人。我想强调的是，在谈论变革的时候，我们不要忘记教育世界中的任何利益相关方。不仅是老师，不仅是学生，不仅是教职人员，也不仅是家长，而是技术能带来的一幅全景图。这是头号要素。

很多人谈论技术带来的变革，但是对大部分孩子来说，他们看到的技术不是真的技术，它几乎成了一种商品，是我们每天使用的东西。这就是现实，树立正确的期望，看看我们如何达成一种更混合的学习方式。不是试图完全变革或者完全取代，而是像生活那样一如既往，平衡发展。

① 首席技术官（Chief Technology Officer）和首席变革官（Chief Transformation Officer）的英文首字母缩写都是CTO。——译者注。

格雷厄姆：我们谷歌的朋友谈论登月（moon-shot）思维[①]——一个十倍或百倍的改进。以你的视角来看，如果重新开始，从无到有，一个十倍改进的教育系统会是什么样子？

赫夫：说到如何成倍增强学习，我总是非常小心地考虑百分比或时间。最终是要确保每个孩子都能发现自己的潜力，也就是说，你要确保技术的确带来了一些完全不同的东西，每个孩子都可以在需要的时候得到自己需要的东西。

如果我们回到历史，先有家庭教师，有导师，再有一对一辅导，然后是一对几，再是每个人都上学，几乎就像工厂。我觉得技术无疑改变了这种“教育工厂”的思维，把孩子带回到教育的中心。

说到课堂的成效或评估，不是仅仅看结果，而是让每个孩子都发挥自己的潜力。因为我们都知道，最好的大学，或者最好的文凭，并不一定带来美好的生活。世界上一半的公司都是没有学位的人在经营。他们没上过大学，但是也许他们技术在行，也许他们适应目前的生活方式，那就会有所不同。

如果回到你关于十倍的问题，我觉得十倍改进将意味着十倍多的孩子有机会接受教育。我是这样看待技术的应用的。

格雷厄姆：你提出了一个把年轻人和孩子放在学习中心的技术案例。决策者是否对此持有争议，认为将技术作为自动化学习体验的方式和让孩子通过测试的方式，会降低而不是提高教师的技能？

赫夫：我觉得，如果你放眼全球，无论哪种体制、哪种文化，让一个孩子

① 谷歌将“登月”描述为一个需要激进方案和突破性技术来解决的巨大难题。一个“登月”项目需要大量资金，即便该项目可能永远都不会有任何成果。谷歌X实验室“登月”项目负责人阿斯特罗·泰勒（Astro Teller）认为“登月”很重要，因为“当你尝试去做一件非常艰难的事时，你处理这个问题的方式和你做一件会逐渐有所进展的事时是不一样的”。他补充道：“当你把一个问题看作是可以解决的，即便你不知道如何去解决，你也会被你所能想到的东西震惊。它也的价值会提升100倍，但难度并不会。”——译者注。

发挥自己的潜能去学习的秘诀都在于好老师和家长的参与。现在，技术能协助的是，一些孩子有一半时间不需要老师指导，老师可以关注那些真正需要他们的人。不像以前，老师始终都和二三十个孩子待在一起，现在他将把时间花在一两个或五六个孩子身上，从而更好地安排时间。当然，老师要根据学生的需求掌握不同的技能，要参与更多合作，但是技术将允许学生在多元文化下获取、比较和质疑信息。这是绝对不一样的。

老师当然也需要跟家长互动，那是另外一种技能，因为我们知道，如果家长参与孩子的学习，孩子会表现得更好。我们看到，在古老的体制中，老师就像是个答疑之神，来到教室给孩子们讲课。我在宝石教育经常看到的是，现在老师也要忙于参与家长协会，与教职人员会面，与其他孩子、其他老师会面。技术无疑有助于这类沟通，为老师提供全新的技能。老师将技术与儿童联结起来，儿童处于中央——他们当然就是教育的核心——但是老师仍然重要，在一个变革的世界中他们依然相当重要。

格雷厄姆：在全球的试点项目中，我们已经看到了技术影响下的广泛实践。但若是跨国推广这一实践，似乎有许多障碍。你觉得规模化的挑战是什么？

赫夫：如果我们谈论技术的规模化——确保不仅是一小部分孩子有机会遇到好老师、好内容，或者好试验——我认为我们需要从另一个角度来审视。现在的情况是，每个教育系统都有其特殊性，所以，我认为，决策者需要看看他们的文化、他们想要达成的目标，并确保没有数字鸿沟，确保每个孩子都能获取。获取是非常重要的。内容问题也很重要。技术领域的确经常发生却无法规模化的是，我们开发的很多东西都是基于试点项目的。试点总会非常成功，因为它得到了所有关注、所有资源，当你尝试检验某种事物时，因为规模小得多，所以一定会有效，每个人都会专注，以让它如愿以偿。

我更在意它是否很快就能自由推广，以确保想达成的目标可以规模化。我并没有完全回答你的问题，因为我觉得具体问题要具体分析——根据不同案例、不同课程和不同文化。我要回答的是，如果你只着眼于试点项目，它就会很难推广。但如果一上来就进行大范围尝试，你就可以在它运作有效时展开评估，最终它会革新，带来新的优势，带来很多价值，而且经常会成功。所以，规模化一开始就要到位，而不是下一步再来考虑。

格雷厄姆：你是否把我们评估的方式看成变革的阻力？学生难道不可以带手机或平板电脑参加考试吗？

赫夫：技术的一大优势是，现在它可以做到持续评估，意味着你不需要等到学期末或学年末才来测试学生学得怎样，是否理解了所学内容。如果是持续评估，它就是现实生活。而在现实生活中，如果你不了解什么，你会拿起电话呼叫别人，或者你也可以在电脑上查找信息。所以，我认为你说得没错，参加评估时我们应当可以使用任何工具、任何设备，因为这就是现实生活。然后根据不同的评估体系，你可以判定自己是否掌握了特定的信息。这不再关乎知识，而是关乎背景。我能找到信息吗？从哪里可以找到？我能不能判断这个信息是否有价值？我能用另一条信息来证实这条信息吗？当然，这样的话，唯一达成的方式就是使用设备，使用技术。

思想录：“关键是评价，笨蛋！”

我们教育系统内变革的速度和规模必定受我们的测试方式制约。在教育领域，我们不缺进步的思想家和实践者，也不缺以新方式吸引和激发学习者的杰出实践范例。在全球许多地方，数字设备和网络连接无处不在。然而，当社会其他方面都在经历数字化变革时，我们翘首以盼的教育界的巨大变革在哪里？

今日的评价方法通常基于标准化测试，试图衡量一个学生在一段教学结束时获得的成就或熟练程度。这种方法的原则，就是对所有考生实施内容相同、形式相同的测试，从而为所有考生的成绩提供连贯而可信的比较。如果每个考生都一模一样，且测试水平可以量化，那这种方式自然无可厚非。

这种科学测量方法在制造业工业化和自动化过程中获得巨大成功。人们将“二战”后日本制造业的质量革命归功于美国管理咨询师W·爱德华兹·戴明（W. Edwards Deming）和约瑟夫·M·朱兰（Joseph M. Juran）。当时，日本假冒伪劣产品泛滥，并不受国际市场待见。戴明和朱兰提出的战略代表一种“全面质量”运动，注重改良基层员工的整个组织过程，而不是纯粹依靠产品检验。结果，日本制造全面反超美国制造，最显著的例子就是美国汽车工业和消费性电子制造业的衰落。

戴明和朱兰的制造业战略源于19世纪初发展演化的工业革命的需求。19世纪后期，美国工程师弗雷德里克·泰勒（Frederick Taylor）提出了一系列以“科学管理”著称的理论，将手工生产转变为大规模生产。这些都可以通过管理评估及使用科学评估手段改良生产流水线来做到：用标准化测试评价产出并识别问题。

很多人认为，这些方法已被移植进我们工业规模化的教育体系，催生了高风险测试。这就涉及包括剥夺教师权利和降低教师技能、为考试而教、缩小课程范围、以教师为本的学习以及知识碎片化在内的一系列问题。

为了提高中小学和高校的产出，学生必须在学习的流水线上经历无数次标准化考试形式的评价。然而，将今天我们对教育领域标准化测试的成见完全归罪于这些美国先驱，也是有失偏颇的。19世纪初，英国殖民统治当局鼓吹，将西方教学法从当时欧洲盛行的苏格拉底式辩论和非标准化测试，转向标准化测试。自此，从英国开始，标准化测试不仅在英联邦国家盛行，整个欧洲和美洲也因工业革命的需求采用了这种方式。

有人可能会说，这些工业化体系造福了人类社会——至少是社会的某一部分。工业革命使人口和财富迅速增长，城市化、创造发明、医疗保健等其他方面都取得显著发展。的确，今天提供本书创作灵感的数字技术，正是这场革命的成果。

但革命并未结束，人类社会也在继续发展。结果19世纪以来人们所接受的标准化测试已不再适用于我们现在的个体和社会了。我们不应忘记，在1888年获得专利的圆珠笔也曾被认为是新技术。直到20世纪上半叶，拉斯洛·拜罗（Laszio Biro）改进了圆珠笔，书写才得以普及。这对教育和读写产生了深刻的影响，但也伴随着争议：1950年，还有人认为“圆珠笔会摧毁这个国家的教育”①。实际上，直到20世纪50年代后期，英国的学校才开始允许学生用圆珠笔答写考卷。圆珠笔为我们开辟了一片新天地，从此书写变得轻便，人们可以随时随地书写。

从历史角度看，之前的教育体系都是基于人们对事实和细节的记忆，这不难理解。相对昂贵的印刷书籍以可被传播和理解的方式储存信息，在这种情况

① 1to1schools.net/2012/06/ballpoint-pens-the-ruin-of-education-in-our-country——作者注。

下，要衡量一个学生的理解和记忆，自然要靠这样的考试。一旦印刷文字变得普及，教师的角色就从信息的持有者变成了告诉你信息源的向导。但今天，在数字化互联的世界，一本书指向另一本书，一条信息指向另一条信息，因此教师正转变为质疑学生并鼓励他们自主探究解决问题的诤友。

经由个人数字平台，社会有可能回归个体之间的探究讨论方式。这种方式基于提问与回答，旨在激发批判性思考，启迪创新想法。这种探究和讨论实际上就是工业革命之前在欧洲盛行的苏格拉底式教学法。有人质疑说：这不就是我们在脸书这类社交平台上所做的吗？这可不像猫咪那么简单。

我们已经将自己逼进了墙角：我们衡量的技能已经不再像以前那样重要了。事实证明，今天的社会所看重的技能，比如创造力、创业精神、协作能力和批判性思维，几乎都无法用现有的标准化测试制度来精确衡量。除此之外，政策制定者也无法预测未来我们所期望拥有的经济形态，这就导致了教育评估体系的瘫痪，于是各国政府只能依靠类似国际学生评估项目这样的排行榜来辨别努力的方向。

要是效仿我们维多利亚时代的先辈，允许学生在今天的标准化测试中使用现代技术，或许改变就会发生。从历史上某个时期开始，考场允许使用笔和纸，因此带来了人们教与学方式的变革。的确，读写可以发生在任何地方！

考虑到我们保留了事实记忆的笔试传统，技术也许不可避免地也会被用于自动化学习、降低教师工匠技能的传统中。但是，想象一下这样的一个世界吧：学生在高风险考试过程中，必须与同伴合作并使用互联设备。

这难道会是异想天开吗？

möbus

新加坡 Singapore

Singapore

新加坡曾是英国的一个殖民前哨，今日已成为东南亚的一个高科技富裕城邦。它与马来西亚南部接壤，一条一英里的长堤横跨柔佛海峡，将两国相连。经合组织在 2011 年《教育系统中的成功者与变革者：美国从国际学生评估项目中学什么？》的报告中称，新加坡是一个“教育发展的典范”。经合组织引证新加坡如何“通过系统检测世界最佳学业表现，以其习得的内容为基准，创造世界一流的教育系统，积极推进教育和其他领域的领先政策”①。在经合组织三年的国际学生评估项目调查中，新加坡的考试成绩一直全球领先。

自从新加坡获得独立后，教育始终是国家的当务之急。但若究其缘由，还得了解下新加坡的近代史。

1957 年，英国授予新加坡自治权。在李光耀的领导下，1959 年人民行动党上台执政。1963 年，新加坡人口日益增长，由于缺少自然资源和就业机会，新加坡和马来亚及区域其他国家短暂合并，成立马来西亚。但随后，种族间的紧张状态加剧了新加坡和马来亚的政党分歧，由此导致 1965 年新加坡最终脱离了马来西亚联邦。同年，新加坡共和国成为一个独立的主权国，所有的挑战——与邻国的冲突、失业、住房、教育、卫生、医疗保健以及自然资源和土地匮乏——都使它面临一个不确定的未来。在大国冲击和全球变化的形势下，这个国家感受到了政治和经济上的脆弱，而国内也面临局势动荡。

作为新加坡的首任总理，李光耀设置了两大首要目标——建立现代经济与打造新加坡国民认同感，并将其纳入国家经济复苏计划。他致力于招募能促进经济增长和创造就业机会的有识之士进入早期政府。20 世纪 60 年代，新加坡的发展重点是吸引劳动力密集型的外国制造业，为低技能劳动人口提供就业机会。到了七八十年代，其重点放在了技术领域，转向吸引技术密集型的制造业。自 90 年代中期以来，新加坡开始寻求成为全球知识经济的一分子，鼓励更多研究和创新密集型产业，旨在吸引来自世界各地的科学家和公司。

由于缺乏自然资源，人力资源一直以来都被认为是这个国家最宝贵的资产。

---

① www.oecd.org/countries/singapore/46581101.pdf——作者注。

因此，教育和培训从一开始就被看作是成功发展新加坡经济的重要驱动力。新加坡的教育目标便是为经济增长输送人力资本引擎，打造新加坡的国民认同感。由清晰的经济目标而制定的教育政策，意味着新加坡的教育极为务实，且重点集中在科学和技术领域。

新加坡早年的民族与种族冲突，导致国家坚定承诺要打造一个多种族、多民族的社会。独立之初，新加坡由多个宗教团体构成，缺少共同的语言，也没有任何共同的学校体系或课程。随后，新加坡为了兑现“不分种族、语言或宗教，人民团结一致”① 的诺言，国家采取了相应的措施。中文、英文、马来语和泰米尔语四种语言得到认可并教授，而英文则成为教学和官方用语。强制性的国家服务，以及在政府建造并提供给大部分新加坡人居住的公有房屋中实施族群混居的政策，都有助于避免种族隔离。然而，学校在灌输新加坡价值观及培养个性方面扮演了主要角色，其中公民道德教育发挥了重要作用。

不到半个世纪，新加坡便完成了由第三世界疟疾岛向第一世界金融中心的转型,成为了一个遍布闪亮摩天大楼的繁荣港口。但它也付出了代价,最为显著的是，在新加坡的政治体制下，人民行动党自 1959 年以来始终掌握着权力。尽管李光耀已于 1990 年卸任，但现时新加坡的第三任总理却是他的儿子李显龙。一些评论员描述新加坡的治理方式为“柔性威权主义”。随着政府行使对司法部门和立法机关的行政掌控权，新加坡还以领导人的保守主义和严苛的社会管制而著称。

1959 年以来，一党执政下的稳定政府为新加坡提供了稳定教育政策的基础。部分因为高要求的选拔标准，教学被认为是一份无上光荣的职业。过硬的学术能力和非学术品质是招聘的至关重要的因素，只有具备了品性、资质和教书育人能力的候选人才能被录用为教师。新加坡建立了一套完整的教师甄选培训与发展激励体系，以确保学校提供高质量的教育；它反过来又保证了高质量的学生输出。

教师在新加坡国立教育学院接受培训，依据各自的入学教育水平，他们可

① www.oecd.org/countries/singapore/46581101.pdf——作者注。

以选择文凭课程、研究生文凭课程或学位类课程进行学习。他们必须承诺至少从教三年。新加坡国立教育学院与各级学校有着紧密的联系，而新加坡教育部则确保教师的工资水平，以使教学于应届毕业生而言仍然是一种富有吸引力的职业。高绩效教师可以通过绩效奖金获得可观的收入。

一旦入职，教师每年享有大约 100 小时的免费专业发展培训。他们每年进行评估，从教师促进学生学业和人格发展，与家长、社区的合作以及对同事和整个学校所做的贡献三个方面进行。评估用来帮助教师确定自己的成长空间，为个人专业发展计划奠定基础。不作为的教师会获得帮助，未有改善者则会被劝退。

无论是以标准化测试成绩，还是以类似国际学生评估项目的全球指标来反映学生的素养，结果都不言而喻。新加坡是全球教育的佼佼者。新加坡政府成功设计并推行了一系列包括教育在内的完整体系，将其作为经济发展规划的一部分。

考虑到这个国家以前所未有的速度从一块后殖民的沼泽地发展到今天的地位，这些成果无可争辩。然而，有人可能会争论，这一切只有凭借强硬的社会管控手段来治理违法、确保文化服从，才能成为可能。

评论家们指出标准化测试下的高分与创造力或创业精神之间成负相关，认为这样的测试扼杀了学生的创造力和求知欲。他们认为，仅仅基于可度量的东西而建立起一个教育体系，意味着创造性学科的价值将被低估。对过度实用主义，新加坡可能会反驳说，原本国民的教育程度仅能达到与发展中国家类似的水平，而通过一系列快速发展的阶段，现行教育制度培养出的国民已经能够引领经济增长，跻身世界最佳之列。

一方面，新加坡受益于一党执政政府，它能够制定社会与支撑体系，对公民进行社会管控，并实现经济规划。另一方面，有人认为，其结果便是产生了一个缺乏创造性和自主性的顺从人群。正是这一社会背景才使得这番讨论引人入胜。要是仅仅将天才李光耀放到另一个发展中国家，有没有可能期待一个类似的迅速转变？毫无疑问，不可能。社会背景、规模、时机、地理位置和历史都是新加坡特有的。若是在不同的文化背景下推行李氏工业化方式，很可能那只是一条通往挫折与失望的道路。

然而，仍有许多经验可以借鉴。1965 年，新加坡设立了一个未来愿景，并制订了一项如何达成的支持计划。在这样一个单一政党具有绝对统治权的国家，很少出现偏离计划的反对意见。有人可能会将李光耀偶像般的、古怪却又富有远见的个性与史蒂夫·乔布斯相提并论。他们都相信自己能够改变世界。

大部分发达国家如今都接受了数字经济和互联社会的影响，人们不免好奇：接下来新加坡将如何引领本国体系？又怎样影响其教育供给？一些体制无法遏制文化变革的巨大动力，因此互联网常常被视为问题横生。可如今，越来越多的年轻人在自由与安全之间权衡取舍，甚至呼吁更自由的政治体制和更宽松的社会管制。

(www.nie.edu.sgw)

国立教育学院教育研究副院长

大卫·洪（David Hong）目前是新加坡国立教育学院教授，并担任教育研究副院长。他关注学习方面的教学和研究，尤其是认知和实践社群的社会文化取向。过去七年，大卫在学习和教学技术、建构主义和社会建构主义、实践共同体学习等方面进行了研究。2004年，他发起建置“学习科学实验室”，聚焦于将信息通信技术的研究注入以学生为中心的学习过程中。

访谈：大卫·洪

格雷厄姆·布朗－马丁：能否介绍下你的背景及在国立教育学院的身份？

大卫·洪：过去七年我一直是这所学校的教授，正教授。我在这里足足待了十七八年。从读大学起，我就痴迷于技术和教育，所以一直在这一领域耕耘。因为我对学习科学、认知科学和神经科学感兴趣，所以我试图揭示这些理论如何影响学校教育——这其实是相当困难的尝试。

格雷厄姆：技术还没有像我们所预料的那样对教育产生巨大的影响。为什么到目前为止，技术对教学结果的改进几乎没什么影响?

大卫:这是我个人的看法。相对于其他实践而言,为什么教育的变革这么难?我用了“实践”这个词,因为技术本身作为一项工具,只是实践的一个小缩影。如果我们将100年前的医生带到今天的手术室,这个医生很可能不知道怎么办。但是,如果你将100年前的教师放到今天的课堂上——任何典型的课堂上,即便教室里有网线插座——这个教师很可能仍然能教书。

所以,教育实践和其他实践,比方说医学领域的实践,是有所不同的。我个人的看法是,比如说在医学领域,大家会尊重医生的专业知识;而在教育领域,因为每个人都上过学,学校和公众之间的相互作用变得更加令人困惑、更加模糊,而不是像医学领域那样。

我想阐明一下自己的观点,说说新加坡学校关于信息通信技术的转变历程。我们知道,1997年新加坡政府意识到了学校启动信息化之旅的重要性。当时我们有两种说法——“信息技术”及“信息通信技术”。现在我们知道了,相比15或20年前,这个特别的“通信”如今有多么重要。

技术进课堂、进学校,并不一定会改变教育教学活动。我们并没有意识到这一转变过程有多么艰巨。1997年当我们开始给学校配备基础设施时,我们知道过不了多久它就会过时,然后你又得重新再来。那时我们以为,如果去开发资源,把设备配给教师,促进他们的专业发展,教育变革就会水到渠成。然而,事实上并非如此。

过去十年,我们在新加坡的学校进行了许多技术方面的研究。正因为在所有国际参照下,我们都是一个表现卓越的体系,所以我觉得,技术应用的不同教学情境之间的微观差别反而十分重要。而且我相信,很多教师都会认为,无论有没有技术,他们都能达成目前的教学结果。

尽管需要反复训练,许多教条式的教学理念却也经过了尝试并通过了检验,实际上,不断重复知识的确可以增强对特定概念的理解。我们往往觉得,程序知识会以一种互补的辩证关系导向概念性知识。所以，一个人可能在某些方面概念认知力强，但是由于失误或其他因素，却不一定擅长做程序运算。

在一个考试频繁的环境下，你会发现，学生不仅被要求透彻地理解概念，也需要详细了解程序。我认为，新加坡的顶尖学生群体既能掌握概念性知识，也能掌握程序性知识。但我们知道，还有一群底端的学生可能掌握不了。我们想要弄清楚，怎样才能帮助这些学困生学得更好，以及要用哪类教学法能帮助他们学好。

技术已经派上了用场——尤其是针对底端的学困生——它有望促进不同教学方法的使用。他们可能会适应更符合他们的性情和认知方式的发现式学习以及其他形式的体验式学习。

格雷厄姆：既然考场不允许使用数字技术，你觉得技术是否只用于强化教导而不是转变学习？

大卫：这个问题在新加坡不好回答。因为我们并不想放弃以常规测试来评价学生的这种衡量方式。我们不想放弃，是因为在新加坡的绩效或信用体系中，我们迄今还没有找到一种更好的替代方式。

因为还没有找到一种被大众接受的可替代这种衡量方式的办法，我们才决定仍然沿用那些高风险测试。当然，问题是我们如何让教师培养21世纪的技能，包括批判性思维、创造性思维、协作力、想象力和创造力。我们要怎么做，才能满足一个公认标准或尺度对学生的要求，让他们在教育体系中走出不同的轨迹？

如果你去新加坡今日的学校，会发现，相比1997年，甚至21世纪初，许多变革正在发生。我们在这些学校做了大量研究工作，试图改变课堂教学方式，从说教式转为让学生更多参与的方式。

所以，我们也意识到，当学生理解了这不是一节传统课，而是给他们机会进行更多发现式学习时，他们是能够胜任这些以学生为中心的教学方式的。

而这一方式真正发挥作用则是同他们在课外情境下合作才实现的。我们创建学习活动，设定规划，让课堂学习与课外学习相互匹配。

我们面临两大挑战。一方面，制定评估21世纪读写能力的公认标准；另一方面，这些学生还需要完成考试。这看起来像是妄图“鱼和熊掌兼得”，但也不是不可能。有时，在关键的年份，比如说中学四年级，我们通常不会进行太多实验，因为恰逢升学考试的年头，学生要参加学校举行的模拟考试。

在这几年，我们确保学生能够应付测试；而在其他具有更大空间来开发21世纪人才必备特质的年份，我们跟孩子们一起做了很多尝试。我指的是，根据不同的情况、需要，我们会戴上不同的面具。所以，当我们需要测试时，我们戴上测试的面具，训练他们应对考试的能力；当取消考试标准时，他们仍然能够通过我们试图提倡的实践来展现不同的个性。

我们在这方面取得了越来越多的成功。我们使用约翰·布兰福德（John Bransford）适应性技能（Adaptive Expertise）① 的概念来描述教师的工作绩效。我们在培养能够达到既定目标的教师。所以，如果目标是考试，那就通过考试进行；如果目标是21世纪的学习，那就设计任务，以适应21世纪的学习要求。不是每个人都能做到，不过这种变革需要长时间去生发。

① 适应性技能这个概念最初是用来区分常规型专家（Routine Expert）和适应性专家（Adaptive Expert）的：前者指那些能有效操作程序性技巧的专家，其技巧已达到自动化的境界，在稳定的环境中可以发挥高效率；后者不仅能有效操作程序性技巧，还能在执行中建构概念性的知识，进而了解程序性技巧的意义，因此当环境变动时，他也能弹性地适应。约翰·布兰福德等人后来进一步发展了适应性技能的概念，用它来分析教师的专业发展。——译者注。

访谈：徐炎山

国立教育学院学习科学副教授

徐炎山是国立教育学院学习科学与技术学术组以及学习科学实验室的副教授。他在伦敦大学伦敦政治经济学院获得了理科（经济）学士学位，在澳大利亚昆士兰大学获得了博士学位。

徐炎山近期的研究方向是教育中的新媒体和新认知，主要聚焦正式与非正式教学环境下基于游戏的学习和在线生活的身份构建。他新近开发的游戏有“狮子座空间站”、“逃离半人马座7”和“理想力”，目前正在开发的游戏有“阿基米亚传说”和“治国之道X”。

格雷厄姆·布朗–马丁：由于标准化考试成绩，新加坡的教育体系跻身世界一流行列。你觉得为什么新加坡的教育体系会这么好？

徐炎山：我相信这里的教育体系很成功，是因为教师们训练有素——他们是这个体系的组成部分，而且他们按照课程要求制定了非常严格的标准——这些标准基本上为学生参加标准化测试做好了准备。尽管他们在国际学生评估项目和国际数学科学评测中的成绩都很不错，让全世界都很羡慕，但是，取得这样的成就也让他们付出了一些代价。

格雷厄姆：说说有哪些代价。达成这些高标准带来了什么后果？

徐：我个人的感觉是，正当大家口头上都在谈论全方位、整体性教育的重要性之时，对学生在学校测试中表现良好的过度关注，使测试本身变得狭隘。学生容易将自己的最佳表现局限在这些狭隘的设定范围内，而21世纪社会需要的思维方式并未引起足够的重视。

格雷厄姆：决策者倾向于将难以测量的创意性学科看成软学科。你认为，新加坡教育中存在一个创造力培养和艺术学科教育的盲点吗？

徐：我个人的感觉是，至少官方已注意到要培养21世纪的技能。但是，它很少超出所谓子技能的范畴。所以很多重点是放在比如合作技巧上。但我们的薄弱之处是思维技巧，尤其是学生独立思考的能力。他们往往是吸收内容长大的，可以说知道很多东西，但是对所学知识缺乏个人见解和深刻信念。

格雷厄姆：你最近发起了一项调查，要了解新加坡学校创建和使用视频游戏的情况。这个项目的由来是什么？

徐：因为新加坡国家研究基金会给了我们一个难得的资助机会，我们才进入与教育相关的视频游戏领域。他们资助了一项基金，来研究与教育相关的互动视频媒体的应用。所以，游戏堪称完美选择。

我们成功拿到了两笔资助，因此我们设计了两款不同的游戏来作为研究工作的部分内容。一个是帮助十三四岁的孩子学化学。这是一个使用局域网的4人多玩家电脑游戏。另一个是社会科学课程游戏，涉及公民身份治理的主题。这是我们为苹果手机开发的一个多人游戏，每项任务可以有20人同时在线参与。

这些游戏已应用于学校，已经过种种测试和试用。它们一直都是研究的主题，这一领域的研究成果也已发表。

格雷厄姆：这些游戏是怎样设计和创建的？

徐：我们的视频游戏完全是在国立教育学院设计开发的。这是很重要的一个原则，因为从我过去尝试开发教育技术的经验来看，如果你将技术开发，尤其是一些与课程内容紧密联系的东西外包出去，很可能到时候你收回来的，并不是自己当初想要的或需要的。所以，在内部设计开发，我们就能够用教育学的视角不断指导研发过程。当你把它带到学校，在课堂上给教师们使用时，就能够对开发出来的最终成品和我们嵌入的教育原理进行连贯整合，我觉得这一点是至关重要的。

格雷厄姆：那你有什么发现？

徐：我们可以用"治国之道 X"这款苹果手机游戏作为社会学的一个具体实例。评估社会学研究的一个办法是，学生需要批判性地阅读文章，然后运用对比、寻找信息差等技巧写一篇论文，说明自己的主张。这是一种非常结构化的操练，学生只要充分练习就能掌握。

在"治国之道 X"这款游戏中，我们非常注重挖掘学生对治理的看法。治理是社会学中的一个重要主题，因为如何构建一个好政府，并不一定有绝对对或错的答案。所以，我们关注的是，给学生一个空间，让他们表达自己的观点，并通过对话式教学，使他们能够参与一种延伸式的学习。

课程当然使用教科书，可它容易成为一种非常权威的信息来源。学生经常视它为权威，把它当作自己论文的基础。所以，他们对有关事件——尤其是近期时事，因为教科书是早前写的——自主思考的空间相当有限。

在学生完成"治国之道 X"课程后，我们让他们写一篇论文。我们提出了一个关于新加坡国家形势的问题，让他们给出解决方案，还会从多维度出发进行评估：通过学生给出的答案，看他们有多强的主人翁意识、对问题研究有多浓厚的兴趣，以及他们对自己的主张表现出了多大程度的自我发声能力和自我投入。这些都是我采用的评估标准中不同于常规的部分。正是这些反过来给我们的课堂教学带来了一些挑战。

格雷厄姆：接着刚才说的，关于视频游戏在教育中的应用，有不同的思想流派。一派认为视频游戏是一种近乎完美的死记硬背式学习的终极技术，它其实是在用技术支持19世纪的教学实践。另一派却宣称，游戏可以重塑和改变学习经验，虽然这种方式有待评估。你怎么看？

徐：我们想把游戏做成非常开放的空间，让学生感知现象，发展关乎他们学习成果的表现能力。所以，谈到公民身份，问题的关键是：你是想让学生了解关于公民身份的知识，还是想要他们成长为好公民？这两者其实是大不相同的。我带着这个课程进入教室，问15岁的学生："你们是想学游泳还是想了解关于游泳的知识？"他们很快回答说"想学游泳"。所以，这种与学习相关的个人价值观对我们来说很重要。它是学习如何成为一名好公民，而不是了解与公民身份相关的信息。

这种同化学习就构成了"治国之道X"学习体验的基础。它有一个十分开放的模拟场景：在一个我们称之为"维拉"的中世纪幻想世界中，学生要担任城镇统治者的角色，他们可以自主演绎他们想要的那种政府。有不同的指标显示他们的工作绩效。我们模拟的是公民幸福和城镇经济之间的紧张关系。因为如果你想让所有公民更努力地工作来推动财富增长，你就要为他们的幸福付出代价。

因此，学生不得不去面对他们在治理城镇时所持有的价值观，并自问："作为公民，我认为什么才重要？"这就在政府及其作为、公民及自身身份之间的对话中，创建了一种辩证的紧张关系。它甚至让学生感受到了一点儿政府的立场。

格雷厄姆：这也是有文化背景的。要是有一个安全开放的数字环境，鼓励你去质疑和检验许多事情——这些事情，在不太安全的真实世界中，你可能不会去做、不能去做，或不太放心去做——你觉得这样会对真实世界产生影响吗？

徐：当然会。我觉得，我们的课程就是在课堂情境中为教师提供了一个安全的空间，让他们帮助学生进行政府治理这类的学习，去理解治理行为实际发生时需要承担何种责任。孩子们往往处在接收信息的一端，往往只是被迫接受教条。但是这个游戏，设计初衷就是一个习得而不是传授内容的游戏，教师可以将其作为一个手段、一项工具来使用，因为它带来了非常丰富的学习体验。而内容或者填鸭式的输出，并不是游戏真正要传递的讯息。

这是一个移动游戏。孩子们在社会学课上并不玩这个游戏。他们利用空余时间玩，不论是在哪里。课堂上，教师邀请学生分享游戏进展情况，说说他们遇到了什么困难，并与国家治理原则建立联系。

这类开放的对话空间，的确是一个能让学生表达自己真实想法却毫无畏惧的安全空间。而且，在课堂这一安全空间内，教师可以帮助学生更深刻地理解治理背后的假设，以及它们给企业带来的价值。治理是一个以价值观为基础的过程，因此，一个人不论是喜欢管制，还是崇尚自由主义的治理模式，都会引发反响。而更多自由也会带来副作用。

所以，我们模拟了公民幸福和经济发展之间的紧张关系。这也很好地反映了整个新加坡的局势，因为政府不断采取一种说辞，尤其是在过去，认为经济生存就是关键挑战，我们必须优先考虑这个目标。但是，那会挤占公民其他追求的时间，打破工作与生活的平衡，等等。问题就是：你看重的是什么？

格雷厄姆：看看新加坡更广泛的社会问题，你觉得围绕教育的公共争议是什么？

徐：新加坡目前的一些热点讨论，就是教育关注的是学生在学校系统内面临的压力，尤其是在小学阶段。他们 12 岁时参加小学毕业测试，测试分数的高低决定了他们升入中学的好坏。在新加坡这样一个堪称压力锅的弹丸之地，家长们挤破头都想把孩子送到最好的学校去。这个问题，主导了近期围绕教育展开的全国性讨论。

但最终，争议还是关于学校管理和学生从教育的一个层次上升到另一个层次的标准。可惜，它还没有触及贴着“教育”标签的课堂上实际发生了什么这样更深层的问题。我觉得这是家长需要关注的更深层的问题。

格雷厄姆：你觉得视频游戏的什么方面让孩子们如此投入？我想，大部分老师都会不惜一切代价让孩子们喜欢自己的课，就像他们喜欢玩游戏那样。我们可以从视频游戏设计中学到什么？

徐：游戏让人很投入，是因为它们把学习者摆在了第一人称的位置。相比传统的课堂学习方式而言，这代表了一种认识论的转变——在传统的课堂上，信息被呈现给学生，他们基本上是第三人称的角色，所以他们了解的都是关于他者的信息。而视频游戏是关于“我”的定位。这就是差别。所以当你玩游戏时，投入是自然而然的，因为这是“我”的世界——我在做事，我在治理，我在像化学家那样工作。因此，参与是很自然的。

但是，话虽如此，不同类型的游戏也需要不同程度的参与。我们的化学游戏“阿基米亚传说”，就是一个第一人称的动作游戏，因此参与程度很高。学生会遇到奇异的怪兽，我们用这种途径来举例并示范化学作用，让他们进行科学探究。所以当他们碰到怪兽时，会使用某种武器，里面的弹药与怪物身体的构成物质相互作用，产生一种化学反应。所以，这类游戏让人相当投入。当这些怪物出现时，整个课堂炸开了锅，到处都是尖叫声。

我们的“治国之道 X”游戏也是一个战略游戏，不过节奏要缓慢得多。我们发现，在游戏设计中，需要考虑周全，而且并不是所有学生都喜欢这种慢节奏的游戏。所以，我们要留意不同类型的学生，以及一些与性别相关的潜在问题。男生倾向于喜欢快速移动的动作游戏，女生更喜欢节奏稍微缓慢一点儿的游戏。所以，虽然“治国之道 X”是一个慢节奏游戏，但是很快一场战役就要爆发，因为邻国开始沿着边境召集武力了，这就会让男生非常激动。因此，我们也要注意游戏设计的不同方面，以便让男生和女生都参与其中。

格雷厄姆：在新加坡教育中形成的这类平台、这些技术和理念，你怎么看待它们未来的用途？

徐：游戏与相关技术能否广泛使用，首先取决于教师的能力——他们能否实施一种至关重要的基于游戏而学习的教学法。教师作为课堂的把关者，是重要的中间方。他们要能理解并充分接受游戏给教育带来的价值。我们也发现，相对于实际工作而言，在教师反复掂量要不要使用游戏，以及在多大程度上把技术使用也看成课堂知识这一过程中，深层矛盾也随之产生。

思想录：创造力与创业精神

最近，我应邀与一所大学教育学院的主席在伦敦的一个相当奢华的机构里共进下午茶。这个学院在艺术方面有着悠久的历史，但正在进行自我重塑，以便成为一个卓越的数字设计和创业中心，从而吸引设计行业的核心弄潮人，与其建立长期的财务关系。学院意识到高等教育正在经历一番彻底的变革，而最近退休的首席执行官也给他们提供了一个新人换血并挑战现状的机会。事实上，我的某个（必须说）相当有影响力的同事已经把我当作可能的候选人。我最近刚被任命加入著名的法国里昂商学院的顾问委员会，而帮助转变高等教育的理念也颇让我动心。

在写这本书之前，我的背景是一个连续创业者①，从21岁进入创意、数字和教育领域后便创造、建立并出售了多家成功的企业。其中一个企业雇用了近200人工作，外加同样数目的承包商。我无意夸大自己，但我确实是由一个最初的想法起步，创建了这些组织——有时为筹集资金，我赌上了自己的身家，有时也为价值数百万英镑的商业投资进行交涉。在海外工作了若干年后，2005年我回到英国，打算用十年以上的时间建立全球对话，变革我们的教育体系，并寻找世界上最聪明的人士来指引自己。这本书就是我终身学习旅途中的一个标志。

现在几乎可以肯定，会有某个可靠的人成为该学院的首席执行官，但却不会是我。差不多茶过两盏后，我提及自己15岁就离开了学校，然后自学了所有知识，那些曾经帮助、鼓动过我的人不计其数，不胜枚举。但我要说的是，如果这些人成为大学教员，他们将是世界上最好的教职团队——我很幸运。但这一切的

① 连续创业者，即进行创业、融资、套现退出、再创业的企业家。也有人称为“串行企业家”。——译者注。

隐患是，我却没有进入学术界俱乐部的正当通行证——实际上，这种情况已多次在我身上发生。一个人要是没有学位，怎么可能知道如何改变目前以学生入学缴费换取大学学位为主要商业模式的高等教育？

我并非一颗玻璃心。我想说的其实是，我们的教育体系和其他公共部门并不考虑或承认人们已经获得的实际经验。我在设计、发明或其他方面的经验或知识，代替不了作为进入这一神秘国度敲门砖的大学学位。此时此刻，虽然我很想利用这一机会来研究和参与学术世界，它却已然向我关闭。也许，我还是不够聪明。

所以，有趣的是，在与政策制定者和教育工作者进行了多番对话后，我们总会不约而同地问：为什么世界上没有出现更多马克·扎克伯格（Mark Zuckerberg）、史蒂夫·乔布斯（Steve Jobses）、理查德·布兰森（Richard Bransons）、拉里·佩奇（Larry Pages）和谢尔盖·布林（Sergey Brins）①？众所周知，所有这些成功人士都中途辍学了。许多大众认可的企业家并未完成正规教育，这只是一个巧合吗？扎克伯格之类是因为入读学校才成功，还是不论入读学校如何，他们都会有所成就？能不能将学校设计成培养像扎克伯格那样的创新和创业型人才？如果能的话，这样的学校会是什么样子？

统一的课程、共同的标准与评估、数据驱动的教学、高风险测试以及全球基准实践，联合炮制了大学与职业生涯预备歌本，而全球教育改革运动也在吟诵其中的曲目。国际学生评估项目、国际数学科学评测和其他国际参照成为衡量教

① 马克·扎克伯格是美国社交网站脸书的创办人；史蒂夫·乔布斯为美国苹果公司联合创办人；理查德·布兰森为英国维珍品牌的创始人；拉里·佩奇和谢尔盖·布林于1998年合作创建了谷歌公司，并共同管理，2011年佩奇正式出任谷歌CEO。——译者注。

育质量的黄金标准，并与国家未来的繁荣息息相关。然而，美国接近500万毕业生找不到工作，学生贷款债务却高达一万亿美元。如今，25岁以上读过大学的失业工人的数量在美国历史上首次超过了那些持有高中或以下文凭的失业者的数量。如果大学学位并不能保证让人获得一份有偿工作，或是过上一种有意义的生活，那么，为上大学所做的一切准备还有什么意义？

我要感谢俄勒冈大学教育学院全球与在线教育研究所所长赵勇的著作①。全球创业观察是一个对创业活动进行年度评估的国际组织。赵将全球创业观察报告中的50多个国家和地区的个体创业愿望与创业态度得分和经合组织的国际学生评估项目测试分数进行了对比。他发现，在国际学生评估项目测试中获得更高分数的国家和地区，对创业能力有信心的个体却更少。赵指出："在创新驱动的经济体中，新加坡、韩国、中国台湾和日本都获得了国际学生评估项目最佳成绩，但是在测量感知能力和创业信心时，他们的分数却是最低的。"

那么，我们需要自问的是：这意味着什么？

众所周知，我们可以策划和设计我们的教育体系，以使学习者在标准化测试中表现不俗。我们甚至可以调配数字技术，来强化获取高分所需要的技能。在东南亚经济体中，家长为了让孩子在考试中获得高分而不惜在课外私立教学机构投入巨资，这就说明了对标准化测试的盲目膜拜。但是，当我们明白这是要付出求知欲、创造力和创业精神的代价时，这还是我们想要的吗？

① zhaolearning.com/2012/06/06/test-scores-vs-entrepreneurship-pisa-timss-and-confidence——作者注。

Quality & Excellence
Heart-Driven
5
NIE

约旦 Jordan

Jordan

我们从新加坡经迪拜到达约旦，于深夜降临在安曼一个冷清的机场。

这是我第一次来约旦，但我相信绝不会是最后一次。这是用魅力让你折服、令你倍感舒适的一个国度，就像你的第二故乡，文化中包含着几分似曾相识的东西，与人交谈既妙趣横生又惬意自如。

约旦哈希姆王国，简称约旦，是约旦河东岸的一个阿拉伯国家。目前全球最大的难民营扎塔里就位于约旦，迄今收容了 15 万以上叙利亚难民，成为约旦全国第五大人口中心。在阿兹拉克，另一个能收容 13 万人口的难民营已经开放。约旦还接纳了 30 多万来自巴勒斯坦和伊拉克的难民及寻求庇护者。绝大多数在难民营外生活的难民，给约旦这个拥有 600 万人口——其中 100 多万人背井离乡、流离失所——的国家带来了重大的挑战和巨大的资源需求。

约旦没有丰富的自然资源，不及周边一些国家那般幸运。十分之一以上的国内生产总值源于旅游业。约旦境内拥有世界级历史文化遗址佩特拉和杰拉什古城、死海和亚喀巴海滨胜地，以及耶稣受洗地和尼波山遗址等景点。这么说来，约旦政府优先发展教育，国家已开发了一套非常先进的全国性课程，也就不足为奇了。然而，挑战仍在。

美国国际开发署 2009 年的一份报告称，面对日益增长的青年人口，约旦政府必须确保教育质量和教授技能可以帮助新一代国民有效应对国内外的挑战。目前，学校教授的技能与雇主需要的技能并不匹配，由此导致了高失业率。教学方法过时、教师培训缺失以及有限的技术使用都是约旦教育部所面临的若干挑战。

我去约旦，是要与约旦教育倡议（Jordan Education Initiative）的校长们会面，它在帮助约旦学校应对教育改革和技术挑战方面已取得显著成效。我也有机会前往叙利亚边境，探访扎塔里难民营，亲历为流散人口提供教育的挑战。

案例：约旦教育倡议

安曼

还在伦敦构思约旦之行时，我在 Skype[①] 上与约旦教育倡议首席执行官助理拉娜·迈达尼（Rana Madani）女士初次进行了闲聊。那时我就预感到，跟她会有一次愉快的会面。她想弄清楚，我去约旦是否要将约旦的教育与西方学校的技术使用做比较，是否已经理解了约旦教育倡议的实施背景。

结果的确没有什么可担心的，这是最具启发意义的一次会面，我们收获了真正的前瞻性思维，以及与国家文化背景完全相关、进展良好的数字化战略。在拉娜和约旦教育倡议团队成员身上，一股积极变革、改进约旦教育系统的热情显而易见。这股热情也同样体现在我们所遇见的教师、校长和学习者身上。

约旦教育倡议以一种公私合作的模式建立，合

① Skype是一款全球免费语音沟通软件，具备视频聊天、多人语音会议、传送文件、文字聊天等功能。使用Skype可以与其他用户进行高清晰的语音对话，也可以拨打国内国际电话，并且可以实现呼叫转移、短信发送等功能。——译者注。

作双方涉及本土和国际，意在通过有效使用信息通信技术来改进约旦的教育，从而为其他国家（尤其是阿拉伯世界）创建一个教育改革模式。这项教育倡议于2003 年在死海的世界经济论坛年会上发起，吸引了 17 家全球公司、17 家约旦企业以及 11 个政府和非政府组织与约旦政府携手合作，并获得了国王阿卜杜勒二世和王后拉尼娅的支持。

拉娜解释说，这项计划的整体构思与其他两个项目同步运行，用创新的观念来改变约旦的教育体系。与它同步运行的，还有知识经济的教育改革计划和信息通信技术部国家宽带产品的发布。约旦教育倡议的一个内在特点就是联合本土企业，以确保本土的知识传承和企业创新。

在 2003 到 2007 年运作期间，这项计划催生了三大支柱。首先，使许多学校能够开展嵌入了数字化平台的基础设施建设。100 所被选中的探索学校均位于首都安曼，它们将摸索哪些做法有效、哪些做法无效。这个设想是要获得有关技术实施的重要经验和成功做法，以便向全国的学校推广。拉娜强调，约旦教育倡议并不负责试行做法在约旦各个学校的推广，那是教育部的职责。约旦教育倡议是要担任一种创新实验室或智库的角色，去帮助教育部探索、测试并证实有关学习的新思想，以指导其教育改革进程。

安曼的探索学校（55 所男校、45 所女校，跨度大，包括中小学段），是根据其相对于数据中心的位置和目前宽带提供的情况选择出来的。安曼分为两大截然不同的区域——更富裕的西区和人口更稠密、社会更多元化的东区，与英国伦敦的东西区划分有些相似。这项计划的一个重要方面，便是判断教育改革在不同社会条件下的影响。大部分学校都在东区，更需要变革。这 100 所学校整体上很好地代表了约旦的教育状况。

无线和宽带连接是约旦教育倡议的核心。虽然此前学校已有电脑实验室，但真正率先在课程中使用数字平台，将其覆盖每间教室并使之惠及每个学生的，还要数约旦教育倡议的改革，其核心是探索数字及连接技术如何与课程相整合，而非仅将信息和通信技术作为一门学科在实验室里教授。因此，这就要求学校里的每个学生无论在哪里，都能人手一台电脑，以访问无线网络。

第二项支柱是数字化内容的创建。拉娜解释说，仅仅将基础设施和设备引入课堂，并不意味着教师已准备好自己的教学内容。阿拉伯语学习资源的缺乏更加大了挑战。网络上有许多各学科的教学材料和课时教案，但都不是以阿拉伯文呈现的。因此，创建数字化内容，而不是仅仅翻译和定制现有内容，就成为约旦教育倡议极为重要的工作。这一构想是要催生本地产业，创建本土的数字化学习材料和内容。国际企业伙伴，比如思科（Cisco）①，将通过与约旦本土企业伙伴（如 Rubicon Studio）合作来支持数字化内容的开发。

数字化开发围绕数学、阿拉伯语、科学、信息和通信技术、作为外语的英语以及公民这六大领域展开，通过 EduWave 这一学习管理系统进行部署，为每一位教师、学生和家长都提供了一个登录方式。

第三大支柱活动是教师的专业发展培训。它最初是由项目的商业伙伴和内容开发人员提供的。后来，为保证本土专业知识与技能的传承，采用了一种“培训培训师”的方法，以提供持续不断的专业发展培训。

2007 年，美国国际开发署资助了一项“综合影响评估”来衡量约旦教育倡议的影响。评估发现，约旦教育倡议是合作扩展事务与活动的一个有效催化剂，能够促进创业领域全球知识与约旦本土学校、文化、价值观及需求的融合共享。评估也确定了约旦教育倡议迈入下一阶段亟待改进的地方。接下来，约旦教育倡议将会扩大团队阵容（2003 至 2007 年间仅有七名成员），采用监测方法和评价手段为项目运行提供诊断，确定改进发生之处和需要额外关注的方面。

能力建设和变革管理已成为约旦教育倡议的重要活动。持续进行的教师专业发展培训变得至关重要，尤其是教师自己开发的、绝非拿来主义的课程和研修

① 思科公司是全球领先的网络解决方案供应商。——译者注。

会。相关性是一切活动的核心。拉娜说："如果教师看不到使用技术的好处，他们就不会使用。"

拉娜邀请我参观了安曼的三所学校：拉赫曼公主学校，位于安曼西区一个相对富裕的迷人的住宅区，这里有国家美术馆、最高档的酒店、咖啡馆和一些古怪的零售店；舍法宾塔芙学校，也在城市西区，据介绍是一所导师学校；巴尔其学校，位于城市的历史中心东区，如今这里人口密集、基础设施日益破落，学校以"学生人手一台笔记本电脑"为教学特色。

拉赫曼公主学校据说是一所领先的创意学校。它是一所小学，我们到访的每个班级都在开展热闹的活动，到处都是热情高涨的学习者。在一间二年级的教室里，我看到了自己遇到过的最具活力与热情的一位教师。她活跃在课堂上，让年幼的学生参与到这节关于阿拉伯国家的地理课中。她时而以形体动作来表现，时而出示地球仪或地图，不断鼓励学生上前参与，和她共同使用交互式白板。

在四年级的一节关于原子结构的科学课上，每个孩子都拥有自己的笔记本电脑，里面播放着学生穿着戏服表演的戏剧，以解释原子的不同特点。孩子们显然很喜爱这节课，他们参与其中，十分享受学习。在另一节课上，一组六年级的学生就使用技术促进学习的相对优势这一论题展开了英文辩论——尽管最终依然维持使用技术这一提议，但也令人印象深刻。

我们在舍法宾塔芙学校的参观也同样鼓舞人心。一堂科学课上，教师使用了交互式白板，将其作为学生的多点触控协同界面。我时常怀疑交互式白板在课堂上的优势，但在这里，教师熟练使用白板，把它作为学生课堂上使用的工具，而不是在一堂预设好的课堂上仅仅做投射 PowerPoint 幻灯片之用。所有的课堂场景都有大量本地创建的阿拉伯语内容，就像拉娜之前介绍的那样。还有一次，在一堂数学课上，学生参与了戏剧表演，用一种卖爆米花的小贩会用到的圆锥筒来讨论体积的概念。这种极具吸引力的学习方式让我印象深刻。而就在同时，学生们也在创建自己的学科数字化内容，他们使用甲骨文公司①的 Alice 软件制作数码动画，并在数学小组的脸书页面上进行分享。

没错，每位教师和学生都被鼓励使用脸书来分享学习。实际上，校长很想给我看她创建并维护的 YouTube 频道。鉴于西方课堂上几乎禁止使用社交媒体，这反倒是个启示。我问其中一名 13 岁的学生，她是怎么学会创建这么有趣的数字化内容的。她当时看我的眼神，就像每次我问了一个傻问题后，我女儿看我的眼神一样——好像在说，你真是个白痴。的确如此。

在舍法宾塔芙学校，我们还遇到了加入约旦教育倡议的年度实习生，他们将用一整年的时间指导并协助参与项目的学校。大部分实习生都有信息技术专业背景，他们参与项目是为了获得工作经验，同时也为学校的教职人员提供关键支持和鼓励。

① 甲骨文公司是全球最大的企业级软件公司。美国卡内基梅隆大学的学者们在虚拟现实研究项目的基础上，提出了一种面向三维模型的编程工具，或称为3D交互式图形编程环境，并命名为Alice，人们可以应用Alice系统来创作三维动画游戏，或导演一部动画故事。——译者注。

我们最后到访的是位于安曼东边的佳堡艾尔卡拉区的巴尔其学校。该校就坐落在一座大山丘旁的密集的城市建筑中。校舍实际上是一处改建住宅，为普通家庭的孩子提供教育。尽管规模不大，教室也很小，这所学校仍然光明敞亮，积极向上。它并不是约旦教育倡议的一所探索学校，而属于另一个名为“我的学校”的计划。“我的学校”旨在通过社区支持来修复和重建学校。

这所学校和同类学校的学生缺乏由宽带互联网所搭建的学习数字平台，因此，约旦教育倡议与高通①公司合作，支持一个试点项目，即为学校的每个孩子提供一台 3G 连接的笔记本电脑，让他们可以在学校或家中使用。

尽管空间和资源相对有限，这里的孩子们接受的教育却没有受到限制。学校氛围积极，孩子们显然享受着笔记本电脑带给他们的自由与联网通道，而给予一切支持的，乃是一个勤勉奉献的教师团队。我询问一个学生，等她长大了打算做什么。她告诉我，她要成为一名心脏外科医生。这里有一种理念——不论这些孩子背景如何，任何成就都是有可能的。

约旦教育倡议培育了一个鼓励创新的环境，教师可以放心地探索新知，使用新方法——这就是我们可以学习借鉴的地方。与他们告别两天后，我对整个团队及参与学校的意志、雄心和持续学习的精神记忆犹新。他们真正理解了创新是无序，是冒险；创新会犯错，而你必须勇气十足。

① 高通是美国一家无线电通信技术研发公司，以在CDMA技术方面处于领先地位而闻名。高通公司积极倡导全球快速部署3G/4G网络、手机的应用。——译者注。

约旦教育倡议副总裁

约旦教育倡议以一种公私合作的模式建立，意在通过有效使用信息通信技术来改进约旦的教育供给，并创建一个能被阿拉伯世界和更多国家采用的教育改革模式。这项倡议于2003年在死海的世界经济论坛年会上发起，吸引了众多全球和本土企业的支持，政府和非政府组织也与约旦政府携手合作，还获得了国王阿卜杜勒二世和王后拉尼娅的支持。

访谈：拉娜·迈达尼

他们的副总裁拉娜·迈达尼精力充沛，热情洋溢，从2005年起就参与了该项目。她是最有发言权的。

格雷厄姆·布朗-马丁：约旦教育倡议的目标是什么？

拉娜·迈达尼：倡议的目标是要变革教育，通过使用技术来加强创新。

自2003年以来，约旦发生的最大的教育改革就是知识经济的教育改革项目。那时，我们还有国家宽带网络计划，我们想也许可以劲往一处使，由另外一个计划来引发创新，给教育体系带来新的解决办法，以便我们改变信息传递给学生的方式——这当然是在整个教学环境下。

格雷厄姆：你把新技术引入现有教育体系中，遇到了什么挑战？你是怎么解决这些问题的？

拉娜：实际上，无论是哪种干预，你将面对的首要问题都是人们改变的能力。因为首先，大家对现时所做的一切都很得心应手了，他们有自己舒适的个人空间。当你有了一个新想法，或者想要进行某种干预，需要他们接受新事物，需要他们做出改变时，他们就会抗拒变革。

整个活动的主要参与者，最初就是教师。你需要跟教师合作，改变他们的思维模式，让他们接受改革或新的干预手段。这就是为什么从一开始我们就把教师和整个学校作为一个小组，跟他们合作的原因。

当人们开始信任你提供的东西，相信这实际上会让他们生活得更轻松、工作得更有效时，他们就会开始相信这项干预措施，实际上他们已经采纳而且开始轻松地使用了。

我们做了很多行政人员和教师能力的建设与培训。我们进行了一个变革管理的项目，就如何使用我们引入学校的新技术对他们进行培训。此外，我们还有自己的培训材料，培养学生的21世纪技能，比如基于项目的学习、合作学习、批判性思维以及社交媒体在教学过程中的重要角色。

我们也跟社区合作。我们针对社区及家长组织了多次聚会活动。因为如果你要确保技术在学校里的广泛应用的话，就需要所有参与者都参与游戏、给予支持。他们必须有所了解，必须参与其中，并就自己想要的结果或想在学校里看到的成效进行决策。

格雷厄姆：有意思的是，约旦教育倡议积极推进了社交媒体在学习中的使用，而世界上很多其他地区却正在拼命禁止它的使用。请详细介绍下吧！

拉娜：社交媒体正广泛应用在约旦的不同学校中。但是，这种使用也是受管控、受监督的。我的意思是，比如说，学生们正在脸书上为某个项目通力合作，教师就可以在脸书上创建一个群组并成为其中一员。这样，教师就能做到真正监督指导项目的进展，并给予评价反馈。

很多学生做了大量项目，他们真的想去市场上推广这些项目，所以他们使用脸书，创建一个网页，以便可以与他人交流自己的成果，宣传他们的努力。很多学校也有自己的推特账号。他们推送自己的成果，推送自己的项目；通过关注世界各地的某些教育家，他们也了解其他学校的进展。我们相信，如果能妥善使用社交媒体以服务教育目标，效果会非常显著。

格雷厄姆：约旦教育倡议是怎样跟约旦政府合作的？

拉娜：我们把约旦教育倡议看成一个与国际伙伴和私营机构实时沟通的智库，兼顾本土和国际。我们试图研究教育的最新趋势，然后跟政府交流，与他们并肩合作，把这些创新带给学校。

最终，与我们合作的学校都是隶属于约旦教育部的学校。我们真的在所有项目的初期就与他们沟通，跟他们分享我们的看法，我们也试图参与不同的委员会，以便在需要的时候给教育部提出建议。

格雷厄姆：约旦教育倡议与国际各大技术公司维持一种公私合作的伙伴关系，这对约旦的能力建设和经济发展有什么影响？

拉娜：这个倡议中的公私合作伙伴关系有一点不同，因为我们的立场是双赢。学校和私营机构从这些经验中获益，我们也向约旦教育部展示全球涌现的最新创意或解决办法，并把它们带到约旦。约旦的公立学校中，很大的投资来自私营机构。

约旦教育倡议的另一个目标是要扶持约旦的信息通信技术产业。这就是我们选择去创建自己的数字化内容的原因，也是约旦教育系统和部分课程所规划的学习目标与学习成果。

国际合作伙伴带着他们的经验资助内容开发，在教育部的帮助下与本地公司合作。教育部实际上是脚本撰写方，因为他们确切地了解自己想要学校教授的内容。

我们的本地技术公司增加了多媒体和模拟程序，以便使它更具吸引力，而不是沦为纸质书的扫描版。里面有许多模拟场景，可以真正激发学生的批判性思考，增强其解决问题的技能。

格雷厄姆：你觉得教育改进与经济和生产力的改善有多大关联？

拉娜：生产力真的很重要，优秀公民也很重要，因为最终国家经济和生产力的发展需要由他们推动。所以，如果拥有更多受过教育的国民，那么整个国家的经济将向前发展。这是我们约旦特别需要的。

我们没有太多资源，所以教育便是我们国家最重要的事情。人类智慧是我们的财富，可以说它就是我们的宝藏。这就是我们非常努力做教育，让它适应整个地区就业市场的原因。约旦的就业市场无法支持所有约旦人，因此我们要跟多方竞争。可能是跟美国，跟印度，或跟其他任何地方竞争。竞争真的很激烈，我们需要培养真正做好准备的学生，以便他们能够参与竞争，找到好工作。

最终，我们不再仅仅关注这些学生的学业成绩，我们想要培养善于沟通、全面发展的学生。为了将来能找到好工作，他们需要具备良好的技能来进行自我阐述，介绍自己的国家，并用一种创新的方式谈论他们所学的知识。

格雷厄姆：作为区域智囊团的约旦教育倡议，有没有可能成为中东地区的数字化学习中心？

拉娜：约旦教育倡议模式的一大魅力在于它的灵活性。它可以根据任意环境的需求而调整。这就是为什么在巴勒斯坦开展项目时，我们真的能用这种模式去适应他们学校的需求的原因。我们目前也在耶路撒冷的 20 所学校使用这一模式。我们能在约旦做到的事，也能在任何地方完成。

在这个地区，我们更容易被周边邻国接受，因为我们了解这里的文化，我们懂这里的语言，而且我们也有诀窍、有经验、有专业技能。过去十年我们一直都在做这项工作。我们一贯与技术打交道，而且我们相信技术会引领教育的现代化。

格雷厄姆：回顾这个倡议的过去十年，你想要分享什么经验？

拉娜：这段旅途的美，就在于我们从一开始就面临的挑战及学到的东西。对任何想在教育中使用信息通信技术的人或国家，我们都希望跟他们分享我们在制定策略、愿景或政策方面的经验。

有很多挑战关乎基础设施本身及网络连接问题。任何一个国家在跟技术打交道时，都需要审视这些挑战。

其次就是专业发展。我们真正需要给教师提供什么类型的专业发展？我们怎么做？是强加给教师，还是这些教师就是整个旅程的一部分？国家需要什么样的政策？国家是否有一个真正清晰的将技术用于教育的战略？

还有资源的可用性。学校需要什么样的资源，才能让教师创新并使用技术？关于所需的技术，我们又要做出什么决策？

这些都是要经常思考的事情。你得知道如何付诸实践。有时候你选择使用某样东西，然后却发现这并不是你需要的，它并没有达成你的目标或实现你的目的。所以，你不得不停下来思考、反省，弄清楚接下来要做的是什么。

再说一次，记得我们关注的是教育，我们关注的是人类，我们关注的是一代代的人和将要塑造国家未来的学生。这就是你需要对你所做的事情格外上心的原因。你要有相当的耐心，因为改变并不是马上就会发生的。

思想录：在危机中学习

扎塔里难民营，约旦

教育，其实很简单，就是和平建设的另一个名字。它是最有效的国防开支形式。

——科菲·安南

我们还在约旦时，决定前往约旦与叙利亚的边境探访扎塔里难民营，进行一次非正式访问。在指控叙利亚政权使用化学武器之后，美国干预叙利亚的可能性加剧了该地区的紧张局势。我们感到有责任为深受影响的民众提供一个被外界了解的窗口：那些母亲、父亲和儿童的命运已永远被改变和置换。

在逃离本国冲突的 200 万叙利亚难民中，有 100 万是儿童。据联合国难民事务高级专员称，处在“拖延局势”中的难民平均还要在难民营里生活 17 年的时间。可以肯定的是，目前居住在营地的许多家庭和儿童将在那里生活多年。在叙利亚境内，近 500 万人流离失所。这些数字预计将随着冲突的升级或蔓延到邻国而持续增加。然而，这只是冰山一角。世界上还有许多其他难民营，联合国难民署统计的相关人口数约达到 1050 万。每天平均有 850 名婴儿诞生在全球的难民营里。太多孩子在难民营中度过了大部分成长岁月。

我在 2012 年世界教育创新峰会上遇见了朋友阿列克·薇克（Alek Wek），她当时正在协助发起“培养一名儿童”（Educate A Child）的倡议。自那以后，我对难民儿童的教育产生了兴趣。阿列克是英国的一名超模，曾是南苏丹共和国的一位难民，现任联合国难民署亲善大使。

难民营里的教育不只是关乎儿童未来福祉的一项持续性投资，它还提供了艰难环境下的一种生活常态。据统计，在难民营里上学的孩子不太可能被强制服

兵役，他们在性虐待、暴力和罹患疾病方面的风险也较低。很少有人会否认基础教育是一项人道主义权利，然而，难民儿童的教育计划不仅关乎眼前的人道主义成果，也将产生更长远的政治影响。教育推动着人道主义行动超越拯救生命的范畴，进而成为塑造未来的一项工程。不过，其中存在着教育类型、教育内容和教育目的之间的矛盾。

2013 年 9 月，当我们参观扎塔里时，它已经是世界上第二大难民营，人口接近 15 万。它仅在一年多前才开放，当时收容了百户家庭。随着越来越多的难民将要抵达约旦，一个有着相似规模的新营地正在附近的阿兹拉克筹备开放。

得到正式许可后，我们从安曼向叙利亚边境行进了 90 分钟。到营地时，我们按指引穿过了几个检查站，每处都检查了我们的文件和护照。接着我们来到一个行政警察院，与现场指挥官面谈，他将最终决定我们的去留。在解释了我们此行的使命后，我们获得了批准。对方提供了一名向导，由他带着我们前往我们可能感兴趣的地点与难民家庭会面。

从难民营的房屋建筑就可以明显地看出，联合国儿童基金会等一些组织以及支援国，为提供良好的教育基础设施做出了相当大的努力。然而，据报道，随着扎塔里的迅速扩张，符合上学条件的 3 万名儿童中有三分之二的人没有安置空间。我们之前探访安曼的学校时了解到，约旦的一些学校启动双轨制来容纳难民儿童。你可以想象，快速涌入的人口数接近英国诺里奇市或美国诺克斯维尔市的人口数，这会是一个多么巨大的资源挑战。

相对于我们预期的挑战而言，实际上难民营的组织是很有序的。我们遇见的大多数受访者都非常欢迎我们，乐意向我们讲述他们的故事。孩子们见到我们格外高兴，他们用提问打断我们，跟我们玩耍，让我们拍照。在主要街道上，难民企业家为有经济能力的人设立了店铺和交易点，因此一种勉强称得上经济的交易形态仍然得以在营地里运作。这里的主要街道被戏称为“香榭丽舍大道”。

当你仔细体味难民在此寄居的缘由，以及想到他们能否返回家园都是个遥远的未知数的时候，这种短暂的新鲜感很快便消退了。对多数人而言，这里将成为一个永久的定居点，而非一处临时的避风港。我们抵达时正值酷暑，然而，冬天约旦会下雪，这里可能会变得十分寒冷，生活也会残酷起来，因为安全是最大的挑战。犯罪团伙经常在营地里滋事，袭击越来越频繁，尤其是针对妇女的。这对约旦政府和联合国难民署来说都是一项惊人的挑战，你只能由衷地敬佩他们所承担的责任。毫无疑问，我相信他们最终会获得成功，但尚需时间和资源，而且事情不会总是按部就班。

我对难民营的大小和规模毫无心理准备。它绝对相当庞大，简直让人难以置信，这让我对人类冲突所能产生的后果深感震撼。对于在此生活的人们所表现出的积极乐观和热情友好，我致以崇高的敬意。

这趟扎塔里之行真正改变了我的生活。它让我开始质疑许多关于人类状况、我们的社会、媒体、全球领导力以及我自身的问题。它给了我一种必要的动力去考虑自己接下来应该做什么。与此同时，我为那些背井离乡的人祈祷祝福。

英国 United Kingdom

United Kingdom

如果全球教育出现了什么问题的话，那你可能会追溯到大不列颠及北爱尔兰联合王国。拥有巨大权力和影响的大英帝国塑造了各种各样的社会形态，对世界历史产生了或好或坏的巨大影响。作为一个比美国俄勒冈州还小的岛国，这实在令人印象深刻。

究竟是怎样错综复杂的环境使英国踏上了全球扩张之路？人们对此尚存争议。但毫无疑问的是，其教育进程的工业化得益于蒸汽机的发明和 18 世纪英国工业革命的发端。工业化虽然是个缓慢的过程，但实际上在蒸汽机出现时它就已经起步，比如 15 世纪以来，纺织厂便遍布欧洲、亚洲、中东和非洲。然而，蒸汽动力的利用，几乎改变了它所触及的一切。用于煤炭开采的马力与滑轮系统极度缓慢低效，无法跟上 17 世纪新兴的玻璃吹制行业的需求。蒸汽动力改变了制造业和采矿业。工厂可以建在任何地方，再也无须靠近湍急的水流或磨坊的风口。

工业革命成为大英帝国扩张的工具，这一故事有完备记载。这是一个社会、经济和技术均发生了巨大变革的时代。这一时期被定义为一次迅猛的大变迁，农业和商业社会（以手工劳动为基础的经济）迅速转型为以新技术为主的现代工业社会（以复杂机械为基础的经济）。这个社会由于生活、卫生和医疗水平的提高，人口显著增长。工业革命前夕的 1750 年，世界人口约 7.5 亿；就在 1800 年后，世界人口便达到了 10 亿。今天我们有 70 多亿人口。

相对的世界和平、资金的闲置、煤炭和铁矿石的开采以及蒸汽机的发明——所有这一切加快了 19 世纪英国建造具有大批量生产能力的工厂的步伐。工厂系统提升了劳动的分工和专业化程度，导致大量人群迁入新工业城市，尤其是中部和北部地区。它也导致了低收入、贫民窟和雇用童工的出现。

工业革命加剧了拥有土地、资本或工作的人与一无所有者之间的分化。《1802 年皮尔工厂法案》也许是最初的迹象，表明国家承认对穷人特别是贫困儿童的生活条件负有一定的责任。该法案要求雇主在七年学徒期的前四年内给学徒提供阅读、写作和算术方面的教导。授课成为每天 12 小时工作制的一部分。

《1832 年改革法案》赋予了百万人投票权，这一巨大的社会、政治、经济变革揭示了英国教育供给的不足，各方报道聚焦这一缺陷，并呼吁更多、更好的学校诞生。社会形态趋向工业化，公民部分享有了选举权。为了服务这个国家的社会新形态，不同类别的学校也应运而生，开始为大众提供一些基本的教育。然而，同一时期，有权势的纳税人和企业家敌视穷人的教育，正如 1807 年一位太平绅士所宣称的那样："知识会引发他们对辛劳勤勉职业生活的嫌恶。"

尽管普及教育遭受敌意，新学校还是建立起来，入学人数也迅速攀升。到 1835 年，英国大多数学龄儿童或多或少都上过一些学。1835 年，公民的平均上学时间为一年。英国的工业化导致了人口增长，加快了城市化进程，越来越多的工人从乡村移居到城市求职。雇主倾向于招收具有读写算术能力、能胜任工厂工作的平民，进而推动了人们对教育的需求。然而，直到工业革命的第二阶段，人力资本才成为经济发展的核心。

第二阶段，也称科技革命，发端于 19 世纪后半叶，以电气化和大规模生产线的出现为标志。工业革命的前半段建立在纺织、钢铁和基于蒸汽的科技基础上；后半段则建立在电力、通信、化学品和运输的基础上。日益扩张的工业部门明显增加了对熟练劳动力的需求。人力资本的形成主要是为了满足日益增长的技能要求，于是实业家也开始参与塑造教育系统。19 世纪学校教育的显著增长降低了教育成本，因此受过教育的工人数量也明显增加。

英国经历了一次转变，从领主与风车的封建经济转变为资本家与工厂的工业经济。这场变革席卷欧美，并由大英帝国带到了世界的大部分地区。经济发展的需求连同新技术平台的出现，使得社会完全变了模样。我们现在正处在所谓工业革命第三阶段的悬崖边。经济发展的需求越来越紧迫，转型围绕着数字化资料和数字化监控的新技术平台，给人力资本的形成带来了不确定的新需求。如果要从过去汲取什么经验的话，我们可以确定的是：未来将产生一个新的世界秩序。但问题是：谁会成为这个时代的新主人？谁会是工人？谁会是穷人？

根据历史的转型，也许我们选取博尔顿的一所学校进行案例研究是恰当的。这个英国北部小镇见证了工业革命的完整故事。博尔顿在 15 世纪是一个纺织品生产中心，到 19 世纪，它已成为该地区继奥尔德姆和曼彻斯特之后的第三大工程中心。博尔顿的艾萨学院（Essa Academy）是英国首批公立学校之一，已完全采用人手一台计算机的操作策略，每个学生都有自己的 iPad。

在剑桥，我们会见了“树莓派”的创始人。树莓派是一种激发儿童科技兴趣的廉价计算机。在纽卡斯尔，我们拜会了正在开发云端学校的苏伽特·密特拉（Sugata Mitra）① 教授。在伦敦索迪治区，我们观看了 3D 打印制作，然后去了布里斯托了解大学的未来。

① 苏伽特·密特拉，英国纽卡斯尔大学教育技术教授，教育研究学者。他做了著名的“墙中洞”实验，证明了学生在好奇心和同龄人喜好的驱动下，可以不通过正规教学方式和监督进行自我学习和相互学习。他于2013年获得TED奖。——译者注。

布里斯托大学教育与社会未来学教授

访谈：克丽·菲斯尔

我跟克丽·菲斯尔（Keri Facer）相识多年，她是我的同事兼脑力激荡益友。她天生智力超群，对流行意见漠不关心，并对扼杀数字技术和数字学习的传道士表示怀疑。

我刚认识克丽时，她是英国一个智库“未来实验室”的研究主任，负责地平线扫描（Horizon Scanning）①，研究2030年后的世界。她引领了大规模的课程变革设计项目，今日还在反思正规教育机构与更广泛社会之间的关系。克丽尤其关注应对当代环境、经济、社会和技术变革所需的各类知识。

全世界都在谈论慕课与大学的变革角色，我也因此拜会了克丽，以了解她目前的看法。以下是我们的谈话内容。

格雷厄姆·布朗-马丁：在关于学习数字技术的讨论中，你是把技术看成一种转换的力量还是

① 地平线扫描是一种对目前还未被广泛觉察的潜在危机进行系统搜索和研究的方法。它是未来学研究的第一步，用于确认、分析并交流有关未来的各种假设。未来学研究的其他步骤可能包括趋势研究和情景规划。未来学研究最初源于“二战”期间。20世纪60年代，它成为商业领域的一种流行手段，用以提出多重未来场景设想。如果预测准确，它将增强一个组织或社会的应变能力。未来学研究的方法通常被公私机构采用，以服务与政策、风险评估、战略规划和创新相关的不同过程。——译者注。

一种自动化的力量？

克丽·菲斯尔：这个问题不好回答。基本上，我认为它取决于所处的社会情境。技术并不带来改变。问题是：文化是什么？社会是什么？技术所处的情境是什么？如果你把某种技术——无论它是认知增强还是智能白板抑或是手提电脑——放在一个认为教育就是个人竞争、要以最有效的方式训练孩子的文化背景下，那么这就是你将使用技术的方式。

如果你把技术放在另一种文化里，它认为教育就是关于个人的发展和良好社会的缔造，那么你会有完全不同的技术使用方法。技术并不驱动这一目标。它只是创造可能的条件，但说到教育接下来的样子，还是要看其社会和文化背景。

格雷厄姆：看起来学校和大学的很多数字调配都是将技术凌驾于教育之上的。是不是我们还没有认真思考？

克丽：这些技术上的巨额投资，有些会非常有益。毫无疑问，技术改变了做事的可能性。但同时，除非人们对“教育的目的是什么”已经有了初步探讨，要不然的话，纯粹投资技术是毫无意义的。

教育不会发生突变。过去 15 年，甚至更长时期，我们都在期待一场革命的到来，现在仍是如此。我们必须找到一种方式，吸引家长、孩子、团体、教育工作者以及每一个人都参与到这个问题——教育体系有什么用的对话中。

问题在于，我们太把家长“哦，我只想让孩子获得资格证书”或者“我只想让孩子考上这所大学”这样的话当回事了。

我们听到的是，家长们需要一种关于考试和成绩的教育体系。我倒觉得他们在那些场合想说的是：我想保证孩子的安全。我想我的孩子健康幸福。我想要他们好好生活在世界上。我想要他们老了的时候也还能生活得不错。

我觉得我们所犯的错误就是，我们一直在围绕监护人、围绕考试结果和证书进行对话，而不是深入了解一些更基本的问题，即好好生活在世界上需要什么、我们将来需要什么，这才是我们需要进行对话的原因。

格雷厄姆：将来我们的后代要好好生活的话，你觉得需要面对什么挑战？

克丽：有一系列事件，看上去都像是现时的挑战，但是未来并不存在，我们需要记住这一点。它不是一处真实的场所，所以我们无法预测。挑战其实在于，我们在不了解未来、不能预测未来的情况下，该怎样好好地生活。有些当下发生的事情，需要我们去应对。我们关注不断增长的根本性的全球不平等，这种不平等既存在于国家之间，也存在于一国之内；我们现在已开始利用绿区（Green Zone）① 来结束国家之间不平等的局面。

我们有小部分人与世隔绝，说实话，还有大多数人正在苦苦寻求解决问题的办法。这是一个大问题。我们的大问题就在于如何使用资源。而资源是不可持续的。

我们不能以现有的方式继续生活下去。这是关乎切身利益的问题，即如何与老龄化且日益多元化的全球人口和谐共处。在这种环境下我们将如何生活？我觉得这仅是我们目前面临的部分挑战，更不用说稍微边缘化一些的技术发展了。这是否就是我们想走的路？我想这是技术发展给我们提出的巨大问题。

格雷厄姆：在目前的实体经济和未来呈现给我们的数字经济之间，是不是有种争论，认为这些问题仅仅动动鼠标就可以解决？

克丽：我们不得不面对的挑战是：如何调整曾帮助过我们发明许多美丽惊人的好东西的创造性倾向，让它与我们所处的条件保持一致？这就是我们想做的。

目前的问题是，那些发明新事物的所有创造性能量正将我们带离自然，也就

① 美军入侵伊拉克时，于2003年4月在巴格达城市中心划定了一片十平方公里的地区。自伊拉克临时政府当权后，该区域官方名称为“国际开发区”（International Zone），也称“绿区”。这片相对安全的区域多为外国人和伊拉克权贵居住，近乎与世隔绝；在普通伊拉克人看来，绿区带有浓厚的殖民地色彩。——译者注

是以物质呈现的自然。我们需要将创新转向，回到一些更基本的问题，即我们如何与物质环境共生共处。

经济会怎样？未来几年我们将如何工作？物质依然很重要。比如说，目前社会对园艺工人的需求量很大，但在大多数劳动力市场和有关我们未来发展的报告中，这种需求却被完全忽略了。我们并没有认真考虑这一事实。我们确实需要那些懂得务农、种植作物的人。这都是很重要的。

我们扪心自问：如何结合多种生存形式，创造有意义的谋生方式呢？没有人想仅仅成为某一类人，那是我们在工业转变中犯下的错误——转向单一的生存方式。

我有喜欢在园艺上花时间的一面，也有喜欢花时间全国到处跑、与人沟通或者闲坐在桌前的一面。问题是，我们如何创造一种经济，来让我们诠释复杂却健

全的人性。这并不是一个怎样让经济运行的问题，而是一个我们怎样创造世界——让生活的意义就在于生活本身——的问题。

格雷厄姆：工业革命之后，我们从职能或工作中获取身份认同，人的意识有所改变。数字革命如何影响我们的心智？

克丽：我们正被推向一条难以为继的经济运行道路，同时，它本质上又导向一种破坏性的生活方式。这条路上技术变革带来了经济的持续增长，却对被卷入机械思维或者机械生活方式的人置若罔闻。这是一条越来越只有极少部分人会获得回报的路。这条路也并不是不可避免的。实际上，对这个星球上正在尝试创造新的生活方式的大部分人来说，有很多真正有意思的事情在发生。我们的挑战是：发现这条路上透光的裂缝，并想办法打开裂缝拥抱光明。

格雷厄姆：你创造了一个术语——预期研究（anticipatory research）。这是怎么回事？

克丽：就如何思考教育的未来而言，我们倾向于要么以一种主导愿景来运作，并想办法达到目标，要么就将其抛诸脑后，明确应对不确定性的办法。这两种立场都不是特别有帮助。现在出现了一门新兴的预测科学，它让我们认识到对未来的看法和设想作用于现在的方式。

它基于一种前提而产生，即挑战不在于弄清楚如何预测未来，而在于弄明白如何好好生活，如何发现当下创新的可能性，因为我们不知道未来如何。

它令人非常激动，因为我觉得它为我们人类打开了可能性，让我们意识到自己其实是强烈的预期性动物。我们一直按照自己关于未来的想法行事，却十分不擅长回顾反思。我觉得这是一门新的科学，实际上我认为它将会改变教育运作的方式。

麦凯实验室创始人、首席执行官

访谈：艾丽丝·泰勒

我刚认识艾丽丝·泰勒（Alice Taylor）时，她在英国的一家知名电视台第四频道担任编辑一职，负责调试工作，主攻教育产品。从教育类编程的角度看，那时正是第四频道最令人振奋和积极创新的时期。由于意识到节目必须深入人心，电视台将全部规划预算都放在网络交互式数字编程、游戏平台和社交媒体上，而不是放在传统的节目播放上。

艾丽丝一直都是个狂热的玩家，既是电子游戏玩家，也是设计师。2011 年她离开第四频道，在伦敦的数字初创企业中心索迪治区创建了一家名为“麦凯实验室”（MakieLab）① 的玩具游戏公司。麦凯实验室开发了一套系统，使用游戏技术创建实物，然后将其变形为可 3D 打印的玩具。他们的第一款产品麦凯，可以让儿童通过网络设计自己的玩偶，并用 3D 打印机快速制作出来。

我找到艾丽丝，看看这个新企业发展得怎么样了。

格雷厄姆·布朗-马丁：你创建麦凯实验室的灵感是什么？

① 麦凯实验室是伦敦的一家互联网定制公司。2013年，麦凯实验室推出了全球首款符合欧洲玩具安全标准、印有CE标志的3D打印娃娃麦凯（Makie）。麦凯身高约为25厘米，它可以随意地摆动姿势，其身体零部件由3D打印出来后在伦敦车间手工组装。未来麦凯实验室或许会推出自定义配件等。——译者注。

艾丽丝·泰勒：创建麦凯实验室的灵感其实来源于我作为一名教育工作者所观察到的方方面面，包括孩子是怎么玩的，他们想玩什么，主要就是电子游戏那类产品，以及炫酷的科技。像 3D 打印、激光切割等，所有这些新兴产品现在价格都很实惠。当我参加玩具展，置身于一堆数字玩具中时，我的灵感就随之涌现。我就在想：为什么不用 3D 打印将阿凡达变成玩偶，或者将玩具车做成远程控制车？于是我就意识到，数字技术现时是可以与物质世界相互依赖、并行发展的。

格雷厄姆：大众从最初的电子产品被动消费者转变为主动创造者，继而是创客运动的出现，这体现了一种思维的转变。这是怎么回事？

艾丽丝：这是一种需求的爆发。创客运动始于美国，它是一个大型年度聚会，每个人在会上都展示自己制作的成品。它大概始于 2006 年，但 2012 年的创客运动，仅西海岸就有 12 万人参与。它从零起点经历了平淡的六年后，就发展到了那样的程度。所以，我觉得，这是大众长期被动消费媒体的一种反弹现象。科技进步带来工具的变革，现在人们都有能力成为积极协作的任意媒体的创造者——无论是制作个人专属的视频还是建造自己的无人机。无论是对孩子还是对家长来说，自己动手、合作制造以及创意设计，显然比仅仅被动消费要有趣得多。我觉得被动消费有它的价值。你可以独自收看一个具有启发意义的电视节目，但我们都知道，要是家长陪同孩子一起收看那个节目，他们实际上就在参与某种过程，比如交谈——“你注意到了吗？你看到那个了没有”——他们其实会学到更多，记住更多。参与是关键。创客运动正在迅速向全球蔓延。现在到处都是创客运动。如果你想，你也可以办一个。

格雷厄姆：你是否认为，创客运动的兴起证明了世界还没有做好告别实体经济的准备？

艾丽丝：实体是相对数字而言的，反之亦然。我以前一直都在数字界。从创客运动制品上我也注意到了这一点。那些可能一辈子都在跟数字技术打交道的人似乎十分怀念实体世界。比如，从 1994 年到大约 2002 年，我所做的所有工作都没了，它们要么已经被存档，要么已经销声匿迹，被重复读写格式化覆盖了。我帮助创建了首个第四频道网络公司，现在它是 2000 版或者其他什么的，原始的那个早已不存在了。然而，一个实物却会永远立在架子上。会有些真实——我实在不想用这个词，但人们就是用“真实”这个词与“虚拟”对应——的东西，尽管数字制品也跟眼下其他东西一样真实，你手上同样会有一个实物。

我是这样看的，众多技术中，3D 打印只是其一，它最终会落在一个亲民的价格区间，这就意味着大家都可以参与。而且，接下来的两三年里，我们就会达到一个人人都可以参与的价格点。我们现今就处在一段漫长旅途的最后一公里。20 年前需要花费我们成百上千英镑的东西，现在只需 50 英镑，这简直不可思议。换句话说，现在只要人们想做，都能自己学会制作出一种实物来。

制作实物的确不容易，但有了数字技术，如果你出错了，仅仅需要做点儿改变就行了。如果是实物的话，你就很难改变；而 3D 打印就比较容易，因为你能够改变。它仍然是个能生产实物的数字文件，所以你改变这个数字文件，下一个实体物品也被改变了。事实上，你做个玩具根本不需要获得机械工程的博士学位，真的非常棒。

格雷厄姆：你认为这种新的制作方式会在学校里流行吗？

艾丽丝：如果教师想把这种新东西整合到课堂上，这些机器现在的价格也已经完全可以承受了，你可以挑选一台简单的 3D 打印机，大概 500 英镑就可以。

如果不知道它怎么用，也没关系，找些学生来操作，对他们说“把这个弄清楚，用谷歌，或者看下使用手册”，他们就会给你弄清楚。到处都有海量资源，像 thingiverse.com 网站，它就是一个可打印模型的巨大免费存储库。因为它们属于知识共享（Creative Commons）① 一类，你可以将别人做好的模型拿过来，下载，发送到 3D 打印机，然后它就会运作，就在你的眼前开始制作实物了。

---

① 知识共享，简称CC，台湾地区又译为“创用CC”。它是一个非营利组织，也是一种创作的授权方式，一般用于设计、摄影、图片作品的开放式分享。此组织的主要宗旨是增加创意作品的流通可及性，作为其他人据以创作及共享的基础，并寻找适当的法律以确保上述理念。——译者注。

儿童绝对喜欢这样。我的孩子五岁半，她在信息通信技术课上学习微软的Word 文档操作。我就在想也许你可以从 Word 文档开始。本质上说，这就是个先选择，再尝试，然后小组学习的过程，因为每个人都在学习这个东西。我们不应期待教师知道如何去做，因为它太新了，所以就一起做吧。

格雷厄姆：3D 设计过去是一项难度较高的学习。你觉得今天对孩子们来说，它容易点儿了吗？

艾丽丝：我认为电子游戏与 3D 打印的学习会有一个巨大的融合，因为大多数游戏都是 3D 的，比如“我的世界”（Minecraft）①，它们很有创造性，讲究合作，现在有了像 Mineways 的第三方工具，你就可以把在“我的世界”里创建的村庄通过Mineways发送到3D打印机上，然后就会得到一小块你自己制作的模型，这太棒了。景观园艺师就这样诞生了。

到处都有很多免费软件。比如，欧特克（Autodesk）② 把他们的建模软件免费赠送给教育者和个人。如果你年收入低于 25 万美元，你可以得到他们价值 3 万美元的免费软件。它就是积极鼓励这种方式，所以你只要拿过来去尝试就好了。

(www.makieworld.com)

① “我的世界”是一款沙盒游戏。玩家可以在三维游戏空间中自由创建或破坏不同种类的方块，通过像乐高一样的积木来组合拼凑，轻易制作出小木屋或者城堡。玩家不仅可以创造房屋建筑，甚至可以创造属于自己的都市和世界，体验造物主般的感觉。Mineways是一款可以读取“我的世界”作品的程序，可用于输出3D模型文件并打印成品。——译者注。

② 欧特克是美国一家世界领先的软件设计和数字内容创建公司，始建于 1982 年，主要生产计算机辅助设计软件，如AutoCAD、3D Studio等。——译者注。

树莓派基金会教育发展部主任

树莓派（Raspberry Pi）是一款廉价计算机，专为激发人们对数字创造力的兴趣而设计。首批一万台于2012年2月推出，几小时内就销售一空，这也证明了非营利的树莓派基金会明显低估了市场需求。自发布两年内，超过200万台设备已上市。

访谈：克莱夫·比尔

20世纪80年代，BBC的微计算机率先拉开了英国政府一项旨在培养全国学生计算机素养运动的序幕。受此激励，树莓派应运而生。当时，BBC微机获得了巨大的成功，以至于英国暂时成为电脑增强学习及软件工程方面的世界领先者，由此造就了一代科技创业者和视频游戏设计师。应该说，英国那些年的信息发展趋向成就了我个人的职业生涯。

尽管树莓派的最初构想是制造儿童和学校可以使用的计算机，但购置这种设备的大部分人都是熟悉计算机编程的成人电脑爱好者。英国教育部2013年的一项重要转变——要求变革学校的课程以支持计算机科学，而不仅仅是掌握信息通信技术——让许多缺乏相关知识或技能的教师无从应对。同一时期，在爱好者和私营部门的大力推动下，媒体宣传也围绕儿童学习编码这一需求塑造公众意识，从而激发了家长的进一步需求。

在剑桥树莓派基金会，我与其教育发展部主任克莱夫·比尔（Clive Beale）会面，了解当初为了满足来自教育部门的这一激增需求，他是如何筹划的。

格雷厄姆·布朗－马丁：克莱夫，自从 BBC 推出微型计算机以来，英国学校的计算机学科发展得怎样了？

克莱夫·比尔：英国的背景是，尽管现在变化巨大——有些课程发生了转变，大量基层力量在推动计算机操作应用重回课堂——但其实我们 15 年来都没教授过计算机学科。

信息通信技术这门学科并不像以往那样富有创造力或者激励人心。20 世纪 90 年代末，一项政府报告界定了“信息通信技术”中“通信”这一概念，并由此创建了这门新学科，这就决定了这门学科的最佳学习内容将包括办公技能和相关知识。课程变革是一方面，另一方面，小机械变得越来越精细，越来越面向消费者。我觉得我们已经变成了消费者，真正有创造力的元素——亲自动手的能力——已经抽离出了课堂。系统被锁定，你不能安装软件，不能添加什么程序。这就是我们试图扭转的局面。

格雷厄姆：考虑到能教计算机编程的教师数量（十分有限），你觉得是否存在一个能力问题？

克莱夫：的确有问题，要是说没有的话，也是不可能的。调查表明，这个国家每 20 名信息通信技术课程教师中实际上只有一人具备计算机科学的教学资质。所以，当然会产生培训的问题，但这并不是不能克服的。必须创设一个架构来克服困难，我们不能只是希望教师在一夜之间就会突然掌握所有这些技能，那是不可能的。

一切正在改变。然而，教师技能与知识是个问题，因为我们有 15 年都没教过这些东西，所以就好像一个英语老师，从来没接触过《罗密欧与朱丽叶》或莎士比亚的其他作品，突然“啪”的一声，你扔给他一堆全新的作品，让他去教授。这会有很多挑战要克服。

格雷厄姆：你是否认为，编码和类似的活动实际上属于学校课程，而不应被纳入放学后的兴趣爱好小组？

克莱夫：这就像学一门乐器。真正起作用的是你每晚投入学习那门乐器的 3 小时，而不是学校课堂上的 40 分钟，这当然就是本领过硬的源头。然而，除非你让人们从很小年纪就开始接触计算机操作，否则他们绝无机会去判断自己是否喜欢或擅长这项工作。

我们在学校教音乐，并不是为了培养出一代代钢琴家，也并不希望每个人都加入管弦乐队。我们教音乐是因为它有用，它有助于增强你的思维能力，但有些孩子喜欢，有些不喜欢。美术也一样——你教美术并不是要把每个人都变成毕加索。你要使孩子们有机会认识到：“你知道吗？我那方面真的很在行，我非常喜爱，而且愿意终生追寻它的乐趣。”

但是另一方面，人们误以为编码是计算机科学的所有内容。我并不同意“编码就是新拉丁语”这种说法，因为这就几乎在说，每个人都应该学习诗歌，但却忽略了它周围的英语生态系统。

当我们谈论计算思维以及理解问题、分析问题、解决问题时，我们认为这些都是核心技能，都很重要；我们也正给十六七岁的学生传授这些技能，以便他们具备所谓的“批判性思维”。这种思维的授习应该始于童年，五岁就可以开始了。比如说：“有这么一个问题，你怎么分析它？怎么解决它？”这就需要计算思维。并不是编码，而是抽象思维的技能会渗透到你所做的任何事情中，如果你善于思考的话。

格雷厄姆：为什么树莓派有别于笔记本电脑或平板电脑？

克莱夫：树莓派是一台通用计算机。它在一张安全数字存储卡上运行Linux[①]。你先把它插入一个手机充电器，再插入一台电视，它背后的整个运作思路就像是重回BBC的微机应用运动。我有一台小小的私人电脑，它只属于我。这个技术才刚刚起步，所以我的这台小电脑就像个需要人照顾的小小孩那样，“其他人请勿碰触！这是我的电脑。我能把它插到我房间的电视上，然后开始编程”。

有两点是不可协商的。首先，价格是35美元，这就是它的销售价格。无论你在全球哪里购买，都是35美元。航运费用和税收我们无法控制，但这就是我们出售的价格。第二，是尺寸，我们想把它做得真正小而且私人化。这个外形是相当酷的。你可以把它贴到奇怪的乐高盒子里，也可以把它放在机器人身上送到四万米的高空。所以它就是一个实验工具。它把我们带出了平板电脑的那个锁定空间，一个铝和玻璃的锁定空间，从此不再担心会打破什么东西或毁掉所有数据。有了树莓派，我可以几分钟内就重新启动和重新安装。它就是个不断思考、不断将事情搞砸、不断尝试的工具。在某种意义上我们想让你去尝试破坏它，从而发现其工作原理。

格雷厄姆：教育领域发生了哪些让你印象深刻的事情？

克莱夫：就像刚才提到过的，这学期是树莓派进课堂的第一个学期，目前新学期刚过去两周，所以接下来我会陆续造访一些学校，收集一些有趣的故事。

目前，所有学校都基本到位。现在，个别教师的所作所为已经令我们刮目相看。他们主动积极，在这方面投入了大量时间和资源。因为预算有限，有些人甚至自掏腰包给班级购买了树莓派，而且他们实际上已经在积极使用，并完全改变了以往信息通信技术的课堂教学。比如说，他们不再只是利用Scratch[②]在屏幕上制作动画，而是将树莓派与外部世界相连接，并创造无限可能。

---

① Linux是一套免费使用和自由传播的操作系统，可安装在各种计算机硬件设备中，如手机、平板电脑、路由器、视频游戏控制台、大型机和超级计算机。Linux基于两点思想而运作：一切都是文件，每个软件都有确定的用途。——译者注。

② Scratch是面向青少年的一个简易编程教育软件，这款工具通过类似拼图的积木形状的模块来实现构成程序的命令，用户点击图片即可完成简单的编程。——译者注。

我们期待看到的是树莓派的应用辐射到所有学校，希望大家都认识到，使用这个工具并不需要依赖技术人员的亲临指导。从我十年的教师经历来看，要做到这一步是不太容易的。

它并不是要代替电脑套件、苹果机套件，或者一堆平板电脑，而是附加部分。就是这一点点额外附加的工具，我倒不必担心怎么去用它——事实上，你可以随心所欲地去使用。就像个别老师迸发出了奇思妙想一样，我们希望的是，在这个基础上让老师们发掘和拓展出更多元、更广泛的使用范畴。

格雷厄姆：在英国以外的其他国家，大家对树莓派有多大兴趣？

克莱夫：它在英国本土明显激发出了很强的兴趣，因为它就是英国制造的产品，它是英国设计的。随着 BBC 的整个微计算机运动及其衍生产品的发展，我们的确在英国书写了一段创新的历史。随后它又拓展到美国和其他发达国家。但目前令人难以置信的是，这场运动已蔓延到发展中国家和世界的其他地方了，而在那里你看不到技术和电脑，因为它们要么昂贵，要么难以获取。就拿树莓派的功率要求来说，运行它只需耗电大约一瓦，因此可以让它运行一年而只花费一到两英镑，你也可以用普通电池或太阳能电池来运行。

在喀麦隆、加纳、缅甸等地区，学校设立的整个计算机实验室正在使用树莓派，这是我们此前并未预料到的。这种渗透才真正让我们兴奋。

它们被用于创建可汗学院的小型网络，你可以将它看作服务器。它实际上可以在离线状态下服务课堂上许多其他树莓派机，所以你并不是非得联网。有个叫做 Rachel 的系统，它的用途更广，它使可汗学院以及维基解密之类的组织——所有的都在离线状态下——得以服务于这一网络中的所有人。即便在许多农村社区也都是有效的；在没有互联网接入的发展中国家，也是如此。当然不需要带宽。

“树莓酱”①教师、创始人

访谈：艾伦·欧多诺霍

毫无疑问，艾伦·欧多诺霍（Alan O’ Donohoe）就像一股自然的力量，他对教与学的热情简直可以塞满任意大小的房间。白天，他是普雷斯顿圣母高中的计算机首席教师。他的另一个身份则是黑客未来（Hack to the Future）和树莓酱（Raspberry Jam）两项活动的创始人。后者是受树莓派启发而成立的全球社区俱乐部，而树莓派是一款 35 美元的电脑，专为激发儿童的计算机操作兴趣而设计。

我设法找到艾伦，进行了这次访谈。

格雷厄姆·布朗-马丁：跟我说说激发你热情的灵感吧。

艾伦·欧多诺霍：我教了 20 年书，大概四五年前，我意识到自己的教学有点儿不对劲。对我所做的事，孩子们并不喜欢或感到兴奋，于是我就做了些改变。然后突然间，他们就变得很兴奋、很感兴趣。

我其实是受到了孩子们的启发，因为我发现他们才是最有想象力的人。他们灵感迸发提出的精彩问题，往往让我们停下来思考和质疑我们所做之事。学校是相当无效的，因为学校

① 树莓派爱好者艾伦·欧多诺霍举办了首届“树莓酱”活动，聚集了一批树莓派俱乐部粉丝、代码编写爱好者及黑客成员，分享交流有关树莓派的操作创新经验。之后，世界各地的树莓派用户社区纷纷效仿，多次举办该项活动，越来越多的孩子参与这一过程，享受编程的乐趣。——译者注。

的目的看起来似乎是在剥夺孩子们的创造力，把他们变成千篇一律的个体，令他们循规蹈矩并线性思考。

等到一个普通的英国孩子十四五岁的时候，他们已经被机器所困，他们思考的方式也正是机器想要他们思考的方式。在此之前，更年幼的时候，孩子们似乎对学习感到非常兴奋、无比热情，而且他们想掌控并支配自己所做的事情。我真的想在这方面深入研究一下。

格雷厄姆：以前人们思考的是学校的数字技术需要教授学生哪些内容，但最近已经产生了一些转变，那就是人们意识到，在了解工具、学习工具的同时，更要利用工具去进行创造。学与做之间需要平衡。那么，是什么推动了这一转变呢？

艾伦：最近四五年，人们痴迷于数字产品，对苹果设备像 iPad 的喜爱更是推波助澜。现在它们变得像块玻璃一样平淡无奇。你不必非得知道它的工作原理，你只需魔法般地动一动手指，它就会帮你干所有活儿。它简直变成了你脑力的延伸。但很少有人会问：这些东西是怎样工作的？就像孩子们还小的时候会问的问题："为什么是这个尺寸？""它是怎么做到的？"而我们往往会对孩子们说："哦，你不必担心。它反正是会工作的。"

我真的不太接受那种思考模式，所以有了像树莓派这样的设备，你就有了一个平台，一个精简的缩微平台，你可以私人定制任何你想做的事情。我们已经让孩子们进行项目协作，他们将一个树莓派连接到一个网络摄像头上，设置好摄影时间序列，一段时间内置于几个不同的地点。也就是说，他们在收集发生在花园里的事情的数据。果然，一只松鼠曾在鸟箱和鸟雀喂食器那儿转来转去，所以鸟儿才不会靠近那里呢。

格雷厄姆：你非常喜欢树莓派平台的哪一方面？创建一个基于此平台的社区，你想要做什么？

艾伦：在我教过的许多项目中，学校将很多重点放在交互性媒体（或者仅仅是媒体）上。我们可能设置一个项目——学生必须录制播客[1]或广播广告，或者他们可能要做个视频。如果你有一个装有摄像头的编辑工具，那么类似于平板电脑的设备就很适合。

如果你尝试教学生制作一个能用来解决问题的硬件，而这个问题是孩子们发现的——他们认为那真的很重要，因为这是他们自己的问题——那么一台平板设备就未必是最佳选择。因此，我们真的需要一个像树莓派这样的低成本、多功能的计算操作平台。

树莓派推出的那天原本可以卖掉200万台，但是他们只制作了一万台。我的邻居过来跟我说："艾伦，你肯定会为我感到高兴的，我有了一个树莓派。"我说："我们为什么不办个聚会呢？我们把孩子带过来，让他们看看有了树莓派可以做什么。"我妻子说："哦，就像做果酱。"我说："对啊，我们就叫它'树莓酱'吧！我们可以邀请拥有树莓派并且知道怎么操作的人。他们就可以过来获得想法，那我们就有了更大的一个团体。我们聚在一起，做事，创造，分享想法。"

于是我在网站上贴出了一项活动，这样人们都可以看到我们学校有一处场所，可以周一晚上开放，于是我想，我们可以请30个人来。仅仅半小时的时间，30张票就全没了。我想我是不是搞错了，可能被垃圾邮件攻占了。但是，这些都是实实在在住在利物浦或曼彻斯特想要来普雷斯顿的人啊！

我给普雷斯顿大学的一个朋友打电话，说："我们能不能要个可以容纳100人的场地？"他同意了，100个人来了。这简直令人难以置信。就在同一时间，澳大利亚的一位男士说："这真是个好办法。我们可以举办一次吗？我们要付你多少钱？"我说："不，不用，直接办一次'树莓酱'活动就行了。"一周之内，

① 播客，也称"有声博客"，是Podcast的中文直译。这个词源自苹果公司的"iPod"与"广播"（broadcast）两个词的合成，指的是一种在互联网上发布文件并允许用户订阅以自动接收新文件的方法，或用此方法来制作的电台节目。用户可以利用播客将自己制作的广播节目上传到网上与大众分享。播客的出现，颠覆了过去被动收听广播的方式，使得听众成为主动参与者。——译者注。

新加坡、硅谷、墨西哥，还有全球各地的人们突然都在说："嘿，我要办个'树莓酱'。"然后，所有人的目光都聚焦在我身上，就好像在说："'树莓酱'聚会上都发生了什么事？"我的整个状态就是非常努力去回应需求，然后它就变得疯狂火爆了。我每天都能收到 100 封邮件，上面写着："对，我们已经发出了活动号召。那怎么推广呢？我们怎么做？"这几乎成了我生活的全部。

格雷厄姆：每个孩子都应该学习编写代码，你觉得这个重要吗？

艾伦：我在想如果我们换一个词，不说"编码"，这个问题或问题的答案是否就会不一样？每个人都应该学习弹奏一门乐器吗？每个人都应该学习阅读吗？每个人都应该学习写作吗？如果我们会阅读，我们非得培养作家吗？

我真的觉得，如果我们不给孩子们一个机会去探索编码是什么，去了解它的实质，去发现编码的潜力，我们就如同封闭了他们通往音乐、美术、戏剧或一门外语的通道。

（www.raspberryjam.org.uk）

案例：艾萨学院

博尔顿

艾萨学院坐落在英格兰西北部的博尔顿。博尔顿的前身是个磨坊小镇，自从 15 世纪佛兰德的纺织工抵达后，发展了羊毛和棉纺织传统，这里便成了一个纺织品生产中心。到 1929 年，它有大约 216 家棉纺织厂和 27 个漂染工厂，由此成为世界上规模最大、产量最高的棉纺中心之一。英国的棉花产业在 20 世纪初期开始衰退，但“二战”结束后又有所好转。这吸引了一批从印度、巴基斯坦和毛里求斯远道而来的移民抵达此处，其中主要是印度教教徒和穆斯林。经历了一段时期的重工业发展，到 20 世纪后半叶，这个小镇进入了一段萧条失业期。一些工程类工作被包括零售、呼叫中心和休闲娱乐在内的服务产业所取代。

今日的博尔顿展望未来，肩负着培养新技能的挑战，以便为离校生提供就业机会，促进本地经济发展。

艾萨学院于 2009 年 1 月开办，是首个国家资助的新型专科国家资助独立学院，取代了原有的海沃德学校（Hayward School）。采用混合年级授课方式的艾萨学院，现有900名11~16岁的学生。学院专攻现代外语和科学，富有强烈的商业和企业精神。专门建造的学校新楼于2011年开放。

旧有的海沃德学校坐落在一个移民与难民聚居的大社区里，这里被评为英国经济最落后的地区。由于缺乏对员工与资源的投入，海沃德学校多年来成绩低下。在这里，技术常常被视为与学习过程毫无关联，也极少得到重视和利用。学校被拆分为三处校址，但是却没有搭建网络。学生和教师的低期望和低士气造成了教育的沦陷。

艾萨学院的校长萧克·巴达特（Showk Badat）就出生在博尔顿，但是并未在海沃德学校上过学。他跟我说："像我父母那样的家长认为，如果你去了那所学校，就永远不会成功。"当巴达特回到博尔顿去改造这所垂死挣扎的学校时，这仍是社区普遍持有的观念。学校肮脏、被忽视的环境，以及缺乏维护的危楼，都反映在了学生的低考分上。由于不合格率超过70%，学校面临被关闭的危险。

申请学院地位及重新命名为艾萨学院，给巴达特和行政人员更多自主权去进行课程和师资方面的决策，使他们能够寻求新的投资来补充国家资金。这包括当地商业人士建立起来的一个教育慈善机构——艾萨基金会的财政支持，其目的在于"鼓励研究、发展和引入学校与课程的最佳做法，供英国和世界各地的学校校长、教师、管理层和学生使用"①。

从过去领导另一所学校的经验来看，巴达特亲眼见证了技术激发学生兴趣的潜力。他相信将艾萨学院重塑成一个技术支持的学习中心，将会体现新领导层为社区效力的决心，更重要的是，可以为取得学业成就扫除障碍。巴达特让学校的主任阿卜杜勒·霍汗（Abdul Chohan）来研究技术平台，以打造更动态的学习环境。霍汗曾在失败的前任学校教化学，从教前曾是葛兰素制药公司的一名研究员。他意识到，当学生着手找工作时，他们需要具备21世纪的技能。他也认为，太多关注都集中在考试方面，而不是发展终身技能。霍汗打破了学校依托技术来

① www.essafoundation.co.uk——作者注。

强化过时教学行为这一惯常方式。他认为交互式白板就是用现代技术巩固 19 世纪教师课堂中心地位的一个很好的例子。

艾萨的第一项举措，就是为所有学生提供苹果公司的 iPod Touch①。霍汗表示，“我们要让学生直接获取信息”。学校也给教师提供了 iPad。它是英国第一所采取如此大胆举措的学校，校方行政团队很快就觉察到这一改变给学生的参与和士气的提升带来的良好效应。使用在线学习材料和应用软件后，学生的考试成绩有所提升，这一早期的成功帮助艾萨获得了建立新校所需的资金。

新学校的方方面面都设计成支持交互式学习的模式。电子白板被遗弃，连接高清大屏幕的集成式苹果电视设备备受青睐。它们分布在教室和协作学习空间里，让学生能在无线环境下与教师和同伴分享自己 iPod 和 iPad 中的材料。而一系列数据、视频和 IP 网络话音传送服务也进一步强化了这个拥有丰富技术的学习环境。学校鼓励教师去寻找将 iPad 引入教学的创意，要么指导各小组录下法语对话来练习发音，要么通过拍摄体育课片段，回放视频来帮助学生改善竞技。

随着项目的不断成功，学校又将每个学生的配备都升级为 iPad，使之成为他们随时随地学习的中心，无论是在课堂上还是在家里，让他们亲自实践学习。学生制作 Keynote② 在课堂上分享，还使用内置摄像头捕捉学习瞬间用于课堂报告。原本不得不离开课堂接受一对一语言辅导的非英语母语学生，现在则可以坐在教室里利用翻译软件加强理解。学校还部署了基于云端的解决方案来方便师生。比如，教师可将信息存储在自己的 Dropbox③ 空间而不是学校的服务器上。所有

① iPod Touch是一款由苹果公司推出的便携式移动产品，第一代iPod Touch于2007年9月公开发布。可以说，iPod Touch是iPhone的早期精简版，除了缺少通讯功能之外，在Wi-Fi环境下，iPod的用户体验与iPhone并无太多差异。然而，iPod体形轻薄，价格更友好，其主打的音乐功能更是彻底改变了人们的娱乐方式。——译者注。

② Keynote是一个演示幻灯片应用软件，由苹果电脑公司于2003年发布，其功能在于更轻松地创建、呈现和分享美轮美奂的演示文稿。Keynote不仅支持几乎所有图片字体，还可以使界面和设计更图形化，也更容易夺人眼球。——译者注。

③ Dropbox是一款免费网络文件同步工具，是2007年成立的Dropbox公司运行的在线存储服务。用户可以存储并共享文件和文件夹。——译者注。

打印机都有云打印选项，这意味着学生可以连接一个电子邮件地址进行打印，并使用学院的打印解决方案后续管理系统来收集他们的打印作业。所有这一切都通过安装一个强大安全的无线学术网络和一个可连接至个人设备的开放的客户网络来获得支持。学校各处都设有接入点，以保证学生不会失去联系。

艾萨学院是英国首批以苹果 iTunes U① 作为免费学习管理软件、将所有课程发布到网上的学校之一。学生使用 iTunes U 软件在一个地方就可访问所有学习材料，追踪作业进度，并接收教师适时更新的通知。教师使用 iTunes U 收藏库来寻找能丰富课程的播客、视频及其他资源。他们使用 iBooks Author② 来创建

① iTunes U是一款免费网络公开课软件，许多世界名校（如哈佛、牛津等）都将自己学校的课堂音频、视频、文档放在这里，供大众学习观摩。——译者注。

② iBooks Author是苹果公司2012年发布的一款免费的电子书制作工具。——译者注。

和分享适用于 iPad 的互动式教科书，作为反映当前时事、将传统阅读材料与多媒体内容交织融汇的一种教材更新的简易方法。作为学生拥有的个人设备，iPad 协助他们完成作业，为他们提供机会，以便随时通过邮件联络教师答疑。尽管某些教师留出了一个专门的时间来解答学生的疑问，可通常在 10 到 15 分钟内就有其他人火速回复了答案。霍汗认为，与教师不断接触，对学生而言是一个非常重要的优势。他反问道：“如果学生想要知道什么事情，为什么非得等到早上九点学校开门时再说呢？”

艾萨学院的环境的确很美，既现代又静谧。我在那儿待了一整天，正好碰上欢迎新生入学，他们与父母一道参加晚上的聚会，领取自己的 iPad。所有人的脸上都洋溢着激动与兴奋，他们的到来就是要了解这种新的学习方式。我与许多家长进行了交谈，他们都对正在发生的变化和艾萨校方为孩子教育所做的承诺充满了热情。

基于所有有关 iPad 的交谈及人们所表现出来的兴奋和热情，如果你认为艾萨学院就是“iPad 学校”——就像许多报纸和媒体头条所描述的那样——认为这就是某种程度上的变革，是完全情有可原的。然而，仅仅有技术，无论它多么先进，都无法等同于变革。实际上，它可能意味着完全相反的情形。这已经体现在世界对交互式白板的迷恋上——不妨考虑一下某些学校和教育部门一哄而上，纷纷为每个学生提供平板电脑或其他技术的情形。重要的不是你向学校投放了多少技术，除非你对变革的图景有清晰的认识和实现的策略，否则它什么也不会改变。

我的确相信，艾萨学院在相当程度上变革了教与学的体验，在一套过时的评估制度和受局限的课程设置内实现了创新。这意味着，学生在一个便捷而丰富的信息协作环境下学习一段时间后，必须回到 19 世纪去参加一场决定他们未来的高风险笔试。

已经发生的变革，并非是学生与教师借助他们的数字设备和软件平台持续互联，而是这一过程所带来的高效率，使得更多时间能被真正用于教与学。学生每天只有两个三小时的学习时间段，以午饭为间隔，而不是将在学校的一天切割成六七个时长为一小时的不同科目的学习时间。这并不是说教师必须备一堂三小时的课，而是意味着学生有机会去探究和反思他们所学习的内容。早在翻转课堂盛行的时候，艾萨学院便已如此授课，教师就是 iTunes U 的活跃用户，他们将自己教学中的重复或研究数字化，以便处理学生的个体理解问题。在教学管理工作中创造更高的效率，意味着教师现在可以共同参与面对面的积极而持续的专业发展培训，而不是将之定在一学期一次又很快被抛诸脑后的“某一天”。

艾萨学院的学业成绩就是最好的代言，结果令人十分振奋。在 iPod 试点项目推进的两年中，学校的合格率就从 28% 跃升至 100%。所有学生的考试成绩均有大幅提升。尽管霍汗认为对考试的过分强调是错误的，但不可否认的是，新的学习方法已成为提高成绩的催化剂。在去年的普通中等教育证书考试中，每个学生都达到了 A 到 C 级的五门功课达标率，此前达标学生仅占 40%。而学校同期运营费用的下降，使得这一成就更不寻常。以往庞大的预算项目，如技术支持、一对一辅导、教材甚至复印等，均被大幅削减。

今天，英国各地乃至国外的教育人士纷纷造访艾萨学院学习它的成功经验和最佳实践，其中包括伊顿学院和英国顶尖私校的教职人员以及未来皇室的教育家。

（www.essaacademy.org）

艾萨学院主任

艾萨学院是博尔顿的一所中学，学生年龄介于11~16岁。它已被视为英国采用1:1计算机教学的领导者，每位学生及教师都有自己的iPad。

访谈：阿卜杜勒·霍汗

我见到了学院主任阿卜杜勒·霍汗。在校长萧克·巴达特的支持下，霍汗负责推进学校的数字变革。

格雷厄姆·布朗-马丁：阿卜杜勒，跟我说说你的背景。

阿卜杜勒·霍汗：我的背景确实是以教学为主。我担任了十年化学教师，过去四年，我一直在学院高层领导团队中担任部分职责。

格雷厄姆：当地社区是怎么样的？

阿卜杜勒：主要是20世纪50年代末60年代初过来的印度人和巴基斯坦人。我祖父辈的很多人是从毛里求斯来的，因为他们在那儿的港口和码头工作。后来，因为棉花产业等（原因），许多人来到这里，留在博尔顿的牧场里干活。

当年的社区现在仍然还在。尽管许多人可能会因为教育什么的而离开，但再回来的话，他们仍然还会选择住在这里。除此之外，大部分社区仍然处在一种困顿潦倒的境遇中。我们发现，来到艾萨学院的学生肯定都是这样的。几乎 80% 的学生来自本地 20% 最贫困的社区。

过去几年，我们也看到了大量索马里人的涌入。我们在该地区还发现了东欧社群的增长。总的来说，尽管这里的移民社区主要集中在几块区域，而不是完全分散开来，但是大家比邻而居，相处得非常不错。

格雷厄姆：原来的学校是怎样转型为现在的样子的？

阿卜杜勒：原来的学校从 20 世纪 50 年代就一直存在。那所学校我父母也曾就读过，但随着时间的推移，它不再是一所首选学校了。由于经风历雨，学校的建筑有些问题，所以风大时，你可以看到裂缝，屋顶也会脱落下来。

当时针对设备质量，各种审查机构和地方议员也都提出了这类问题。那时，政府也恰好打算推出这个学院计划，全国各地的许多学校和主管机构都开始着手准备。后来，艾萨基金会就参与赞助了艾萨学院。

艾萨基金会是一个慈善公益组织。它的创始人是两兄弟。一个是会计师，另一个是药剂师。他们的生意都做得相当成功。他们来自本地社区，也了解少数族裔和在此定居的其他社群的需求。

他们决定成立一个新的领导班子，彻底重组学校，包括新建一幢教学楼作为学院变更的一部分。那时也正是我们的校长——从诺丁汉来的萧克·巴达特——被任命的时候，而他原本就是博尔顿人。在他的领导下，我们开始看到一些今天所目睹的变化。这才是变化产生的关键。

其实有时你会觉得，我们在教育方面十分擅长把对的事情做错到极致。这个问题也许可以这样问：要是不畏首畏尾、瞻前顾后的话，你会怎么做?

格雷厄姆：要是不畏首畏尾、瞻前顾后的话，你会怎么做?

阿卜杜勒：我给你举个例子。比如，我们要购进笔记本电脑拉杆箱和笔记本电脑，我们考虑的是：要是不这么瞻前顾后的话，我们会做什么？当你问这个问题时，你考虑的是：如果花费22000英镑购买30台笔记本电脑和一个电脑拉杆箱，那么人人都会去争抢，也不是每个人都能使用，它们也许会被锁在一边，可能会出毛病，不能定期联网，还会经常妨碍学习。但如果你把这笔钱拿走，不缩手缩脚、瞻前顾后地去使用，你会怎么花?

我们当时就看到了这个问题，也回答了这个问题。其实很简单，就是我们会给每个学生都配备一台设备。我们探索那种可能性。我们考察了很多种不同的可用设备，那时就只有iPod Touch合适。所以，我们就决定了。接下来我们走了最后一步，在没有先期试验和实验运作的情况下，我们就是相信自己能做到。我们全力以赴，然后就成功了。

我们并不是仅仅把它当成一个试行几个月的项目，然后搞研究，撰写计划和报告，等着别人来告诉我们项目的可行性。我们就是放手去做了。当然，这就是一种领导力。但这种领导力不仅仅是停留在规划设计和事物探讨的层面上，而实际上是将想法变成了现实。很快，每个学生都有了一台设备。这很简单。它也可靠，具有可操作性，还很个性化。所有这些都是我们教育领域很长很长一段时间一直在渴求的东西。

格雷厄姆：使用这些技术所带来的效率如何引发了一场变革?

阿卜杜勒：在操作方面，技术明显提高了效率。人们使用技术让生活变得更简单。以前如果我想将资金从一个银行账号转到另一个账号上的话，我得在午餐时间外出，到银行去填表，办理所有相关手续。这就是我能转账的唯一途径。有了技术，我现在就可以拿起一个设备，登录，几分钟内就完成了。它改变了这种操作发生的方式。组织、企业、部门一直都在这样做，为什么教育就不能同样采纳呢？

所以，我们就采用了技术来提升效率。过去，老师们（上课前）可能需要打印工作计划，这样，每到周一早晨，他们就等候在打印机旁打印准备好的材料。有了数字技术，你就不必如此了。我们使用免费资源 iTunes U，教师备课时在上面将 Word 文件作为部分课堂讲义共享，所有学生就都能在 iPad 上接收到。

这就意味着，它让教师从中解脱出来，他们实际上可以准时开始上课，问候学生，邀请他们进入资源库，从而确保课程准时开始。这就不再是以往的课堂走动、分发资料以及类似的相关事情了。这只是举个例子。如果你将技术应用于教师必须创建和分享的其他各类资源，它实际上就帮你省了不少力。

比如说交互式电子白板。英国及世界各地的学校可以说都有这样的看法，认为交互式白板将会突然改变一切。然后，你就会发现学校砸了大把的钱给每间教室都安装了白板。你必须为教师提供培训，教他们使用这项技术。一旦技术被安装好，教师们就开始创建只能在这种技术上使用的资源。

然后就会有诸如把设备、笔记本电脑插到正确的端口上，确保扬声器是有效的，确保声音没问题，以及所有类似的麻烦事。我们在这里所做的是：简化技术，让它非常稳定可靠。我们不需要插孔，不需要把东西上传到一个虚拟的学习环境，等等。

我们的所有努力，就是让事情变得非常非常简单。教师是机器管理员，他们可以在任何时间下载自己想要的内容。这就意味着他们现在能真正专注于工作，以达到一种认知发展水平，从而帮助学生培养思考能力和理解过程的能力。

格雷厄姆：艾萨学院一直被称为“iPad 学校”，但这里似乎并不只有 iPad。你们还改变了作息表和教学实践。请介绍一下。

阿卜杜勒：简单来说，是教与学的理念。“教”就是老师传授知识，试图让学生去学。“学”是完全分离的过程，是学生实际上理解了多少概念和思想。这两者之间有一个鸿沟。一方面，一个教师可能会觉得，我已经教了孩子了——你看，他们思维活跃，完全跳出了课堂，兴奋地大喊大叫，完成了许多令人惊叹的事情。但是当你检测学生的学习效果时，却发现他们并没有显示出较好的学习成效。另一方面，你可能看到另外一位教师，他的课堂上并没有太多浮于表面的活跃现象，但是学习的几个关键步骤都有。课堂结束后你去考查学生学得怎么样，却发现他们实际上掌握了很多内容。

为了整体提升师资水平，就要让教师真正明白这一点并身体力行。这就需要面对面的集会时间，需要让大家坐下来，去实际传达这些思想，以确保大家心领神会。为了实现这个目标，我们必须改变学校的周工作安排。

通常，一所学校开学时都会安排在职培训日。教师们走进来，聊聊自己做过的事情，可能会清理下房间，可能校长会陈述学期愿景。接下来的整个学期仅此而已。学校会有很多不错的创想，会有很多不可思议的创举，但其实它们很快就会销声匿迹，因为没有及时记录，并从中获得反思和进一步的提炼。

我们以周为单位进行了改进。我们改变了学校的作息表，它赋予我们时间去进行这种集会或交谈。这就是认知盈余的概念，人们虽然有很多理念和想法，思考的问题也五花八门，但它们往往转瞬即逝。如果你可以找到一种办法，将这些思想收集起来并用于解决问题，你就会获得不同的视角。就同样一件事你会得到不同角度的思考，你会从而更有利于解决问题和争端，而且你可以创新并获得新的想法。

如果你考虑的是校园环境，你看看既有的争议，了解各种看法，了解认知功能、需求映射，等等，你用从不同教师那里获得的不同视角来应对这个问题，并为其提供生发的时间和空间的话，你就会获得新的想法和理念，就能够解决问题，就能够针对变革发起更明智的论辩。

格雷厄姆：学生每天的上学时间，仅包括两次三个小时的课时。这怎么操作？

阿卜杜勒：这个意思就是，如果你要嵌入认知发展的理念，你就需要时间来为变化创设相应的水平和条件。意思就是，你要给学生时间去建构他们自己的学习，让他们能够分析问题，然后解决问题。

这在一堂 50 分钟或一小时的课上是不可能发生的，孩子们用 5 分钟时间安静下来，再用 5 分钟离开教室。你就只剩下 40 分钟或 50 分钟。就在这个时间段里，你仍然要处理所有事情，因为班里有 30 个学生。这并非我们想让变化发生的恰当的时间跨度。这也不是让学生为考试而准备，而是要让学生转变他们的思考方式，将所学东西用于解决实际问题。

就拿学习法语来说，在考试中倒出平时死记硬背的东西是一回事，而你真正来到法国，走进一家咖啡店用法语下单则是另一回事。这就需要我们跨越鸿沟，而一节 50 分钟或一小时的课是不可能做到的。因此，我们设计了更长的课时段——上午课时和下午课时，这样学习会更深更广。可以提问题，可以调查，如果需要的话，我们还可以走出校外，使用本地环境、本地设施都有可能，只要能让学习发生。而并不一定限制在那个空间或那个课堂里。

它也同样适用于备课，因为一旦你跟教师说要上“一堂三小时的课”，他们就难免头疼，因为他们会发愁：我要在那里站三个小时干讲。然而，很多课堂活动采用的都是调查研究和创造性的学习方式。学生正在用这样的方式学习并跨越隔阂、缩小差距。

格雷厄姆：你们也按照学生的程度而非年龄来分班？

阿卜杜勒：这基本上就是看学生是否具备了这样的能力或者是否达到了一定的学习程度。我们指的是，当学生准备好了时，我们会让他们参加考试。为了达到这个目标，学生需要在恰当的地方学习恰当的内容。我们没有必要把孩子们按照年龄分组。你 12 岁，对数学很有天赋，但是必须等到 15 岁才可以参加考试，这是不合理的。

当然，为了真实监测学生的学习效果，我们也会安排许多测试。如果确实需要，或者系主任觉得某个孩子已经准备好参加测试，可以获得 A 或 B 的成绩，我们也会让他们加入进来。

目的就是确保孩子们在艾萨学院得以发挥他们的全部潜力，获得充分的发展。我们有学生毕业时通过了 12 门以上普通中等教育证书测试。为什么？因为实际上在九年级时，这个学生的数学就学得非常好。数学通过后，他接着选择不同的模块来学习，而且顺利通过了另一门普通中学教育证书测试。

我们这里有 48 种不同的语言。如果一个孩子入学时，法语流利，为什么他们非得等到 15 岁才能参加法语考试呢？他们可以入学第一年就参加法语测试，因为他们精通法语，就自然获得了普通中等教育证书。我们有很多类似这样的学生。

我们想尽力为每个学生做到最好。个性化的理念非常重要。学生将会有选课权，并可以通过 iPad 访问课程内容。一旦教师规划好了一堂课，就会提供给学生。这非常透明。他们可以看到学习的进展。家长可以了解目前的进度。这是一种让学习发生的更高效的方式。

数字狂人

访谈：杰克·戴维斯

2011 年 7 月 27 日，杰克·戴维斯（Jake Davis）在设德兰群岛——位于英国本土东北部的苏格兰群岛——自己的家中被来自伦敦的六名警察逮捕。18 岁的杰克被指控多项罪名，包括未经授权的计算机访问和阴谋对英国重案调查局网站进行分布式拒绝服务攻击①。

这是关于一个非正统学习者的故事，当我们在教育讨论（尤其是数字化讨论）中使用“学习者之声”这个术语时，我们很少考虑这一类人。

杰克一直在数字游乐场与在线活跃团体互动，包括黑客组织“匿名者”（Anonymous）和 LulzSec，后者类似于一个数字恶作剧团队，在网络空间制造恶作剧或展示特技，而不是某些媒体所宣称的那种网络恐怖分子。

① 分布式拒绝服务攻击（Distributed Denial of Service，简称DDoS攻击），通常是指向目标网站发送大量外部沟通请求，乍看上去似乎是合法的通信量；其目的在于耗尽网络资源，导致网站不能访问或反应太慢，以致无法应对真实用户的合法需求。它是最难解决的网络安全问题之一。——译者注。

杰克的网上化名为“植园”（Topiary，推特上的 @atopiary）[①]。有一次，杰克在与韦斯特波罗浸信会[②]的一名成员参加一个电台访谈的现场直播时[③]，浸信会的网站被“匿名者”的黑客攻击，随之被该组织的一则留言所取代，这让他在黑客团体中出了名。众所周知，韦斯特波罗浸信会是一个有着极端意识形态的仇恨团体。尽管从法律上来说这是非法行为，但该网站的被黑实况却可视为数字世界对在线仇恨言论泛滥的一次抗议。

据杰克介绍，LulzSec 是他某次无聊时在一个在线聊天室与其他用户建立起来的，大家在真实世界素未谋面，也不了解彼此的身份。这个团体最初的目标是反对荒唐的网络营销，利用数字世界攻击它。他告诉我们，他们开展了一些引人注目的运动。

LulzSec 组织在全球大众媒体中声名狼藉。他们的推特账号 @LulzSec[④] 由杰克·戴维斯管理，粉丝累计超过 40 万。撇开合法性不说，一群青少年用自己的笔记本电脑在数字世界制造连他们的父母一代都很难理解的恶作剧，旁人只能佩服这种放肆。

杰克被捕前，LulzSec 维持了数月时间。然而，这个无组织的团体内部已经产生了分歧。有人暗示政府雇用的黑客已经潜入了这个组织，意在打击搞怪行动，实施封杀。

被捕后，杰克两年内不得使用互联网，身穿宵禁定位装置，并被判在费尔特姆青少年罪犯看守所待上 37 天——这是伦敦西南部的一个监狱，通常用来拘

---

① twitter.com/atopiary——作者注。

② 韦斯特波罗浸信会，是美国一个臭名昭著的组织，常以极端方式谴责同性恋、双性恋以及变态行为，经常以游行示威的方式纠察美国军人葬礼、亵渎美国国旗，等等。他们在军人葬礼上扮演纠察队，打出横幅和海报抗议对这些人的悼念，因为他们认为这些人被杀是出于神的审判。——译者注。

③ www.youtube.com/watch?v=OZJwSjor4hM——作者注。

④ twitter.com/lulzsec——作者注。

留有暴力犯罪史或参与贩毒的年轻人。在服刑期间，杰克成为一名非正式教师，帮助狱友写信回家或者报名参加监狱里的教育供给项目。

与杰克同时代的年轻人往往被形容为性情冷漠、与周遭社会脱节。尽管西方国家经常在新兴民主国家的范畴下，来描述数字平台的变革效应，但另一方面，他们并没打算在新兴的数字经济中实施抗议，哪怕是搞恶作剧。杰克这一代最聪明的人现在正在接受各自智能机构的积极培育和招募，以代表他们的国家实施间谍行为和民事监督。这个世界，当下和未来的几代人都将学习成长，并在必要时表达异议，而我想要更多地了解这一点。

格雷厄姆·布朗－马丁：杰克，跟我说说你成长和求学的经历。

杰克·戴维斯：我在这个叫做设德兰的偏远群岛上长大。我居住的岛上有900人，大家互相熟识。我去了一所很小的学校，大约有100个孩子。大概从6岁起，我就乘坐小巴士，从我家穿过一条大河去上学。几年后，我开始对这一切感到超级无聊。接着我升入一所中学，这也是我第一次自己选课。我想肯定很有意思，但后来我意识到自己对一切都无比厌烦。

大概13岁的时候，因为没什么特别让人兴奋的事情，我决定不去上学了，主要是想看看会发生什么。我那时有点儿叛逆，但也只是把它当成一次实验。

格雷厄姆：是什么激发了这种反叛？

杰克：是无聊。我就是兴奋不起来。对这种强迫的学习体系，我既不喜欢也没法领会。我好像觉得，所有知识都朝我扔过来，却没什么用。我想用自己的方式学，他们却不喜欢。现代学校不是那样的，但是在设德兰群岛，他们根深蒂固地接受老方法，并不喜欢变化……他们喜欢乖巧的、传统的线性培养方式。

跟我一起上学的孩子，以及他们的父母和祖父母，差不多一辈子都没走出过设德兰群岛。他们对外面的世界没有概念，也并不想了解。他们不喜欢把自己看成英国或其他任何国家的一部分……他们就是设德兰岛人。

我的思维比较不受局限。那时我就想问世界上其他地方正在发生什么样的事情。学校没有教授我们这些知识。我发现当我回家使用因特网时，我可以通过网络跟别人对话。我有个朋友在德里，我每天都会跟他聊天。我想："他不是这里的，他是从其他地方来的。"他会跟我讲他每一天的故事。我就是觉得那很有意思。尽管从窗户往外看就是设德兰的美丽风景，但是通过我的电脑窗口，我可以脑洞大开，畅想无限，看到世界更广泛的空间。这种提升是无法通过其他方式获取的。

我的同学没人对那感兴趣。他们关心的是流浪者和凯尔特队谁赢了足球赛，或当地镇上的流言蜚语，或牧羊。某一天恰好很多事凑到了一起，于是我就那么离开教室，待在自己的房间里，就在 13 岁那年。我决定不去上学了，因为太无聊，纯粹是在浪费时间。

老师对此很疑惑。我猜想在英格兰你可能有更多应对机制来处理这类问题，因为它们在那儿可能更常见。但是这种情况在设德兰并不常发生。六个月过去了，大家说："不行，你得去上学。"我就问为什么，从来没有一个真正的答案说服我，所以我就不再去了。

后来的三四年，我待在家里，当想学习的时候，就学自己想学的内容。

格雷厄姆：你当时对什么感兴趣？你自学的是哪方面的东西？

杰克：我只是了解所有我能在线看到的内容。年轻的时候我玩了很多网络游戏，那时我觉得这比任何事都刺激。它打开了不同的世界。你有控制权，你有即时的满足感，还能参与那种我们现在通过社交媒体来看司空见惯的在线社区。

我玩了大概三四年后，越来越沉溺其中，以至于开始尝试修改系统本身。具有讽刺意味的是，这个在线系统几乎就像我所厌倦的那个系统——学校一样。于是我开始参与"匿名者"—— 一个网上黑客行动者团体，随便你怎么称呼吧。

2010 年 12 月，维基解密发布了 50 万份美国外交电报，我加入了一个全是无名氏和黑客行动者的网络聊天室，大概有 8000 人。当时我编了个"植园"的名字就加入了。

格雷厄姆：那时你多大？

杰克：我十七八岁。我只是想，这太有意思了，居然不需要透露任何信息！那时，我不想谈论自己。我自己很无聊。我觉得那里很多其他人大概也是这样想的。我们像忘记了屏幕后面的对方可能也只是个书呆子，身边放着一包多力多滋玉米片和一瓶威士忌酒什么的，只是沉浸在自己的别名或伪装角色中。我就在那儿待着。这太吸引我了，以至于它已成了我生活的一部分。我开始参与他们的行动。

格雷厄姆：你什么时候开始参与黑客行动者社区团体？

杰克：我想是 2011 年 2 月。有个叫做韦斯特波罗浸信会的组织，他们把自己称为教会。我觉得他们更像一个邪教，他们在死亡士兵的葬礼上纠察示威；带着写有“上帝痛恨同性恋”口号的标语出门；认为除了他们以外任何人都注定要毁灭，要下地狱。

他们由老一代人领导，我的网络同伴当时决定攻击他们。我觉得这很有意思，一来是因为这是一种新的抗议方式；二来讽刺的是，这些人真的相信因特网就是为他们而发明的。我们在大卫·帕克曼脱口秀（David Pakman Show）节目上跟教会的一名头目雪莉·菲尔普斯－罗珀（Shirley Phelps-Roper）进行电台访谈，我们在直播现场就黑进了他们的网站。我可以说是扮演了发言人的角色，这种攻击就像病毒一样传播开来。她给了我一些非常狡黠的回应，好像这场袭击就是上帝的意思，目的是送我进监狱。

对我来说，那时候作为一个年轻人，能够参与这次行动是非常兴奋的。就是这么一个情形，我正想关掉笔记本电脑的时候，突然就意识到：除此之外我还有什么？这就是我拥有的一切。它只是不断地壮大再壮大，直到我们后来决定创建这个黑客团体——LulzSec，从根本上说这就是一个推特账号，顶着一个我随机挑选的很搞笑的头像：一个小棍侠穿着白色西装，戴着一顶帽子和单片眼镜，喝着一杯葡萄酒。

格雷厄姆：那个头像有什么意义吗？

杰克：就是随机的。我有许多文件夹，存着上千张图片，只是随机挑选了一个作为推特的头像。它就是一种搞笑的方式，让人们去琢磨："这是怎么回事？它不太应该存在于互联网上。"它跟互联网格格不入，还可能进一步演化。它并不只是入侵网站，可能还会涉及任何其他方面。它仅仅是在线存在的一种事物。这时候，互联网开始有了统一监管，脸书大热。每个人都在议论社交媒体。

那时，电视广告开始使用井号主题标签功能（#）来推广可笑的产品，围绕它展开了许多荒唐的对话，基于推广产品的用户数，他们还把统计数字凑到一块儿来论证产品有多么流行。这简直就是胡扯。于是我们也做了同样的事情。

他们有些强大的团队在背后助推，而我们没有任何资金，没有钱，所以我们决定只使用推特。这史无前例。

格雷厄姆：没有社交媒体顾问吗？

杰克：那时，克莱夫还没加入我们，他之前是做营销的。也没有其他什么人会来浏览我们的网页。我们只是开始发布所思所想；由于一些网站被黑，它很快就变得颇有人气。X音素（X Factor）① 数据库被黑掉后，它上了海盗湾（Pirate Bay）的网站②，还配了一张自鸣得意的西蒙·考威尔（Simon Cowell）的图片，脸上戴着个红色的蜂鸣器，下面还有描述。就是很搞笑、很逗乐。这个人物有点儿自己的小特质，就是一个头上戴帽子的男人时不时跟大家娱乐互动一下。它在推特上的粉丝量也在不断增长，达到40万。

因为人气飙升，一旦有人盯上我们做的事，我们就会多一些焦点目光。人们以为我们可以随心所欲、胡作非为，以为这样做就可以上新闻头条。于是他们就找过来，搭上我们，其实他们才是真想利用这个噱头来达到自己反对警察的意图。

① X音素是英国一档选秀节目，西蒙·考威尔是该节目的评委之一，其毒舌般的坦率刻薄评论令节目收视率暴增。——译者注。

② 海盗湾是一个全球知名的BT种子服务器网站，提供各种资源下载，自称以"实现真正的言论和文化传播自由"为目标。由于破坏版权的性质，曾多次被打压或取缔。——译者注。

那时新闻国际集团（现在更名为“新闻英国”）发生了电话窃听丑闻，我们又变得活跃起来，决定进行最后一次冒险，就是更换《太阳报》的主页。我们决定创建一个冠上假名的行政新闻人员的账号，来发布一则突发新闻，就像一篇真实的文章那样，报道鲁珀特·默多克（Rupert Murdoch）对电话窃听丑闻感到羞耻，在自己的花园里服毒自杀。

它就是对默多克当时发言的一种小小的恶搞——关于丑闻，他说自己什么都不知道，也不记得任何一件事。我就恶搞了一把，让他患上痴呆症，不再会思考。

当“天空新闻”开始报道的时候，那个实况主页就开启了。因为我们团队能全方位进入网站，所以我们可以做到这一点，就是任何访问《太阳报》网址的人都会被重新定向到我们想要他们去的那一页。恶意黑客可能会带他们指向病毒什么的。我们只是把他们带到我们的推特页面。你可以上到《太阳报》网站，然后会被定向到推特的 @LulzSec 页面，它把你当成想要浏览《太阳报》的读者，跟你说：“你好，《太阳报》的读者，给您带来不便，我们很抱歉。”

格雷厄姆：在这之后你就被逮捕了。你觉得是篡改主流媒体最终让你陷入了困境吗？

杰克：当你去追求一些打破社会结构、打破媒体秩序、扰乱报道者视线的行为时，你把它们当作目标，它们就成了真实世界的一部分。真实世界的这些人马上就意识到了这一点。

那之后十天我就被捕了。那时我想，主管人员肯定多少了解我们都是什么人，他们肯定觉得：“这些人的所作所为真的打破了第四面墙①。我们现在要把他们揪出来。”

① 打破第四面墙的说法出自戏剧艺术的范畴。在传统表演中，舞台的背景、左右两面构成了一个三壁镜框式墙面。沿台口的一面虚构而不存在的墙，被视为“第四面墙”。当演员突然抽离剧情，向观众讲述本身角色的情绪、状态以及情节的发展时，即被看做“打破第四面墙”。这种“打破第四面墙”的表演方式在国外影视作品中屡见不鲜，像《贝隆夫人》《纸牌屋》等都应用了此类手法。——译者注。

当时我独自生活在设德兰群岛上，正闲坐着。实际上，我正在跟德里的一个朋友聊天，就是我 13 岁时在网上认识的那个，是跟我在网上聊天的最后一个人。那时我完全不知道是什么状况，只是听到有人敲门。会来敲我门的只有抱怨音乐太吵的邻居，或心理健康团队，过来跟我聊一通，看我是不是没进食或没出过门什么的。

但这次不是。来的是六个表情颇为严肃的人。那时我就知道了他们的意图，但我还是问了“有什么事吗”之类的问题。“你是杰克吗？”我说：“对，我就是。”他们出示了一份授权书后，就想要进来，说他们是从伦敦警察厅过来的。他们说，我因涉嫌密谋进行拒绝服务攻击而被逮捕。这些话从他们嘴巴里说出来，听上去肯定很可笑。他们肯定知道自己是专门飞到设德兰岛来这样说的。

他们搜查了我所有的东西，比如 CD，看了沙发下面，看了烤面包机，竟然还搜了冰箱，打开包装食品，找小的存储卡、U 盘之类的东西。我猜他们只是在寻找证据，证明我就是他们知道的那个参与犯罪活动的化名之人。他们只是在找设备。他们知道不会再次进到我在设德兰岛上的家里，他们必须回伦敦去。他们只有一次机会，只好把能找到的东西全都收拾起来。他们拿走的大部分东西都是没用的。

他们把我载到机场……带上一架小飞机，所有这些证据袋占满了后面的储存区，我们就直飞伦敦了。

这是我打小以来第一次到伦敦，第一次离开设德兰岛。他们拘留了我最长时限 96 小时，然后我被保释出来。他们试图拒绝我的保释，认定我是一个威胁到国家安全的人，还让一个警官也确信就是这种情况，所以他不让我走。我必须等到第二天早上去向法庭申请保释。那时，他们就不能再合法关押我了。

法官把我打量了一番，他估计在想：“这只是个孩子，就让他保释吧。给他定个罪。”然后，我右踝就被戴上了这个大电子设备。他们把我软禁起来，晚上 10 点到早上 7 点之间我必须待在一处特定的房子里。如果不这样做，它就会响，就会发送信号，警车就会开到我家来。

我被释放出来后就回到了我妈妈家。她之前就搬到了英格兰。由于电子宵禁和互联网禁令，我不能上网，也不能让别人以我的名义上网。如果我让一个人帮我去 YouTube 视频库找个视频，或者搜索一些在线票价之类的信息，这都是违法的。我猜他们害怕我会篡改证据，或者贿赂证人，或者发送些隐秘的信息之类的东西。

我在取保候审这个阶段,连续两年被禁止上网。两年内我一次网络都不能上，这给找工作带来了困难。现在的大部分工作，你都需要有一个电子邮箱或一些访问技术。

我有一个非常旧的电话，还有一台电脑，它所有上网的东西都被扯掉了，这样我才可以用它来准备我的诉讼。法庭对我的审讯焦点一直锁定在电脑证据上，但我却不能以计算机格式来访问它。我必须在纸上打印出聊天记录，计算机病毒的代码也需要在纸上打印出来，并证明它们其实没什么大不了的。我有上千张这样的纸。

检方有一个电子演示文稿的证据，我们有纸印的。我有个橱柜，整个都塞满了一叠叠的纸，有上千张。这些证据足以证明我们的网上言论，它们也都被美国联邦调查局或类似组织记录在案，但它们的打印效果不太好，页面上的字太小。他们不会给我们磁盘格式的文件，因为他们觉得那太危险了。

我在这个国家最现代的一宗案件里为自己辩护，用的却是最老式的庭审办法，那些办法已经不行了。

我被判两年徒刑。原本是三年，尽管我一开始就认罪了，后来才减了一年。

格雷厄姆：是一种什么样的情况?

杰克：我进去之后，一开始很焦虑。就是你被关在一小块巴掌大的地方，然后他们给你一碟吃的东西。他们经常播放 BBC 新闻，吃饭的时候，我就看到自己上了新闻。我身边都是些典型的大个儿囚犯。我想，这下不好了。他们开始说："那家伙，他上新闻了。这是个牛逼的家伙。他跟那人对着干。"我被这帮不要命的伦敦匪徒交口称赞。

格雷厄姆：所以你在那里有名气了？

杰克：我从狱友那里得了个奇怪的名声。他们是一群 18~21 岁的家伙。我们有点儿像是以同样的方式在思考。每个人都是因为对抗了这个体系而被关进来。他们都很痛恨权威思想。在他们看来，我做的事太棒了。

就在我服了一半刑的时候，爱德华·斯诺登（Edward Snowden）事件引发了强烈的反响，监狱看守就一直找我询问一些关于斯诺登的问题。我的狱友们也围着我问，因为他们正在写有关电脑黑客的东西。这太棒了。我们聊了很多间谍之类的事情。

我在费尔特姆的时候帮大家读报写信。我当时跟三个独立关押的狱友在一起：一个用镐砸碎了他爸的车，一个做着相当大的毒品生意，还有一个据说——他在申诉无罪——抢劫了一对有钱夫妇。

格雷厄姆：你的案情的确开了个先例。你觉得这是否会对将来跟你处境相同的年轻人有帮助？

杰克：我第一次有这个想法，是当我从律师那里收到一封关于量刑指南的标准信件，把我的案子跟另一个案子做比较时……这有点儿算是一个监狱服刑犯能收到的高规格待遇了。整个信里我的律师写的话就只有一两句：以往从没有这样的案例。这方面我无法给你建议……

处理我们这种案子的法官，真得要好好考虑下。它对未来的启示是，这个案子将会被视作先例。如果一宗电脑黑客案件只是恶作剧或某种意识形态，不会给电脑系统带来破坏的话，这个案子就会被用做参考。

将来我想我们会有更多这类案例，我们会了解得更多一些，这样法官就会看着一群在线恶作剧的 16 岁大的孩子说："得了，赶紧去找个工作吧！"——这就是最近在爱尔兰发生的情况，我的同谋——两个爱尔兰黑客，攻击了统一党网站，把它翻译成了盖尔语，就这样丢下走了。他们被罚了 1000 英镑，然后就被赶出去找工作了。他们没有被判刑。

我会质疑把黑客送进费尔特姆监狱的正当理由。我不知道。禁止上互联网两年远比在费尔特姆蹲 37 天牢严重得多，这也远比跟一个毒品团伙头目一起被关在牢房里严重得多。真的，不能上谷歌比那要糟糕得多。

思想录：学习环境

早在 2011 年，英国内阁教育大臣迈克尔·戈夫（Michael Gove）发布了一份报告，这份报告成为之后“让学校建筑物的建造和维护更加划算”① 这一政策的部分内容。这项《詹姆斯报告》由英国一家流行电器连锁零售商迪克森（Dixons plc）集团运营总监塞巴斯蒂安·詹姆斯（Sebastien James）引领。帮助詹姆斯创建这份报告的团队包括来自英国一个连锁超市、一个服装连锁零售商和一个汽车制造商的高级代表。戈夫对这份报告表示欢迎，他当时说：“我们继承的制度存在严重的问题。我们必须有一套更简单、更去官僚化的学校建设制度，以优先项目为服务目标。”

这就发生在戈夫政党上台并迅速废止此前政府所发起的一项耗资 450 亿英镑、被称为“建造未来学校”的项目之时。建造未来学校是政府的一个投资项目，旨在改造和重建英国的中学，使之适应 21 世纪。这个项目无论是从成本、时间跨度还是目标来说都极其宏大。它也更强调了建筑物，而不是学习，或者未来。据赢得这个项目的建筑公司称，未来的学校将会与昨日的学校相似，但是它以玻璃钢打造，就像一个金融服务公司的时髦办公室。

在这个问题上，你支持哪个政治党派并不重要。实际上，很容易发现双方的愚昧——对这个国家的青年发展都欠缺雄心抱负。一方面，我们有一个由一组店主和零售专家得出的报告；另一方面，建筑师和工人忙着要在维多利亚时代的旧式马车上安装闪亮的车身套件。鉴于这两种方案，英国要么变成一个店商之国，

① Sebastien James, Review of Education Capital, April 2011, Department of Education, UK www.education.gov.uk/publications——作者注。

就像拿破仑预测的那样；要么成为一个盛产办公职员的国家。

2014 年英国教育部发布的一套指南将 2011 年的报告贯彻到底。在一项规范学校设计和降低成本的投标中，该指南为全国 261 所规划待建学校提供了限制教室大小、层高和建筑造型的样板。注释要求“简单的直角形状”“没有曲线或小平面的曲线”，平面图上要有“最小的缩进距离”、折线形曲线及缺口。他们还指出，建筑不应该有“玻璃幕墙或 ETFE 屋顶”。戈夫在报道中称：“我们不会让理查德·罗杰斯（Richard Rogers）① 来设计你的学校，我们也不会让任何获奖建筑师来设计，因为这里没人有这笔巨资。” ② 就这样，随着大笔一挥，设计的概念以及建筑强化学习的理念便被废止了。

那么，我们的学习环境——物理空间——是否重要？假如你有好教师，设计良好的环境是否就只是一个无关的因素？学校建筑能不能以同样的方式标准化，就像我们迅速复制快餐店和零售店那样？

真实情况可能就在这所有要点之间。考虑到大部分英国高级政府成员的母校都是伊顿学院，人们可能会认为环境至少还是起部分作用的。但这是一个复杂的问题，就学校或学习环境的设计而言，有许多方面在互相角逐牵制，包括建筑本身。

英国设计委员会将设计定义为与创意和革新相关联的产物。它将想法转化

① 理查德·罗杰斯，出生于意大利，后随家人移居英国。著名建筑设计师，曾获普利兹克奖，被封为终身爵士。——译者注。

② www.theguardian.com/education/2012/oct/02/new-school-building-designs-curve-ban——作者注。

essa
Academy
essa
Academy

为用户和顾客的实际需求。该委员会认为，当设计被用于某一具体目标的时候，也可以被描述为创意。因此，如果我们要设计学校，我们设想的用户和顾客会是谁？我们脑子里的具体目标又是什么？

当我们把它用于设计让置身其中的人都会学习的环境时，设计这一简明易懂的定义似乎不好理解；而当我们把它用于教育本身的设计时，这个定义显得更加令人费解。然而，教育作为一个体系是可以被设计的，就像新加坡所体现出来的那样，设计本国教育系统，使之适应自己的经济发展规划。因此，它确实给我们的政策领袖和学习环境的决策者带来了这样的问题：当他们提出移动零售店或办公大楼的不同方案时，他们设计这些环境是为了谁？有什么用？

在参与这个项目的过程中，那些让人感觉在教育方法上更具变革性的学校，其实已经给出了问题的答案。无论是坐落在加纳詹姆斯敦渔港海滩上的诺亚协会社区学校，还是加州圣地亚哥的高科技特许高中，两者都结合了课程与教学实践方法，对学习环境的形式和功能有着清晰的意图与目标。可以这样合理地假设——实践也已证明：相比那些看上去要么像济贫院、要么装潢繁冗、要么配置欠缺的环境而言，让人不觉得压抑、与大机构相异、鼓励合作与多学科学习的环境，将会产生不一样的学习效果。

卡塔尔 Qatar

过去五年，我经常前往卡塔尔——更具体地说是它的首都多哈——主要是参加世界教育创新峰会。正是世界教育创新峰会委托我创作这本书，参与这个项目。每次我回来时，整个城市的样貌都在改变，大量基础设施项目在重塑天际线。乍一看，人们可能感觉卡塔尔就如其他年轻国家一样，正在全力推进现代化。然而我的亲身经验却表明，倒也未必就是如此情形。

卡塔尔是阿拉伯湾的一个半岛，与更大的阿拉伯半岛相连。它与沙特阿拉伯接壤，而阿联酋和岛国巴林则是它的近邻。人类在卡塔尔半岛上居住的迹象可追溯至几千年前。考古研究表明，石器时代的居民在此捕鱼，建造营地和燧石工作点。尽管环境不适合居住，肥沃的土壤和饮用水也始终稀缺，人们在这片海岸上却一直定居了7000多年。在20世纪引进人工养殖珍珠技术之前，相邻水域一直是上等天然珍珠的可靠来源，也为当地人提供了一种谋生手段。

石油和天然气在1938年被发现，迅速取代珍珠业而成为国家财富的主要来源。开采生产在“二战”期间一度暂停，到1949年又重新恢复。卡塔尔国于1971年独立，近年来已成为液化天然气的最大出口国。在意识到对这种商品的依赖的同时，国家也大力追求经济多元化和可持续性。

谢赫·塔米·宾·哈迈德·萨尼（Sheikh Tamim bin Hamad Al-Thani）殿下于 2013 年掌权，延续了其父谢赫·哈迈德·宾·哈里发·萨尼（Sheikh Hamad bin Khalifa Al-Thani）殿下将教育置于国家发展最前沿的政策。从众多人类发展指数来看，卡塔尔现在是阿拉伯世界中排名第一的国家。

这个国家在各级教育上都进行投资，包括从识字到高等教育研究。卡塔尔基金会主席谢赫·莫扎·宾特·纳赛尔殿下，是卡塔尔乃至国际教育发展的推动力量。她引导建立了“教育之城”——这是美、英、法国家的一些高校在卡塔尔建立分校区的所在地。她还推动实施了一系列广泛的教育研究和社区发展计划。

谢赫·阿卜杜勒·宾·阿里·萨尼博士是卡塔尔教育之城一所新兴的研究大学哈马德·宾·哈利法大学的校长。同时，他还是世界教育创新峰会的主席。作为卡塔尔基金会的一项关键计划，世界教育创新峰会汇聚所有领域最重要的思想领袖、决策者和从业者，服务于一个日益变化的互联世界，其中教育已成为一个被纳入考虑及促进社会进步的先决条件。WISE 教育项目奖始终支持给个体和社区的生活带来真正变革的世界各地的创新项目。

案例：沃萨佳学院

多哈

沃萨佳（Awsaj）是一种沙漠植物，不管环境多么恶劣，它仍会开出美丽的花朵。沃萨佳学院是一所专门学校，自 1996 年以来就服务于那些因面临学习挑战而处在学业失败危险中的卡塔尔儿童。这所学校在卡塔尔独一无二，是全球小部分致力于协助阿拉伯语和英语双语学生的学校之一，这些学生在某些领域具备天赋，而在其他领域却面临学术挑战。

沃萨佳学院一开始只是一个小型项目，服务于卡塔尔学院及社区的 20 名学生。今天，这所含幼儿园至 12 年级的学校共有学生 365 名，专门建造的现代化校园就坐落在广阔的教育之城开发区内。在一个令人印象深刻的包括教师、心理学家、语言听力专家及研究人员在内的团队的支持下，学校解决了唐氏综合征、自闭症、多动症及脑瘫孩子们呈现出来的一系列广泛的学习挑战。

整个沃萨佳学院都采用了一种数字技术的教学方法，包括对 5~12 年级的学生进行 1∶1 笔记本电脑计划。学生们用谷歌应用软件创建适合每个年级水平的博客，让师生和家长可以就作业、日程安排及其他事宜进行沟通与协作。另外，辅助技术也被用来增加残障学生学习和参与班级活动的机会。我遇到两个男孩，年龄分别为九岁和十岁，俩人都有严重的运动失调问题。其中一个罹患脑瘫及言语障碍，另一个正在遭受退行性疾病的侵扰。在一位职业治疗师的指导下，俩人都能使用特别改制的辅助键盘，而班上其他学生则使用触摸屏的平板设备。

学校最重要的目标是让所有学生从中学毕业，要么接受高等教育，要么在卡塔尔或海外寻求一份职业。参观期间，我认识了沃萨佳的两个应届毕业生，其中一人如今是沃萨佳的行政助理，另一人不久将赴英国牛津的一所商业学院求学。在用传统方法可能无法取得成功的情况下，沃萨佳学院为这些年轻人提供了重要的机会。最重要的是，那些认为孩子患了唐氏综合征就“无药可救”的家长，如今对自己孩子的学习需求和学习能力有了更高层面的理解和认识。

沃萨佳学院以非营利私立学校的方式运作。学院包含幼儿园至 12 年级，学生根据年龄分别进入幼儿园、小学、初中和高中。学校的研究发展中心还包含开展应用研究并提供外拓服务的部门。由于满足了特殊群体儿童在其他地方可能无法满足的需求，沃萨佳学院被视为该地区的卓越中心，因此，卡塔尔基金会在组织形式和财政方面对沃萨佳学院给予了支持。学校的目的在于确保每个毕业生都能熟练应用英语和阿拉伯语进行听说读写，具备开启高等教育或职业生涯的知识和技能，以自己的文化为荣，同时尊重他人的文化，理解并尊重伊斯兰价值观，且承诺终身学习。

沃萨佳学院的主任拉尔夫·普鲁特(Ralph Pruitt)博士，描述沃萨佳是一所“大学实验室学校”。在这里，为了确定教学行为在卡塔尔的背景和文化下是否有效，教职员工仅将经过不断研究的循证实践付诸实施。他解释说，学校采用了一种基于熟练性的直接明确的指令教学法，鼓励学生高度参与。每间教室有十名学生和一两名教师。课堂节奏明快。学生必须快速正确作答才能进阶。研究发展中心与学校合作，实施评估并指导教学，同时为有兴趣采用“沃萨佳模式”进行教学的其他学校提供技术援助。

沃萨佳的教职人员使用 AIMSweb 评估系统作为全校学生的阅读与数学分级标准、学习进度管理及基准测试工具。阅读和数学进步每三年测量一次，使用学术进度测量体系（MAP，Measures of Academic Progress）①。它是由美国西北评估协会创建的一套基于计算机的形成性测试制度。2013 年，沃萨佳学院开始对所有年级使用 Ballard & Tighe② 公司的 IPT 语言测试体系③，来建立学生的英语听说技能基准。由于沃萨佳学院 95% 的学生母语都不是英语，因此学院每年都开展一次 IPT 测试来评估学生的进步程度。根据学校 2014 年年度报告，38% 的学生在秋季至冬季提升了自己的学术进度测量成绩。更令人瞩目的是，64% 的学生在数学计算方面提升了自己的学术进度测量成绩。最后，在 IPT 的口语阅读流畅性连续测试中，学生每分钟阅读字数的分数平均有 71% 的增长。

---

① Measures of Academic Progress
www.nwea.org/node/98——作者注。

② Ballard & Tighe是一家在英语国家享有盛名的语言测试、培训和出版机构。——译者注。

③ Ballard & Tighe IPT Oral Proficiency Tests
www.ballard-tighe.com/products/la/iptFamilyTests.asp——作者注。

最初知道这所学校时，我并不太喜欢它对连续测试的依赖。然而，在与普鲁特博士讨论连续评估的过程中，我才意识到这些测试是被当作诊断工具来提供重要数据和证据的，以便教师和专家团队不断改进每位学生的教学计划。沃萨佳学院的学生群体，要是换在其他学校，很有可能就是被忽略的一代人。然而，普鲁特博士及其团队在沃萨佳所取得的成果，便是这种方法的有效见证。学生毕业之后，继续升入本地的大学，以及远至新西兰、英国和美国的学校。

沃萨佳学院的成功也在当地开启了关于特殊需求儿童的一段更明智的对话。不仅当地学校，卡塔尔的其他学校也在关注并咨询沃萨佳学院的相关情况，这说明卡塔尔境内有更多家庭需要类似的教育服务。沃萨佳正在积极响应这一需求，在卡塔尔其他学校推广持续的专业发展计划。仅在多哈，预计有两万名儿童将会获益，得到促进自身学习的专业化支持。沃萨佳的影响似乎已为卡塔尔的丰收播下了种子。

沃萨佳学院主任

拉尔夫·普鲁特博士是一位美国学者，他在理海大学获得了教育领导和国际教育领导博士学位。他的硕士研究领域为领导力与特殊教育。

访谈：拉尔夫·普鲁特

格雷厄姆·布朗–马丁：公众对有学习困难的“风险”儿童的关注和公开探讨过去受到了抑制。你有没有发现，目前这种趋势正在改变？

拉尔夫·普鲁特博士：它绝对是在改变。我认为，过去四年我们已经能公开就这些困难进行沟通和探访。即便在最近的毕业典礼上，我还请求那些有影响力的人士去开办更多像沃萨佳一样的学校，给当地学校提供更多培训，以便它们可以吸收所有孩子，不只是有能力学习的孩子，还有那些存在失败风险或已经在学校表现出失败的孩子，这样，他们就能为每一所学校的所有孩子都提供这样的服务。

格雷厄姆：那么可负担能力呢？要是“风险”儿童的父母无能力送孩子去类似的环境接受教育，怎么办？

普鲁特博士：这是个关键问题，因为我们只能容纳500个孩子；但是根据典型国家的数字来看，可能有大约两万名儿童需要这类关注。我们无法给所有孩子都提供这样的帮助。这就要求每一所学校都能以教育迈进校门的每一个孩子为己任，不是只教那些拔尖的或容易教的孩子，而是所有孩子。每一个儿童都有潜力。我们教育工作者的职责就是让儿童发挥他们的潜力。历史上有许多杰出人物——总统、发明家、企业家——都曾有学习困难，尽管存在这些困难，但是因为有信任他们的教育者、关心他们的老师和家长，他们的人生道路得以改变，他们成为了对社会影响极大的人物。

格雷厄姆：你觉得这里的学校是否可能沿用欧洲或美国的模式，即公立学校必须为有学习困难的儿童提供支持？

普鲁特博士：我觉得这个国家可以向其他国家学习。为什么他们会有特殊教育服务？为什么会给儿童贴标签？原因就植根于地方官僚主义，这样做以便学校获得政府资助。你给一个孩子贴上标签，这样你就有了一定数额的拨款，然后学校就可以利用这些拨款提供特殊教育服务。这里比较特别的是，你不需要为了获得资助而去给孩子贴一个标签。这里有足够的资金。你这样做有正当的理由——你想要教育所有学生，你想要所有学生都取得成功。

但还要回答你的问题——我觉得这里的本地学校在学习的过程中，将会有更多包容性做法。这并不容易，美国和英国已经发觉到这一点了。教育一个孩子并不总是只有一种方法，你得想出办法来。当然会有最好的做法和一些要完成的常规步骤，但要照顾到每一个孩子，需要整个团队来真正帮助他们。

格雷厄姆：你是否认为，标记有学习困难的儿童现在已经成为一种趋势？

普鲁特博士：绝对是。前几天有一幅漫画，画了一个小孩，可能是在20世纪50年代的一个教室里，往窗外看，发呆。他们把那个孩子标记为一个幻想家或无聊者。今天，在现代化课堂里，要是有一个孩子看窗外，你会把他标记为注意力缺陷多动障碍。

标记的作用很小。可能在医疗情境下，你需要标记一个糖尿病患儿，因为有一定的医治程序……然而，我们为什么不能帮助每一个踏进校门的儿童呢？为什么不能具备那样做的技巧和能力呢？

格雷厄姆：不能一刀切，这几乎是教育的一个共识。你觉得你们这里使用的一些方法能否普及？

普鲁特博士：是的，无论是在正常儿童的学校，还是在全纳儿童的环境（我们的方法都适用）。我们有基于儿童学业表现的分层支持系统，你可以用它来帮助儿童获得成功，也可以根据他们的表现和需求加大干预力度和支持力度。

格雷厄姆：你如何描述这所学校的教学实践？

普鲁特博士：我们看到，在由教师示范的直接明确的指令教学指导下，孩子们取得了一些不错的进步。你去示范怎么拼读一个单词，你让学生操练，保证他们都会了，你再强化一下。然后检查，确保他们都理解了。接着，你再进一步深化。如果他们不懂的话，你就得重新教。

我们训练孩子的行为时也采取完全相同的方式。我们训练一种行为，就像教授一节数学课那样。如果一个孩子对别人不尊重，那么就要训练他尊重别人。他可以通过几节课来学习彬彬有礼。如果还是做不到，他就可能需要额外的干预，诸如个别辅导、社交技能课等，来发展尊重他人的技巧。我们不能认为问题全在孩子身上，而要像个教育家那样去思考：我们可以掌控什么，做什么？我们可以掌控教学质量。

我们相信，直接明确的指令打下了牢固的基础后，孩子们就可以进一步尝试基于探究的教学，去寻求并不显而易见的答案，从而获得更高层次的问题解决技能。你必须让他们学习读写，学会表达，感受文本，直到他们达到基础水平。

如果他们做不到，你就不能贪多，不要自以为他们可能会因为自己的教学方式而学到东西。

格雷厄姆：你怎么看待利用数字技术巩固学生的学习？

普鲁特博士：我觉得这是获取良好教育的方式。它是对那些可能由于身体局限而需要寻求外力帮助，以获取指令的学生的支持。所以，它是另一种获取教育的工具。一个由于身体残疾而运动技能低下或体力差的孩子，现在有机会来挑战社会常规了。

格雷厄姆：学院未来的走向会怎么样？在卡塔尔和本区域，你期望看到的发展趋势是什么？

普鲁特博士：希望有越来越多的对话来探讨如何帮助“风险”儿童，有更多对话来探讨预防，有更多支持的举措。眼下也有许多举措正在推进，在国际学校中也有一些基层的力量在推进更广泛的全纳教学。

为了真正研究在此背景下的教学实践效果，顾问或培训师通常会去学校（考察），他们会说："我无法将此处的做法付诸实践，因为这有一个很特别的背景……"我们所说的和我们真正证明的是，我们的孩子很不一样。这就是为什么我们要研究有效的教学实践的原因，因为还没有人这样做过。我们所有的孩子都面临着学业风险。我们所有的孩子都是第二语言学习者。我们所有的孩子都主要来自这个国家。没有一个常规群体去跟我们的孩子做对比。

未来，我们实际上可以将它记录下来，就这个主题进行对话，并建立将来可被复制和可持续发展的模式与系统。这是接下来这里会发生的事情。我认为，它在这里发生的速度会比许多国家都快得多，因为兴趣，因为以知识为基础的经济社会所拥有的资源，这也是这里的创新节奏如此快的本质所在。挑战在于保持领导力，保持专注。任何时候你要实施这些策略——就像我们这里现在已具备的——最高领导层都必须高度支持。

黎巴嫩 Lebanon

Lebanon

我想访问贝鲁特有很多原因，倒不是因为这些年我在伦敦和巴黎结交的无数黎巴嫩朋友的建议和邀请。自 20 世纪 70 年代黎巴嫩战争以来，我所参观的学校已经看到了自己面临的挑战，我知道会有教师去帮助孩子理解发生的一切。

贝鲁特市依赖旅游业，似乎那里的每一个人遇见我们都很高兴。我们在贝鲁特艺术博览会开幕时抵达，博览会将举办为期一周的国内及国际社团展览和集会。到达机场时，我们受到了来自东道主伊斯特伍德学院（Eastwood College）的欢迎，随即便与直送酒店的行李分道扬镳。我们被带到了一个俯瞰海港的码头餐厅，参加了一场美妙的黎巴嫩盛宴。紧接着，我们又参加了艺术博览会的开幕式派对，在一个非常时尚的酒店顶层，将整座城市的惊艳尽收眼底。

写作这本书时，黎巴嫩正在接收大量来自边境的叙利亚难民。黎巴嫩人口有 400 多万，其中，来自叙利亚和巴勒斯坦的难民就占到了 125 万以上。黎巴嫩政府为难民提供教育和医疗服务，然而，他们的存在给政治、经济和社会稳定带来了负担，同时也给劳动力市场和基础设施带来了沉重的压力。阿拉伯语、法语和英语是这块文化与宗教多元混合的土地上的常用语言。由于千百年来不计其数的侵占殖民，古叙利亚、腓尼基和拜占庭文化成为这里的主流文化背景。

尽管残留着过往暴力的伤疤，贝鲁特给人的感觉却很像一个地中海熔炉。这是一个美丽的地方，从高山丘陵向下延伸便与海相会。它也是一个富有活力的热情城市，虽不断挣扎在许多复杂问题中，却力求为本国儿童和子孙后代获取一个和平的未来。

我在那里只待了几天，但我一定会再来。那里当然会有几分紧张躁动，但也不乏一种良好的精神面貌。我期待重返黎巴嫩。

案例：伊斯特伍德学院

贝鲁特

伊斯特伍德学院是一所包含幼儿园至 12 年级的私立国际学校。它于 1973 年由学校现任校长阿曼·库利(Amine Khoury)和大英帝国勋章获得者黑兹尔·圣约翰（ Hazel St John ）创办。在伊斯特伍德学院建立之前，自 1950 年以来，英国人圣约翰便在贝鲁特的英国叙利亚女子培训学院担任校长兼教师。这所学院除了开设大学预备课程及教师培训项目之外，还为该地区教育机会有限的女孩提供直至八年级的课程。1971 年，伊丽莎白女王二世授予她员佐勋章，以表彰她在中东地区所做的儿童教育服务。2003 年，圣约翰去世。当库利怀着一股教育儿童的激情，构建出创办一所卓越学校的愿景时，他才 19 岁。

这所学校在贝鲁特郊区有两处校区。第一处于 1973 年开办，位于卡法施玛；第二处，也是我的探访之地，位于曼索瑞。自开办以来，有着多样化前身的原始学校已被炸毁，经过三次重建，并在数次国内外冲突中遭受意外损害之后，它最终迁移到了现在的位置，与过去教派纷争的“分界线”拉开了一些距离。伊斯特伍德学院原本基于基督教的原则而创办，今天它实际上已是拥有多种信仰的学校，对一群来自 40 多个国家的学生及本地儿童给予支持。学校最近还吸纳了部分来自叙利亚的流散移民学生。

我造访的校区大约有 300 名学生，始自幼儿园学段。学生组成学习小组，每位教师在教室里带的学生不超过 15 人。教室虽小，却有着良好的采光与通风，正好可以从学校的山坡位置俯瞰贝鲁特。在黎巴嫩中学毕业会考的背景下，学校推行了美式国际课程。

伊斯特伍德学院在该地区已经拥有令人艳羡的声誉，这得归功于它的创始人兼推动者阿曼实施的有力举措。然而，随着他的孩子成年后回归这项家庭教育资产，儿子米歇尔和女儿乔尔开始寻求维持学校持续成功及适应世界发展的改革方案。回到伊斯特伍德之前，他们一直在美国生活，沿着各自的发展路径接受高等教育，从事风光的职业。除了拥有纽约哥伦比亚大学工商管理硕士和经济学硕士学位以外，米歇尔·库利还是苹果公司“杰出教育家”计划的候选人之一，并于 2013 年毕业。

怀揣新技能与愿景的米歇尔，以及从贝鲁特美国大学获得课程与教学硕士学位，同时也是哥伦比亚大学毕业生的乔尔，已经开始了一项转变学校的计划。我开始看到，自己看似不同地点和不同文化背景下的多次访问有了某种联系。将之与我们在英国之行中探访的艾萨学院进行对比，我发现了很强的关联性。很明显可以看到，库利一家人在转变学校教与学的过程中采用了相似的方法。

就像艾萨学院那样，这里没有交互式白板。实际上，每间教室都配有平板高清电视和投影墙，方便书写与展示。教师和学生人手一台 iPad，教室里的廉价苹果电视设备使得任意一台 iPad 上的材料都可被分享。免费 iTunes U 软件在这里被广泛使用，学校已利用这个平台创建了丰富的课程内容，我们还看到，就在一周前，其中部分内容还在英国境内得以分享。这一软件让教师得以呈现材料、设置任务，让学生可以随时联网并得到教师办公时间之外的电邮回应。

我在数间教室里与不同的教职人员探讨这所学校眼下正在发生的一切。库利家族很想知道我的看法，尽管我一再强调自己并不是要评判、检验或与其他学校进行对比，而是要了解他们如何在学校自有的背景下开展变革。比如，艾萨学院的宽带供应充足，而在贝鲁特，带宽严格受限，这就直接给这个国家任何一所希望学生通过互联学习而受益的学校带来了挑战。贝鲁特的带宽限制并不是意识形态的原因，而是因为政府内部职能的瘫痪，也就是说，决策要么拖拉，要么缺位。数据访问似乎并未成为黎巴嫩的一项优先事务，以助推经济发展，更不用说似乎与其国民前瞻性思维不太吻合的教育了。

我真的很喜欢待在这所学校。我真的感觉到，学生群体也享受那里的学习体验。许多人获得了充分的学术发展，继而进入美国的常青藤盟校、欧洲或当地类似的学校深造。说到库利家族发起的大刀阔斧的数字化改革项目，我相信他们

终将获得成功。我所看到的只是朝着正确方向迈进的起步阶段,而不是最终结果。应该说，根据我们所熟悉的标准化测试度量来看，最终结果是非常好的，因此，学校目前所做的尝试，就是为了让学校保持领先势头。

如果必须进行批判性思考的话，我会说今天在伊斯特伍德学院发生的一切只是一个过渡，到目前为止它还没有影响到教学；最初的成效，便是压在学生肩膀上的沉重课本现在已缩减为一个 iPad 设备。就像加纳的例子，这种过渡不需要教学行为的显著改变，因此它只能算是一个引入数字平台的低技能的门槛，但仍不失为一个潜在的变化。

我看到的课堂似乎只是教室和技术的简单叠加，而不是技术嵌入学习的环境。这是将平板电脑等引入课堂后时常发生的情况。教师不可避免地通过平台进行教学。但我的感觉是，在伊斯特伍德学院，这还只是一个转变教学法、课程和时间表的过渡阶段，他们也许是以类似艾萨学院的一种方式，利用技术省时高效的益处，赋予学生和老师更多时间和空间来参与变革。

我还感觉到，伊斯特伍德的小班比例及 1:1 的 iPad 应用的方法非常适合于苏伽特・密特拉一直开展的“自组织学习环境”研究。在这一学习环境中，学生共同合作解决大问题，教师从“旁边的引导者”转变为既批判又鼓励的朋友。

但是，所有这些想法都是旅行之初所不曾预料到的。此刻我眼前呈现出一副七巧板，不同的人持有不同的碎片，如果设法将这些碎片拼合到一起，我们就有可能看到整幅变革的图景。

自 1973 年以来，伊斯特伍德学院的校训一直都是“儿童——我们的目标，我们的未来”。我想，这几乎镌刻在我看到的这所学校里，以及我遇见的领导、教师和学生身上。

在我到访之前及参观过程中，学校的创办者及总监多次提到了“爱”。这个词几乎成了现代社会的一种陈腔滥调，因为所有谈论教育行业的人，八九不离十都会使用它。你见过有人曾经公开承认过憎恨教学或憎恨儿童吗？当然没有，虽然我确信，有很多教师和决策者私底下就是这样干的，他们憎恨教学，憎恨儿童。但令人意外的是，学校创办者及总监所提及的“爱”，并不是放在热爱教学的这个范畴里。库利家族所说的爱，是在学校内部创造一种关爱的家庭般的氛围，而且我可以诚实地说，这是身处学校时你能切身体会和感受到的。在一整天的参观中，要制造出那样一种假象相当困难。我离开的时候还在想，库利家族的确创造了一些特别的东西。这所学校未来肯定是值得造访的,不妨找个时间去了解一下。

(www.eastwoodcollege.com)

伊斯特伍德学院总监

访谈：米歇尔·库利

学校于1973年开办，目前在第二代家族的管理下，正经历着一场教与学的转型。伊斯特伍德学院是该地区第一所采用学生人手一台iPad策略的学校，教师使用先进的工具来创建和分享课程资源，并在课内外与学生接触和互动。

伊斯特伍德学院是一所私立国际学校，地处贝鲁特，有两个校区。我造访了曼索瑞校区。曼索瑞是一个村庄，位于贝鲁特郊区一处繁茂的山坡上，向地中海延伸，俯瞰着这个城市的喧嚣。学校提供幼儿园至高中阶段的儿童教育，虽然不乏家庭聚会的嗡嗡声，但仍让人感觉像一片平静的绿洲。

在拜访伊斯特伍德的时候，我很高兴认识了米歇尔·库利。他是这所学院的总监，也是在很长一段时间里我见过的最有激情的人之一。

格雷厄姆·布朗－马丁：米歇尔，请告诉我你的背景和参与伊斯特伍德学院事务的情况。

米歇尔·库利：我在这里大概有三年了。之前，我在美国待了 16 年，起初是一名投资银行家，然后我进入私立学校教育和领导领域。在那里待了多年后，我最终决定回来，推进我们黎巴嫩学校的发展，看看我们怎样才能投身到更大的事业中去。

格雷厄姆：我知道这所学校是你父亲创办的。学院的历史是怎样的？

米歇尔：伊斯特伍德学院是我父亲阿曼·库利在 1973 年创办的。他开始办学时才 19 岁。因为不怎么喜欢他所经历的那个僵硬、粗暴、非常激进的教育体系，也不想让其他学生未来遭受同样的经历，他便创办了这所学校。他想建一处充满爱的场所。19 岁时，他给自己设定了目标，要建一所学校，后来他的确做得很成功。

格雷厄姆：黎巴嫩有过一段动荡的历史。它怎样影响了学校的发展？

米歇尔：黎巴嫩在过去 40 年里经历了许多变化，主要是内战持续了 16 年，所以伊斯特伍德学院在过去的 40 多年里被摧毁了三次。我们已经进行了重建，我们有相同的基础，就是你所知道的那些爱、关怀、理解的基础，我们也确保我们能将每位学生当成一个个体来对待。而且我们所做的一切进展一直极好且具有启发意义。伊斯特伍德回馈给社区、回馈给黎巴嫩的一切，一直都意义深远。我们带来了一定的学术标准，惠及了很多其他私立和公立学校。

“儿童——我们的目标，我们的未来”是我父亲在 1973 年就写下来的校训。他想在校训中加入深思熟虑的内容，还有什么会比儿童更好呢？他们是我们的目标，是我们活着的理由；他们就是我们的未来。这慢慢渗透进我们在这所学校所做的一切事情之中：我们如何把学生培养成为未来的世界领袖？无论他们是想成为艺术家还是核物理学家，怎样才能帮助他们在那方面做到最好？这真正关乎每一个孩子——以他们喜爱的方式来教育他们。

格雷厄姆：你觉得学生们未来的图景是怎样的？

米歇尔：嗯，我们真的不知道未来是怎样的。过去十年，我们发生了难以置信的变化。就拿我父亲来说，他不会用电脑，甚至从没接触过笔记本电脑，两年前我给了他一台 iPad，他现在已经不能没有它了。

过去几年里世界已发生急剧变化，尤其是过去的三年。我们所能做的，就是教给学生与未来共进的学习模式：不一定学习我们目前需要的信息，而是训练他们自力更生，训练他们深思熟虑，训练他们勤学好问，提出正确的问题以得到正确的回答。这就是我们正在让孩子们做好准备的地方。我不觉得我们真的得弄清楚接下来五年或十年会发生什么，但是我们现在所做的，就是让孩子们准备好迎接未来真正到来的那一刻。

过去 30 年部署的系统都需要改变，但不幸的是，它们并未改变，也未跟上世界各地的技术现状。标准化测试已经改变了一点点，但是我们提出的问题是：标准化测试就是适合我们孩子的正确类型的测试吗？它是否让学生产生了真正需要的高阶思维能力？

生活已变得非常复杂，已与那些需要更多合作、更多自立意识的方面密不可分，从而提出一些本质的问题：我们是否为接下来五六十年的生活尽力付出了？我们为未来的孩子们留有一个更好的生态系统吗？这些就是我们今天要问的所有本质问题。

格雷厄姆：孩子们面临的许多挑战将会是意识形态方面的。在这一点上，你有什么想法？

米歇尔：在黎巴嫩，我们是在真正极端的条件下运作。在地缘政治上，它就是一场噩梦。我的意思是指在世界各地以及我们周围地区发生的事情。有难民来到这个国家，我们帮助了叙利亚家庭，帮助了因遭撤离而无家可归的家庭，除了身上穿的衣服他们什么都没有。我们一直在充斥着这么多不同派别间的仇恨的环境，也是宗教环境下运作。

但是归根结底，伊斯特伍德学院就是一个避风港，这就是我们的文化：它关乎一个大家庭，关乎欣赏，意识到我们的家庭和学生所有不同的需求，并能够给予他们安全感。孩子们来自破碎的家庭，他们对家庭缺乏安全感，所以我们试着为他们创造安全的避风港。

我们并不宣扬政治或宗教，这其实是伊斯特伍德学院不允许的事情之一。但我们的确在教世界宗教——三大一神教，加上佛教、道教和印度教等世界各大宗教，因为学生需要清楚自己周边的环境。我们不再生活在一个非常个人主义的世界里。我们生活在一个全球化的世界中，飞到洛杉矶只需 11 个小时，飞到沙特阿拉伯才 5 个小时，而飞往巴西、拉丁美洲只需 10 个小时。所以我们已经变得息息相关。借由各种日常用品，我们已经非常依赖世界上的其他人。这并不是说，如果我们住在黎巴嫩，我们就不用中国或美国的产品，或者就不去英国接受教育，不从澳大利亚获取资源。我们在连通下生活，此刻就与之共生。

格雷厄姆：你这里有一个非常国际化的学生队伍。带着这样一个混合团队，有些什么挑战？

米歇尔：在伊斯特伍德学院，我们迎合了 23 个大使馆的需求，我们是面向联合国雇员子女的三所学校之一。这带来了很多不同的文化、很多不同的价值观、很多不同的信仰。

可以说这没有什么负面的东西，这是为每一个孩子而营造的一种学习体验。一个韩国小孩会坐在一个印度孩子旁边，也会坐在一个美国孩子旁边。把这三个孩子放在一起就创造了奇迹：它为每个孩子创造了一种认同、欣赏他人的感觉。这也是关于彼此学习的问题，因为最终我们生活在一个很小的地球上，这关乎合作及互动。

当我们把他们送到大学时，我们大约 12% 的孩子会去常青藤盟校，78% 的孩子会去他们实际选择的学校。孩子们要竞争这些学位。一个人申请哥伦比亚大学，就要跟世界各地大约 12000 名其他申请者竞争。去哥伦比亚大学的并不只是美国学生，升入印度大学的也不只是印度学生。所以，世界已经变成了这样一个全球化地区，一个很小的全球化地区，学生们需要学习如何在这里生活，需要学习如何以一种文明民主的方式互动。伊斯特伍德学院所发生的，就是那种民主意识，那种共同生活的感觉，大家依赖彼此来解决世界难题。即使不能解决它们，只是思考一下也好。

格雷厄姆：给我介绍一下你在伊斯特伍德一直部署的技术转变。

米歇尔：这始于三年前萦绕于我们头脑中的一个问题：我们想要改造我们的体系，改造我们的课程。所以，作为一个领导团队，我们坐下来开始提问：我们想做什么？我们这个小尝试的目标是什么？我们都想到的一个问题是：我们是否让学生为现在还不存在的未来职业做好了准备？

这是我自己都还没问过的问题。我知道有成千上万的人问过这些问题，尤其是全球教育领导者。

所以，我们去看了下全球课程，既然技术可用，它就应该被用作一种驱动力，一种会给学生的生活提供附加值的东西。现在世界的联系越来越紧密，以至于不用技术都会显得太不成熟。这就是该走的路线，无论你是用一台 iPad、一台平板电脑还是一部苹果手机，真的无所谓。它给学生提供了获取信息的通道。

格雷厄姆：你认为数字技术可能改变教育的独特之处是什么？

米歇尔：数字的变革性在于我们不再需要熟记：动动手指，一切都可获取。我们处在一个一切都能在线获取的数字世界，只需让你的学生理解学习的模式，而无须死记硬背。技术就是这一方面的巨大驱动力。在我们的教室里，我们用技术来做任何事情，从数学到科学，到艺术，再到戏剧。但是，在数学、英语、语言和科学这些核心科目上，它更多的是关于研究、关于成为一个独立的思考者、关于形成一种自我分析的能力，从而使学生做好准备解答大问题。

合作很重要。我们看了很多学校，去了周边多所学校，在那里，学生之间或者师生之间并没有合作。我们看到那种传统的课堂讲授，老师在前面，学生都跟着老师学习。但是随着技术的使用，这些学生能够发现并掌握跟那个老师一样多的知识。唯一不同的是他们没有老师多年来的经验。而事实上，老师在特定学科上接受了多年培训，然而，如果把知识和资源给任何一个受过教育、见识广博的学生，他们可能会跟老师知道的一样多。

格雷厄姆：你怎样招聘教师？你觉得他们需要什么样的持续发展？

米歇尔：过去十年里，这个地区开办的许多学校就是在做生意，仅仅是一宗交易。因为我们的历史、我们的文化和我们在培养独立思考的卓越领袖方面的成功率，我们收到了大量教师求职信。大量来自世界各地的教师想申请到伊斯特伍德学院教书。我们跟许多大学合作，他们想输送他们接受了教师培训的学生过来教书，或者做六个月或一年的实习工作。

我们也通过一种口碑策略招聘教师。成为伊斯特伍德学院的教师并非易事。首先你得通过我地狱般的面试，接着你必须给出两三个课程计划，之后你得写一篇文章，写完文章后你得确保跟学院院长已交谈过，并编写一个结构化的课程。在这之后，如果我们接收了你，你还得参加一个情商和智商检测——就是确保你是我们想要的那类人。

很难得到最好的教师，说到底，其实并没有最好的教师，只有正好符合我们的核心价值观——我们是谁——的老师。首先他们需要真正理解的是，儿童就是我们的目标，就是我们的未来。

格雷厄姆：你把这些技术引入你的学校，遇到了什么阻碍？

米歇尔：过去三年，这一直是个非常艰巨的挑战。我们面临的主要挑战之一就是互联网带宽。试图将400台iPad部署在每秒八兆位的互联网上是不可能的。我们妥善建立了所有物流保障机制。我们与苹果、思科和惠普等这样的公司打交道，来确保得到合适的基础设施。我们跟加州光速这样的公司购买恰当的硬件和软件，以便部署必要的防火墙。但是没有带宽，我们真的很痛苦。我们跟政府部门谈过，跟部长们谈过，跟家长们谈过，但仍然毫无效果。政府并未真正意识到，一个国家经济增长的头号变量就是教育。

格雷厄姆：你对伊斯特伍德学院的扩大规模有什么计划？

米歇尔：我们的目标之一是向中东扩展，尤其是进入卡塔尔、阿布扎比、沙特阿拉伯及约旦，因为我们想分享过去 40 年来积累的知识，创建一种新的教育标准，一种与本地区适切的新教育标准，聚焦本地……我不认为我们的孩子可以与世界其他地区，如印度、韩国和新加坡的孩子竞争。为了能够参与竞争，我们要怎么做呢？

思想录：数字学习
——大数据的网络资本主义

以“网络资本主义”的视角来看，2014 年脸书花费 190 亿美元收购 WhatsApp① 看起来很值。当然，时间会说明一切。

当时的共识是，脸书收购这家公司是因为害怕失去对青年市场的控制。青年市场青睐移动通信，而其父辈显然没用过这个系统。随着世界转向移动互联网，理论上说，脸书只有在移动世界展示出名号才有意义，这也可以解释为什么它收购了 Instagram②。脸书最近宣布了一项倡议，为发展中国家的人提供上网机会。与移动运营商合作的社会教育公司（SocialEDU）将免费提供移动互联网接入和教育内容，起初是供给生活在卢旺达的公民，但最终计划是将互联网覆盖整个地球。脸书雇用了德勤公司（Deloitte）③ 准备一份研究报告，论证扩大互联网接入的经济和社会效益。脸书败给了谷歌，未能收购泰坦航空（Titan Aerospace）—— 一个亚轨道无人飞机制造商，其技术可用于为发展中国家的偏远或农村地区提供互联网接入。然而，这些收购更可能是一种商业声明，而不是利他主义。

就像包括谷歌、亚马逊、苹果甚至网飞（Netflix）④ 在内的其他杰出大型数

① WhatsApp 是一款即时通讯应用程序，可在多款手机或电脑平台上使用。WhatsApp 与手机通讯录深度整合，用户无须注册即可使用。与微信相似，但其核心在于通讯，弱化社交。——译者注。

② Instagram 为一款图片共享的移动应用程序，因其简单有趣的操作和方便快捷的图片编辑及分享功能而广受用户喜爱。——译者注。

③ 德勤公司与普华永道、安永、毕马威为世界四大会计师事务所。——译者注。

④ 网飞是美国一家在线影片付费租赁公司，为全球十大视频网站中唯一收费站点。——译者注。

字企业一样，脸书真正了解了新世界的运作规律。它提供了宝贵的经验，而其他一些自以为是的全球企业，要是识时务的话，也会跟从和效仿。这些公司理解数据的价值，不只是一些旧数据，而且包括你自己的数据。个人数据是网络资本主义的全球货币，这些组织正在高风险的游戏中角逐。

谷歌可能是第一家真正理解并正确利用了网络资本主义的公司。在谷歌之前有许多搜索引擎，但谷歌将天赋一是用在网页排名[①]的算法上，二是用在他们对广告的调整能力上。他们很聪明，总能置身于合适的人群。大量数据可以转变成非常有价值的东西，他们深明其理，而这就是他们的秘方。所以通过扩展这种数据的数量并提高其质量，同时提供应用情境，谷歌建立了一个几乎所有联网世界都在使用的应用程序帝国，包括地图、视频、邮件、教育、聊天及更多其他内容。不管我们是否喜欢，每个应用程序都进一步提供了数据点，告知谷歌有关我们的更多情况，以及可以用算法来定制我们数字世界经验的数据。用他们的一个工具进行检索，将意味着你访问的博客和新闻网站突然充满了相关的广告。

谷歌对移动和可穿戴平台的投资仅仅是获取数据的另一种形式，只是有着更高级别的粒度[②]。我们这些互联公民泄露了惊人数量的数据，谷歌将其吸收，并用算法进行分析。全球公民正在预见苹果公司将在某一日就跨入可穿戴数字时代。很有可能，当你读到这段话时，你使用的正是备受期待的 iWatch。

---

① 网页排名是由谷歌公司的两位创始人发明的一种算法，用于体现网页的相关性和重要性，是常被用来评估网页优化成效的因素之一。——译者注。

② 数据粒度是指数据仓库中数据的细化和综合程度。——译者注。

谷歌和脸书就是常被引用的“如果产品免费，那么你可能就是产品”这一说法的真实体现。问题是，除了用它来交换我们与朋友之间的沟通以及谷歌应用程序所提供的便利，我们作为个体，还没有找到自身数据的价值。但是，回到WhatsApp的价值，我们将会开始有所了解。190亿美元、4.5亿的用户量，意味着每位用户的数据价值42美元。好，有一种争论认为，WhatsApp用户应为其得到的服务付费，但脸书真的会放弃所有位置和内容共享元数据吗？

我并不是说这些公司都是邪恶的。我只是指出他们在获取我们所有数据并进行货币化这一方面的特别才能。一个人只要看看微软收购Skype和诺基亚的行为，苹果围绕iPhone、iTunes、苹果电视及其本身定位系统的活动，亚马逊在硬件平台上的投资，或者推特的估值，就会发现，数据就是新的石油。我们这个时代伟大的产业资本家就是这些超级集团的领导者。万变不离其宗……

大数据，如网络，原本只是基于科学发展的一个理念。像欧洲核子研究组织使用的设备会提供大量数据，这些数据需要通过在网络化计算机农场上运作的复杂算法进行快速和无偏分析，从而揭示宇宙运行的奥秘。当然，这仍然可以发生。如果我们有了足够的计算能力和足够精密的算法对每个人的基因进行排序的话，谁知道可能发生什么呢？也许，治愈癌症？

另一方面，这对人类意识会造成什么影响？从马克思到葛兰西到阿多诺[①]，

① 安东尼奥·葛兰西（Gramsci Antonio），意大利共产党创始人，曾就知识分子的政治功能进行过批判与考察。西奥多·阿多诺（Theodor Wiesengrund Adorno），德国哲学家、社会学家，法兰克福学派第一代主要代表人物，社会批判理论的奠基者。——译者注。

一系列社会和政治理论关注着由一个社会群体统治的后果——在思想和知识领域创建一种霸权主义。在这种统治下，流行文化类似于工厂生产标准化的文化产品，用以操纵大众社会，使其趋于被动消极。大众传播媒体所助推的流行文化的消费快感，使人们无论身处多么困难的环境，都变得温顺而满足。

拿网飞举个例子。它的普通用户泄露了数量惊人的数据，包括颗粒级别的位置、设备和收视习惯。电视运营商以前从未有过如此精确的信息。网飞的通信总监乔纳森·弗里德兰（Jonathan Friedland）说："我们知道人们在网飞上看什么，而且我们能极其自信地了解，基于人们的收视习惯，一个既定节目有多大的潜在观众群体。"① 因此，网飞能够分析出观众圈之间重叠的收视数据，谁喜爱凯文·史派西（Kevin Spacey）主演的电影，谁喜爱大卫·芬奇（David Fincher）导演的电影，谁又是英国 20 世纪 90 年代 BBC 剧集《纸牌屋》的粉丝。这种洞察力使得他们可以为了迎合观众的喜好而做出重新制作剧集的决定。不妨认为这就是数据驱动的创造力。

复兴学习（Renaissance Learning），一家美国评估与学习分析公司，2014 年以 11 亿美元被收购。对一家教育技术公司来说，即使它已经营了 30 年，这也是一个惊人的数字。以基于软件的阅读评估工具起步的这个软件公司，围绕以计算机为基础的识字与数学学习及评估，开发了一系列产品。随着全球转向云计算，这个公司得以扫描 3 万多所参与学校的评估数据，来改进教师的课程计划，及更

① www.wired.com/2012/11/netflix-data-gamble——作者注。

好地跟踪学生的学业表现。这个公司每年处理 4500 万学生学业进展的在线评估，这些信息贯穿于学生学习分析软件的开发过程，旨在提供相关的学习经验，让学习者保持正确方向，达到各州考试要求。

在社会的每一个范畴中，我们都可以看到我们身上的数据海啸所引发的轻松取胜的案例，以及迅速增加的计算能力——要是我们相信我们的未来学专家的话——它将在 2030 年创造出比人脑快 1000 倍的超级计算机。肆无忌惮的网络资本主义将千方百计重塑教育、医疗、科学、媒体、就业、娱乐甚至治理领域，创造一个社会，与奥尔德斯·赫胥黎（Aldous Huxley）① 在其《美丽新世界》小说里预测的没什么不同。

正如尼尔·波兹曼（Neil Postman）② 在他的《娱乐至死》一书中所认为的那样，奥威尔（George Orwell）③ 是害怕真理被隐瞒，而赫胥黎则忧虑真理被隐藏在一片海量却不相干的无聊琐事中。奥威尔担心我们将会变成一种受制文化，

① 奥尔德斯·赫胥黎，英国剧作家、诗人，其幻想小说《美丽新世界》描述了一个由基因改造而产生的乌托邦世界。书名即是人类在高度科技文明下，天真向往美好前途的一句赞叹。实际上，在科学与机器的集权社会下，人类沦为机器，文化艺术趋于毁灭。——译者注。

② 尼尔·波兹曼，世界著名媒体文化研究者和批评家，在纽约大学首创了媒体生态学专业。他对后现代工业社会的深刻预见和尖锐批评被后人称道。他的主要著作《娱乐至死》和《童年的消逝》深刻揭示了媒介文化，对西方文化界产生了深远的影响。——译者注。

③ 乔治·奥威尔，英国作家，1949 年出版代表作《1984》。在这部作品中，奥威尔描述了一个假想的令人窒息的恐怖极权主义社会。这部小说与英国作家赫胥黎的《美丽新世界》，以及俄国作家扎米亚京的《我们》，并称为反乌托邦的三部代表作。2013 年 12 月，"棱镜门"事件主角爱德华·斯诺登发表圣诞致辞，借《1984》呼吁终结政府监控。——译者注。

而赫胥黎则害怕我们成为一种庸俗文化。赫胥黎评论道，反抗暴政的自由意志论者和唯理论者完全忽视了人们对娱乐的无尽欲望。总之，奥威尔担心我们所憎恨的将会毁灭我们，而赫胥黎则畏惧我们所深爱的将会毁灭我们。

当爱德华·斯诺登透露政府机构已经被确认利用大数据、算法和不断增强的计算能力伺机牟利时，许多人都认为奥威尔的噩梦已经过去了。但是，也许这仅仅只是开始。也许告诉我们是什么而不是为什么的一个基于大数据的算法社会，更像赫胥黎的“美丽新世界”。

毕竟，数字不会撒谎。难道不是吗？

ONE WAY
701 7th Av

美国 United States of America

在编辑筹备会议中，我们问了自己一个问题——我们如何写一本讨论数字技术对学习的全球性影响的书，而避免时时提及美国的发展，或者至少在成书时，其中某一部分不会明显厚于对我们访问的其他国家的研究部分。这并非出于对美国的偏见，而是因为我们不想游访那些在别处已被教育技术布道者及伪装成白皮书的宣传资料详尽记录的地区。我们不希望这本书忽视了结构性变化和语境问题。在世界任何地方发生教与学的真正变革——无论有没有技术——之前，这些都需要考虑。也就是说，我们不希望这本书讲述的是这样一个故事：为了变革学习，你只需要一个互联网和一部智能手机，或者类似的技术设备。

在某种程度上，就像人们可能会将英国描述为工业革命的摇篮一样，他们可能会将美国描述为数字革命的摇篮。尽管我们可以争论是哪里诞生了电脑、网络或者构成这一革命的其他部件，但却是美国和美国企业真正敲响了令我们在今天的数字世界中翩翩起舞的鼓声。即使（数字技术的）主导地位一度被世界其他地方所占据，美国却不费吹灰之力就挑战并超越了它。欧洲多年来都是移动电话的主导者。花哨手机、漫游费用、通讯短信、我们用以交谈的电话以及帮我们把关数字内容的网络运营商——它们紧密交织，复杂联结，而我们就欣欣然陶醉其间。当苹果推出它的第一代手机时，其他品牌就在历史的长河里销声匿迹。美国科幻作家布鲁斯·斯特灵（Bruce Sterling）2012年时曾说，今日今时，我们所谈论的事物通常都受到苹果、谷歌、亚马逊、脸书及微软这五家企业中的一家或多家影响，因此，将互联网作为文化或基础设施来讨论，已没有太多意义。在这个联盟的一个或多个企业范畴内，我们的数字技术将会完美地运作，然而一旦脱离这一范畴，数字技术的发展则会戛然而止。

我们所谈论的，并非类似于当我们进行跨国旅行时，插头与插座不兼容，而用一个适配器就可解决这一不便。鉴于此，这个问题可能比我们想象的还要复杂。这些企业本身就是巨头公司，有些甚至富可敌国，或者有些人会说它们比所在国还要名噪一时。工业革命第三阶段的石油燃料就是个人数据。也就是说，是你的数据、我的数据、你邻居的数据，还有你孩子的数据。正是捕捉到尽可能多的全球数据并赋予其意义的这一能力，决定了这些企业及其并购公司的市场价值。你所拥有或使用的每一件数字设备都是一个潜在的数据点，为了成功，这些数字帝国已从台式电脑扩展至家庭，至口袋，以至于几乎我们所做的每件事都以某种形式被记录下来。

写作过程中，正值脸书收购了手机短信公司 WhatsApp—— 一个创办两年、拥有 33 名员工及高达 190 亿美元惊人市值的公司。这比全球音乐产业在一年内赚的钱还要多。这项收购对脸书的意义在于 WhatsApp 4.5 亿用户每天发送 10 亿条消息所产生的连续数据流带来的价值，以及使用人数还将持续增长所蕴含的潜在发展力。

这项技术运用基于计算机的数据统计分析，来了解学生的表现，并相应匹配其学习设置。

结合了正确算法的大量数据有可能改善我们的生活，比如，发现癌症治愈手段，甚至在我们意识到之前就预测出我们需要的东西。他们甚至可以根据评估标准或我们认为重要的标准帮助学生更好地学习。这种能力意味着我们进入数字世界的窗口完全可以个性化调制，以便它与我们不断保持着高度的相关性。这个窗口过去是 PC 机或笔记本屏幕上的网页浏览器，而现今则是你的移动手机及调制电子书、新闻、通信和娱乐的运行系统。很快你就可能将它穿戴在身上，透过眼镜浏览，并借助从冰箱到汽车等家用电器与之互动。这种数据粒度越小，它就越无缝——就像硅谷人所说的“无摩擦”——届时，我们与世界的互动就会跃然呈现。前提是，我们仍然使用前文提及的那五家巨头公司的任意一家产品。

就个人来说，我想知道这个世界是否已经准备好接受这种程度的数字全球化，或者我们是否已经真正考虑清楚。要抵制这些先锋数字企业所提供的便利的诱惑，对一个国家来说是非常困难的。尽管政府的确反对被扣上邪恶、反自由或反民主的罪名，但这些企业所代表的霸权本身就蕴藏在所有事物之中，这一方面就足可引发争论。就像这本书的书名所揭示的那样，当我们考虑一个变革学习的互联社会时，我们想象过这意味着什么吗？如果数字世界中的接入和公平远未能均匀分配的话，它又会变革成什么？

我们在美国的日程安排非常紧张，因为在一周多的时间内，我们计划去纽约、剑桥、普罗维登斯、洛杉矶、旧金山、圣地亚哥做访问，然后还要回到纽约。我们做到了火车、飞机与汽车并用，这期间只有一人错过一次航班（我），收到一张超速罚单（还是我），并在沟通关于第一世界国家酒店房间的问题时失去了幽默感（正是鄙人）。我们参观了两所显赫的学校：纽约的探索学习学校（Quest to Learn）和圣地亚哥的高科技特许高中（High Tech High）。我们在洛杉矶拜访了肯·罗宾逊爵士，在麻省理工学院拜会了诺姆·乔姆斯基（Noam Chomsky）教授和米奇·雷斯尼克（Mitch Resnick）教授，还参观了 edX、TED-Ed 和 IDEO①。

这一次，激动人心。

① edX是麻省理工学院和哈佛大学于2012年4月联手创建的大规模开放在线课堂平台。它与Coursera和Udacity并称为世界三大慕课网站。TED是美国的一家非营利机构，它举办的TED演讲在全球范围内享有盛誉。TED-Ed便是TED在教育领域的发展，是一个集视频、字幕、交互式问答为一体的开放式课堂视频网站，方便用户浏览学习。IDEO是全球顶尖的设计咨询公司，由一群斯坦福大学毕业生于1991年创办，以产品发展及创新享誉全球。——译者注。

访谈：
诺姆·乔姆斯基

麻省理工学院社会和政治理论家

诺姆·乔姆斯基是当今在世的最伟大的知识分子之一。1928年出生于宾夕法尼亚州的他，本身就是一种进步教育的产物。孩提时，他进入了被认为是实验学校的橡树路学校。这所学校创办于1916年，沿袭杜威的教育传统，以尊重孩子个性为原则，力求营造培养智力、创造力、学术力及促进个人成长的环境。

在整个职业生涯中，乔姆斯基一直都是颇具影响力的学者。他因人类语言习得的开创性工作，被称为“现代语言学之父”。他是分析哲学——以强调表述清晰和论证严明为特色的一项传统——的杰出代表人物。自 1955 年以来，乔姆斯基就在麻省理工学院任职，如今已是荣誉教授。他写了 100 多本书，影响了众多领域，包括人工智能、认知科学、逻辑、数学、音乐理论与分析、政治科学、编程语言理论与心理学。

由于被认为是启蒙人物并激励持不同政见者，乔姆斯基屡次因其反战激进主义而被逮捕。他坚持说，权力本质上来说是非法的，除非有正当理由，而当权者的责任就是提供恰当的证据。如果责任不能履行，那么所谈论的权力就应被废除。

由于受乔姆斯基的影响，我热切期望了解他对自我教育的见解。在麻省理工学院的办公室里，我拜访了他。

格雷厄姆·布朗-马丁：教育的目标是什么？

诺姆·乔姆斯基：我们不妨问自己：一个教育系统的目标是什么？当然，对这个问题还存在明显的分歧。有来自启蒙运动时期的传统解释，认为生活的最高目标就是去探究和创造，去寻找过去积累的财富，尝试内化其中对你意义重大的部分，并以自己的方式深入理解和探索。

那么，从这个角度来看，教育的目的就是帮助人们凭借自己的力量而学习。是你，学习者，将在教育过程中有所收获，掌握什么真的要由你做主，你将去往哪里，你会如何用它，你会怎样为自己或他人继续创造新鲜而刺激的内容。这是一种教育理念。

另一个观念就是单纯的灌输。人们已接受了这一想法，认为从童年时代起，年轻人就必须被置于一个框架中，服从命令，接受现有架构，而不是挑战等。这往往是相当明确的。比如，20 世纪 60 年代的激进主义运动之后，许多受过良好教育的人都注意到：年轻人变得太自由和独立了，这个国家变得太民主了，等等。事实上，有一项重要的研究叫做“民主的危机”[①]，意思就是说民主太多了，声称某些机构担负着教化年轻人的责任。换句话说，学校、大学、教堂并没有恰当地尽职。我们必须改变它们，以便它们开展教化的工作，并进行更有效的控制。这实际上是来自受过教育的自由国际主义流派的意见。事实上，从那时候起，（政府）就采取了许多措施试着把教育系统转向更多控制、更多教化、更多职业培训，给学生、年轻人强加一种义务，诱骗学生接受规范的生活，等等。这正好与我所

① *The Crisis of Democracy*, Report on the Governability of Democracies to the Trilateral Commission, published by the New York University Press, 1975
www.trilateral.org/download/doc/crisis_of_democracy.pdf——作者注。

指的传统上来自启蒙运动的观点完全相反。这些思想不断进行着斗争。

在大学及学校里，你是训练应试能力还是训练创造性探究能力，寻求由材料而引发的兴趣？你是想独自完成还是与他人合作？这一直贯穿到研究生院和研究阶段，届时，这就是两种看待世界的不同方式。就比如我们眼下所在的研究机构（麻省理工学院），研究生阶段，它本质上是沿用了启蒙运动时期的传统。事实上，科学根本无从进步，除非它建立在一种应对挑战、质疑教条、质疑权威、寻求替代方法、开发想象力、听从自己的求知冲动自主作为，并不断与他人合作的循循善诱的路径上。出了办公室，沿着走廊绕一圈，你就可以感知到这一切。

这就是我关于一个从幼儿园开始的教育系统应该是何种面貌的看法，但是社会当然存在强有力的结构，它们更希望人们接受教化，遵守规矩，保持缄默，驯顺服从，履行既定的角色，不要试图动摇权力和权威体系。不管我们处在教育系统的哪个位置，无论是作为人，作为学生，作为教师，还是作为试着帮助我们塑造心目中理想教育之路的圈外人，这都是我们必须做出的决定。

格雷厄姆：你对我们今天的学校用来衡量学生表现和能力的这种标准化测试有什么看法？

乔姆斯基：尤其是最近阶段，早年沿袭下来的教育越来越被定型为应试。参加考试会有些用处，既是为了个人，考一下看看我了解了什么、我处在哪个位置、我学会了什么、不会什么，也是为了讲师，可以让他知道自己在课程教学过程中应该改变哪些做法，改进哪些方面的教学。

除此之外，它们并没有真正告诉你太多信息。很多年前我就知道了，我一直都在高等研究生课程的招生委员会——也是全球顶尖的高校招生委员会——我们当然要注意测试结果，但是并不会过多关注。一个人可以在每次考试中都表现出色，但可能不求甚解。我们所有读过中小学、学院和大学的人都很熟悉这个情况。比如说，你可能对某门课程不感兴趣，但是你需要通过考试，你可以为了考试努力学习，你可以获得优异成绩，表现不错，可几周后，你就忘了考试内容。我确信，我们都有这样的经历。我知道我是有的。

如果它有助于教育的建设性目标，它可以成为一种有用的手段；如果它只是你不得不跨过的一系列障碍的话，它可能就会变得不仅毫无意义，还会分散你的精力，使你远离自己想做的事情。当我和老师交谈时，我经常会觉察到这一点。给你举个两周前的例子，其实有很多类似的事情。我一直在和一个小组讨论，里面包括许多教师，其中有一位六年级的老师，教着大概十岁十一岁的学生。她后来过来跟我说——因为我一直都在讨论这些话题——她告诉了我刚刚在她班里发生的一件事情。就在某节课后，一个小女生跑过来跟她说，她真的对老师提到的某样东西很感兴趣，想让老师给点儿建议，好进一步了解这个问题。但老师不得不告诉她："很抱歉，你不能那样做。你必须学习，以便通过马上就要开始的全国考试。这将决定你的未来。"老师并没有说，这也将决定她（老师自己）的未来，比如她是否还能被雇用，等等。

这个系统是为了让孩子们跨过障碍，而不是去学习、理解和探索。那个孩子，如果大人允许她去探索自己感兴趣的事物，如果她并不需要在索然无味的考试中取得好成绩，那么她的学习情况就会好转起来。这并不是说只要学习内容符合她的兴趣关注点，好成绩就会自然到来。我不是说应当废除考试。它可以是一种有用的教育工具，但只是辅助的，仅仅帮助我们、帮助教师和其他人改进手头的工作，告诉我们将要努力的方向。

应试丝毫不能与搜索、探究以及追求那些能够吸引和激发我们兴趣的主题相比。它们比通过测试重要得多。事实上，如果教育能够为你提供追求的机会，你就会将探索所得铭记于心。麻省理工学院有个很有名的物理学家，他就像许多资深教员一样，教些大一的课程。有一次他说，在他的新生课上学生会问："我们这学期会学什么？"他的标准回答是："我们学什么不重要，重要的是你发现了什么。"

教学就应该是这样的：激发学生自己去发现，如果他们不赞同，就鼓励他们去质疑；如果他们认为有更好的选择，就启发他们去寻找替代品，去了解过去的

伟大成就，并试着独自掌握，因为他们对这些知识兴趣盎然。如果这就是完成教学的方式，学生将会真正从中获益。他们可能记不清学了什么，但却能够加以运用并滋养自己不断成长。再说一次，教育真正的目的不是仅仅吸收外界提供的素材并不断重复，而是帮助学生达到可以自学的程度，因为这就是你一辈子都要做的。

格雷厄姆：你认为新的数字技术在教育中扮演了什么样的角色？

乔姆斯基：一直以来，新技术、通信技术、信息接入技术、交换技术确实发展迅猛，它是真正的文化和社会性质的重大转变，不过我们应该记住，现在正在发生的技术变化虽然很重要，但可能不比诸如 100 年前左右的技术进步更有影响。

从一台打字机发展到计算机，或者从一部电话发展到电邮，尽管这种变化也很有意义，但还是赶不上从一艘帆船发展到一封电报的变革。相对于目前正在发生的技术变化，通信时间——比如英美两国之间——的缩短，更有非同寻常的意义。其他类型的技术也是如此，比如城市全面铺设管道系统，它对健康影响巨大，远远超过了抗生素的发现。这些变化真实而且重要，但我们应该认识到其他变化也已经发生，在许多方面它们的意义更显著。

就技术本身和教育而言，技术基本上是中性的。它就像个锤子。锤子并不在乎你是用它来建造房屋，还是去折磨人，敲碎某人的头颅。这两件事锤子都能做到。这和现代技术、互联网等是同一回事。如果你清楚要搜索的信息，那么互联网的价值不可估量。我一直都在用它做研究。我相信每个人都是这样。如果你知道你要找什么，你有一个理解的框架，它将指引你排除许多其他信息，从而找到特定的内容，那么它就是个有价值的工具。当然，你得经常自问："我的框架对不对？也许我应当改进一番，这些问题在我看来似乎得再思考下？我是怎样看待事物的？"

要是没有一个相对清晰的框架来指引你的搜索，帮助你判断什么重要、什么不重要、什么可以搁置、什么应该追求、什么要去质疑、什么要去发展，等等，你就不可能推进任何一次探究的过程。这不可能。比方说，只将一个人扔进哈佛大学生物图书馆，然后撂下一句"自己看吧"，就期待他能成为生物学家。这将让他们一无所获。互联网也是如此，只不过信息量被极度放大了。如果你知道自己搜索的目标却不能理解，如果你对哪些是重要的没有一点儿概念——当然，前提是当你觉得什么不太对劲的时候，愿意去质疑——那么探索互联网就只是挑选随机的说法，并没有什么意义。

所以，在任何当代技术——互联网、通信系统、网络，不管它是什么——的重要应用背后，如果没有一些构造良好的指令，没有一个概念机制，它是不会有帮助的。非但如此，结果还可能有害。比如说，在网络上毫无目的地漫游，往往只能变得盲从。你在这里挑一点说辞，从那里选一些看法，其他人再添油加醋一番，结果你就在脑海中拼出一幅图景，虽然它有一定的事实基础，却全然与真实世界相差千里。

你必须知道怎么去评价、解读和理解。还是拿生物做个比方吧。获得诺贝尔生物学奖的并不是看了最多期刊文章及其注解的那个人，而是一个知道该寻找什么的人，他注意培养自己分辨重要事物的能力，总是愿意质疑自己是否处于正确的轨道上。这就是教育将要做的，无论是使用电脑、互联网还是纸笔、书本。

格雷厄姆：你认为社会应该将教育供给看成一项投资还是一项成本？

乔姆斯基：这是根据教育是不是一项划算的投资、是否创造了可用于经济增长的人力资本等等来探讨的。但这是一个非常奇怪、非常曲解的方式，哪怕只是提出这个问题，在我看来都很怪异。

我们是否想要一个拥有自由、创新、独立的个体的社会，能够欣赏过去的文化成就并吸取经验，继续发扬？我们是愿意要这样的个体，还是想要能给GDP带来增幅的人？后者所涉及的教育，与贝特朗·罗素、约翰·杜威及其他人所谈论的教育，可不是同一回事。这种区分，本身就代表着价值观的区分。无论罗素、杜威的教育理念对社会有什么影响，它们都是一种价值，因为其有助于培养更美好的人。毕竟，这就是一个教育系统应该为之努力的。

另一方面，如果你想根据成本和收益来看待它的话，就拿我们刚刚讨论过的新技术来说。它是从哪里来的？实际上，很多就是从我们现在坐着的地方发展起来的。就在这个办公室的下面，便有20世纪50年代的主要实验室——事实上，那时我刚被聘用——有很多科学家、工程师、兴趣各异的人、哲学家以及其他的人，在努力开发如今计算机和互联网常用技术的基本特性，甚至是基本内核。

我们数十年来都服务于公共部门。也只有类似这样的部门，才能获得人们的注资帮助。人们在这里一直探索着各种可能性，大部分在当时都还无法想象、闻所未闻；后来，有些成功了，也有些失败了。成功的那些，最终被转化为人们可使用的工具。这就是科学进步发生的方式，也正是通常文化推进的方式。

比方说，经过早期工匠大师与其他人的努力，传统技艺经历了一段长久发展的历史，古典艺术家也应运而生。有时，你可以站在巨人的肩膀上，创造出新鲜美妙的事物，但它并非是凭空就能创造出来的。如果缺失一个鲜活生动的文化教育系统——鼓励创新探索、独立思考、勇于跨界、质疑既有理念，等等，你就没法获取能给经济带来收益的技术，尽管经济收益在我看来绝非主要目的。其实，文化富集和教育创新，才是社会发展的一部分。

麻省理工学院终身幼儿园学习研究教授

访谈：米奇·雷斯尼克

雷斯尼克的团队是多项学习平台的摇篮。许多人如今对这些平台都不以为意。乐高的头脑风暴（Mindstorms），一款创新的儿童机器人套件，就是他们与麻省理工学院早期合作的成果。Scratch，基于积木搭建原理的儿童计算机游戏编程平台，是出自终身幼儿园的另一款被广泛使用的工具。近期的一些项目，比如 MaKey MaKey——自己动手的手机和应用程序发明者，都由这一领先的学习智库开发。

我与雷斯尼克见了一面，了解更多有关这个幼儿园的精髓及其对终身学习的价值。

米奇·雷斯尼克领导的终身幼儿园是隶属于麻省理工学院媒体实验室的一个研究团队。本着幼儿园堆积木和手指画的动手精神，麻省理工学院媒体实验室开发了多项技术，让人沉浸在创造性学习体验中。这个团队的目标是创建一个世界，那里充满了创意十足的好玩人士，他们为自己和社区不断创造新的可能性。

格雷厄姆・布朗－马丁：米奇，跟我介绍一下终身幼儿园。

米奇・雷斯尼克：之所以叫这个名字，是因为孩子们在幼儿园的学习方式总能启发我。至少，在一个传统幼儿园里，孩子们花大量时间乐此不疲地设计和创造东西，互相合作。在某个角落，可能有些孩子在用积木搭建高塔；在另一个地方，他们可能在用手指画画。在此过程中他们学到了很多东西。当他们进行设计和创造时，他们了解了搭一座塔所需的稳定性，还有如何将颜色调配在一起。

也许更重要的是，他们了解了创作的过程——从开始的一个想法，到在合作中执行，到最终做出成品。在这一过程中，他们开始发展成为有创造力的思考者。我觉得在今天的世界上，没有什么比学习思考和创新行动更重要的了。我们处在一个变化比以往更迅速的世界中，今天学习的东西可能明天就过时了，人们将会面对一个不确定的未来。所以，对他们来说，学会用创造性的方法去应对未来意想不到的事情是非常重要的。

我觉得在幼儿园里，孩子们就有一个好的开始。他们开始发展成为有创造力的思考者。不幸的是，幼儿园之后孩子们进入传统的课堂，在那里花大量时间听课、做练习。他们真的没有继续发展成为有创造力的思考者。我发现，学校系统并没有培养年轻人如今最需要的技能，让他们进入社会成为一个有创造力的思考者，随时准备接受新的挑战。

事实上，今天的幼儿园也变得越来越像学校，这让我担忧。今天你走进很多幼儿园，孩子们要么在做语音练习，要么在看单词拼写卡。我们想做的恰好相反。我们想让学校和生活更像幼儿园。这就是我们将团队命名为“终身幼儿园”的原因。

格雷厄姆：英国的一个学校部长最近抱怨说，幼儿园的孩子“没有目标地到处跑”，应该为两岁儿童制定更多“类似学校”的行为原则①。为什么会

---

① Childcare Minister Elizabeth Truss attacks unruly nurseries
www.theguardian.com/education/2013/apr/22/childcare-minister-elizabeth-truss-nurseries——作者注。

有来自政界的呼吁，让幼儿园借鉴学校生活？你怎么看？

米奇：我们今天看到的学校以这样的形式存在，我觉得有几个原因。有些是历史性原因，有些学校建于几百年前，是为了培养年轻人进入一个完全不同于今天的社会。从经济上来说，如果要为年轻人进入工厂做重复性劳动做准备的话，那就需要一种不同类型的教育。如果我生活在那个时代，我希望自己可以反对那种教育。如果那时的学校真的是为培养年轻人以适应工作的需要而建造的话，我们至少可以看到某些根据。

我觉得学校之所以没有多大改变，在一定程度上是因为惯性。而且，当人们想要评估并让学校负责的时候，学生掌握多少教过的具体事实是很容易衡量的。今天社会中的许多重要方面，如学习创造性思考、协同工作、分析性推理、持续学习，衡量起来就困难得多。

学校最终变得只教那些他们知道如何评估的东西。他们知道怎样评价学生死记硬背的东西。到头来他们只看重那些他们能评估的东西，而我反倒认为，他们应该评估那些他们看重的东西，但这很难。我最看重帮助人们去学习创造性思考或合作式思考。那些都是很难评估的事情。既然学校不知道如何评估这些方面，到头来就将重点放在了他们确实知道如何评估的那些方面。

格雷厄姆：对比学术表现测试（比如国际学生评估项目分数）和创造性思维指标（比如创业精神），这两者似乎显示出了一种负相关。你认为这是怎么回事？

米奇：我记得很多年前我参观了新加坡的一些学校。因为我一直参与开发乐高的 Mindstorms 机器人套件，他们带我去了一所学校，在那里向我介绍了全国青少年机器人比赛的冠军，一个 13 岁的孩子。他给我看了他用乐高搭出来的机器人，还演示给我看机器人能做的所有事情。这让我印象很深刻。我甚至提出了一些其他问题。我问他："你需要如何改变才能让机器人做到这一点？"实际上，他很有创意，想到了不同的解决办法。

他和他的朋友们给我留下了很深的印象。我问他的老师："这太棒了。你是怎么把这个融入日常教学的？"她看我的眼神让我觉得自己是不是疯了。她说："我们从不会在学校里做这个事。上课期间，他们必须做数学练习。这是放学后才做的。"这真的让我很吃惊。显然，在某种程度上教师们意识到这很重要，了不起的是放学后他们为此留出了自由的空间。但是上学期间，你还是得完成数学作业。

我想这是因为新加坡是国际数学和科学测试中表现最好的国家之一，他们为自己的成绩感到非常自豪，所以他们真的不想变动任何会影响成绩的在校课程。然而，颇具讽刺意味的是，我是应新加坡教育部邀请过去的，因为他们知道，学校在培养年轻人为生活和社会做好准备这方面做得并不好。新加坡的公司已经开始向政府抱怨，说年轻人从高校毕业后并未做好进入职场的准备。他们知道如何完成具体的工作，但是当有新的问题出现时，却不知道怎么做。所以教育部邀请我去探讨将创新带入学校系统的办法，以便年轻人能够为接下来的生活、职场和社会更好地做准备。你仍然可以看到来自学校系统的抵触，因为他们太为自己在国际测试中的表现骄傲了。

即便在社会某些领域，人们也知道自己并没有为年轻人做该做的事，并没有帮助他们为将来的生活做准备。面对如此看重考试分数的环境，做出改变真的很富挑战性。

格雷厄姆：你能预测出一个改变评估内容和评估方式的时间吗？

米奇：我当然希望未来我们测试和评估的方式将会改变。现今很疯狂——当孩子们考试时，他们必须在两三个小时内与世界隔离。这不是大家在世界上做事的方式，所以我们在考查什么？我们在评估什么？这当然不是为生活在世界中做准备。世界上的生活从来都不是那样的。

当我有问题时，我上网查找资料，给朋友打电话。我如何随机、灵活地寻找需要的信息，这才是将会帮助我在社会上取得成功并蓬勃发展的能力。但考试却在测验非常不同的内容。它是在考查某些东西，但这些却不是我们在世界上真正能利用的东西。我当然希望这会随着时间的推移而改变，因为它真的不适应社会需求，真的脱节了。

即便是坐下来参加考试，我可能也会将这种想法舍弃。即便你允许考生互相联系，彼此交谈，测试他们在某一固定的时间段里能做什么，这也是人们在社会上不太真正需要的。我更喜欢通过人们创造出来的东西来评估他们，用一种成长档案袋的评估方式——创建一个档案袋，里面有许多他们在不同的主题领域创作出来的成品。然后人们可以对这个档案袋进行评估。

在很多方面，这就是我在麻省理工学院——它显然是世界上极为卓越的一所大学——作为教授被评估的方式。当我获得晋升的时候，他们也并没有测试我。我并不需要通过参加任何考试这种方式来获得晋升的机会。他们会看看我产出了什么——写的论文、做的产品、开的讲座。然后他们会询问别人，翻翻我的档案袋：他是否做出了重要的贡献？他是不是所在领域的领头羊？从来没有人试图将这个量化。

在某种程度上，我们信任麻省理工学院做这些非常重要的决策。谁在麻省理工学院晋升为教授是这所大学的一个重要决定，然而他们并不尝试考试或量化，只是考察我的成果。我们为什么不能让三年级或六年级的学生这样做呢？如果这种评估方式对麻省理工学院来说是不错的，为什么它对三年级学生来说就不行呢？

格雷厄姆：你怎么看待技术作为一个解放的行为，而不是自动化的行为，被成功地引入学习过程中？

米奇：因为我是麻省理工学院的教授，我在这里的媒体实验室—— 一个创造先进科技的世界领航者工作，有些人可能就认为我会支持将所有技术用于教育和学习的用途，但事实并非如此。实际上，当我四下观望时，我看到了今天大部分技术用于学校的方式，我很害怕，我感到很沮丧，我认为学校的很多技术应用会适得其反，因为它们正在维系一种传统的教育方法，这对今天的学生来说已经没什么实质性意义。

通常情况下，技术只是用来延续既有的教育方法。很多年来，学校一直围绕着老师给学生传递知识来组织安排。在现在的很多教室里，他们只是用一点儿技术向学生传递信息。除了信息传递的主体发生了变化之外，其他什么都没有真正改变。我觉得我们需要做的是，重新思考学习和教育的整体方法。它并不是传递信息。

当然，有时候获得信息很有帮助，但我们知道，学习最重要的部分，是要能搞清楚新形势的意义，如何在世界上进行创造，如何实验，如何探索，如何自我表达、沟通思想。就我来说，当我去评价某项技术是否得到有效使用的时候，我会询问它是否帮助了学习者去探索，去实验，去自我表达。因为这些都是核心的学习体验。

技术的潜力让我很兴奋，因为我真的认为技术如果得到正确使用的话，可以延伸人们自我体验、自我探索和自我表达的方式。我对这一潜力充满希望，但却常常对技术往往没有被正确使用而感到沮丧。

格雷厄姆：在我们现有的教育系统中，并没有发生那些你所认为的以玩耍之类的事情为重点的学习，你是否认为学校是学习发生的最佳地点？

米奇：不幸的是，现今的学校通常都不是学习发生的最好地点。但我真的认为，把人们聚集到一起来学习是有价值的。创建一个机构，让人们在一起学习，我觉得这个想法很不错。问题在于今天许多学校的组织方式。如果一所学校被创建起来，只是为了向孩子们传递一套固定的信息，我觉得，那将无法让他们为将来做好准备。

另一方面，如果这一场所是让孩子们相互学习、彼此分享观念、合作完成项目并借助教师和导师的经验与专长开展协作的话，那么它就会是个很不错的机会。我们已经创办了一些课外中心，像计算机俱乐部，让年轻人来学习设计和创建新技术实验。

我们认为，这些都是适合孩子们的很棒的去处。他们在那里会学到很多东西，不仅关乎技术，关乎数学和科学的思想，还关乎学习的过程、创意的过程。

我认为，一所学校也应该这样。当孩子们来到学校时，它应当是让他们成为更好的学习者的一个契机；教师应当是模范学习者，孩子们应当向教师学习，成为优秀的学习者；教师向他们展示解决问题的最佳技巧，以及受挫时要如何坚持。这些都是良好的学习者应当知道的事情。通过与他人合作，孩子们能从他人身上获得更好的想法，成为创造性学习者。

（llk.media.mit.edu）

案例：探索学习学校

纽约

探索学习学校—— 一个 14 岁的学生告诉我——是一所除了纽约市民以外，每个人都听说过的学校。她这样说的意思是，探索学习学校总是源源不断地接待像我这样来自世界各地的参观者，但在校外，她的许多邻居、朋友从没听说过这所学校。这所学校的设计脱胎于一个教师和游戏设计师团队 30 年的学习与研究。受年轻人参与游戏方式的影响，它有一项重新设计课程与教学实践的大胆计划。

他们的游戏并不特指视频游戏。实际上，尽管大众媒体将其称为“基于游戏的学习型学校”，但说到游戏，几乎没有证据表明人们通常印象中的游戏大概会是什么样的。联合创办人阿拉纳·夏皮罗（Arana Shapiro）告诉我：“人们希望看到我们的学生闲坐着玩视频或棋盘游戏。尽管我们的确时不时这样做，但游戏也是参照我们在教与学的策略中部署的机制的。”带着“这里发生了什么”这个问题，我参观了他们的任务实验室，它是学校里一个嵌入式学习设计工作室，在这里，教师与游戏及课程设计师并肩工作，为他们的班级设计灵活的学习体验。

关于教学方式的一条原则是大量借鉴游戏的模拟概念，将学习置于一种应用情境中，而不是仅仅死记硬背、机械记忆，并采用跨学科的技能来解决特定的问题或挑战。在特定课堂上由教师主导的若干教学环节之间，学生被鼓励积极参与团队协作，以自组织学习环境有效运作。自组织方法最近还被苏伽特·密特拉教授所推崇，尽管这些原则从探索学习学校开办以来就已被采纳。

学校开发了基于标准的独一无二的整合课程，通过生成他们所谓的扣人心弦的课堂“须知”，来模仿游戏的行动和设计原则。每个学期，学生都会面对一系列日益复杂的叙事体挑战、游戏或探索任务，借此，学习、知识共享、反馈、思考及下一步行动都会作为游戏的自然功能展现出来。

举个例子，在一学期的科学、数学综合学习领域，“事物工作的方式”这门课让六年级学生帮助在人体内迷路的缩微疯狂科学家设法通过自己所遇到的人体系统，并将报告发送回自己的实验室。

罗斯·弗洛特（Ross Flatt）是探索学习学校“生存、空间与场所”课程的一位教师，也就是说，他以一种与当下相关的方式教授历史、英语及人文科学。他告诉我，把类似游戏的方法带入教学的好处就是：“它意味着我们把人们放在某种情境下。比如，当学生学习七年级的‘生存、空间与场所’课程时，他们就是乔治三世和大英帝国的间谍。他们正在开拓新世界，看看那儿是否适合居住，看看他们是否该去那里，看看是否值得殖民；接下来，当这种殖民令人不满时，英国该如何处理。他们就像特工，在那里工作的秘密特工。类似游戏的体验立刻使得它以叙事为基础，它给了孩子们这种表象的切入点，也就是我们所说的‘须知’。为什么应该学习这个东西，进行阅读，完成作业，并以时刻准备开始、时刻准备参与的心态来到课堂，可以说它给出了一个很好的理由。大部分时候，这个游戏会让孩子们上钩。”

利亚姆，一个15岁的十年级学生，很喜欢这种学习方式。“让教育不是仅仅‘学这个，复述这个，回答这个问题，完成这个考试’，而是让它变成一种更顺畅的沟通，让它更吸引人。使用游戏设计，使用类似游戏的思维——这个想法真的很吸引我来上学。”他解释道。

自从2009年开办以来，学校的设计师和主管学到了很多东西，教师的角色便是重要的一课。阿拉纳直率地解释道：“按照我们最初的设想，教师大体上就是设计师支持的课程内容专家，但很快就清楚了，教学远不止仅仅了解这个主题，明确来说，是通过自己的投入来吸引学习者参与的能力。”

或许，标准化测试难免无奈。无论目前的教学实践和课程设计多么先进，探索学习学校终究还是要接受考试分数标准的衡量。这当然不是他们一开始就希望看到的局面，尽管学生的学业成绩大致能够达到当地平均水平。这些成绩都有所改进，学校的看法是，侧重新的学习方式导致忽略了学生应试能力的训练。

以一位六年级教师芮贝卡·加德纳（Rebecca Gardner）的职业观点来看，标准化测试本身并不是问题，问题是它在教学行业的突显地位。她说：“我觉得标准化测试服务于一个目的。如果你看芬兰的教育系统，他们仍然有标准化测试，但是并不是用来作为驱动教育的唯一事物。有很多真实性的评估。我并不觉得我们必须废除标准化测试。我不觉得我们得去掉标准，但我觉得我们需要做的是，停止把测试看成是学习的一切。它们不是唯一的措施，也绝不应该被看作唯一的措施。而且，如果我们专注于测试，而且只关注它们，我们就更是培养了一代不想学习的孩子，因为学习意味着考试，学习意味着做一件循规蹈矩的事。如果我们想要一个进步的社会，我们需要教导孩子的不是顺从，而是实验、把事情弄清楚并解决问题。”

研究正在进行，由游戏学院主持。该学院设计了探索学习学校，来生成学生熟练掌握21世纪技能，诸如系统思考、创造性解决问题、合作、时间管理和身份构建的对比数据。初步试验结果前景光明，今天学校的学生在标准化测试中的表现已达到或高于纽约市公立学校的平均水平。

埃莫尼，一个15岁的探索学习学校在校生，她告诉我，在跟不同校的朋友描述自己的学校时，她得十分小心。“我必须用一种明确的方式来谈论它，因为如果我说错了话，他们就会认为我们只是在玩游戏。我们是在用电脑，但并不真的在玩游戏。我们在课堂上做笔记，就像其他人一样，这适用于那些喜欢做笔记的人。但是我们也玩游戏，这适用于那些需要额外推力来学习的人……我真的必须和朋友们小心地解释，我们就是在用不同的方式学习。”

（www.q2l.org）

探索学习学校联合创办人

访谈：阿拉纳·夏皮罗

阿拉纳·夏皮罗是探索学习学校创建团队的成员之一。这所学校坐落在曼哈顿市切尔西社区，是纽约市一所6~12年级的公立（州）学校。

学校成立于2009年，与盖茨基金会和麦克·阿瑟基金会支持的非营利“游戏学院”联手合作，依据游戏与互联学习的原则组建。学生不断尝试挑战，将诸如反复诵读、系统思考等21世纪素养整合到学习中，追随自己的兴趣，超越学校范畴，进行互助合作。

我在探索学习学校待了一天，见到了从1999年开始从教的阿拉纳。以下是我们谈论的部分内容。

格雷厄姆·布朗－马丁：探索学习学校的背景是什么？

阿拉纳·夏皮罗：为了回答中学课堂参与

这一问题，我们创建了探索学习学校。研究显示，当孩子们从小学升入中学时，参与率有所下降。探索学习学校由此创办，我们想看看是否有可能采取游戏的结构，探索游戏成功的一面在哪里、什么吸引孩子，并将其转移至学校的空间，看看它是否有助于吸引孩子们参与课堂。

格雷厄姆：你觉得游戏的什么方面让人如此投入？它们怎样才能与学习联系起来？

阿拉纳：你回想任何一种游戏，它都为学习某样东西提供了空间。为了过关和打游戏，你必须学习这个游戏所需要的重要技能，以便能玩下去。显而易见，游戏能够成为引人入胜的学习空间，是因为它目标很清晰，而且你能不断获得即时、持续的反馈。游戏中有一些非常逼真的东西，有一种怀疑的悬念。你踏入一个游戏的空间时，你就承担了这个游戏让你承担的角色，然后你就按照角色需要的模式去表现。

还必须了解一个显而易见的事情。你为什么要学习所有你正在学的东西？原因在于你需要立即将学习所得和技能应用于某种情境或问题之中。这就是游戏吸引玩家的原因。探索学习学校就看能否采纳让游戏富有吸引力的方面，将它们转移至学校空间，从而使学校空间吸引住学习者。

格雷厄姆：那是否意味着学生整天都在玩视频游戏？

阿拉纳：因为在探索学习学校我们经常谈论游戏，所以人们往往认为孩子们只是吊儿郎当地闲坐着或者毫无目的地通过玩游戏来学习。其实，并不是这样的。在探索学习学校，孩子们的确玩游戏。有时是数字游戏，但更多的是模拟游戏。我们更感兴趣的是我们叫做游戏化学习的东西。它更多的是关乎孩子，关乎创建一个以游戏的方式来吸引学生的课程。

所以，我们会提出这些复杂的挑战，然后让孩子们用游戏技能和专业知识解决，以便接下来他们能按照这一课程轨迹解决更大的挑战——要是他们先前没有经历过这个课程或者这种游戏般的体验的话，他们是没法解决的。

格雷厄姆：有些人可能会说，这就像新瓶装旧酒。学生最终不是仍然得参加州级标准化测试吗？

阿拉纳：探索学习学校的孩子的确需要通过测试。对我们来说，测试可以说是一种基本经验。我们基于标准，但并不仅限于此。这关乎让孩子们获得这类课程所提供的技能与知识。我们考虑的是诸如合作、解决复杂问题和系统思考这样的问题。如果孩子们面临的挑战没有简单的解决方案，或者遇到只能通过深入钻研和尝试不同方式来解决的问题，那么，他们就会获得适用于现实世界的技能，而这是学习游戏内容和仅仅了解某些事实无法做到的。

这真的是这类复杂问题的解决方案，还有合作、团队配合、共情力和设计，所有这些你在真实世界中得以生存的东西。这类浸入式空间能够给他们那样的体验。

格雷厄姆：你与游戏设计师设计课程的方法是什么？

阿拉纳：探索学习学校的课程是由教师、游戏设计师和学习领域——也就是深度学习——的课程专家合作开发的。教师作为内容和教育学专家加入；而游戏设计师则作为实现、保证和创造引人入胜的学习空间的专家加入。然后我们还有一个课程专家，他相当于中间人，既能说游戏设计师的语言，又懂教师的语言，帮助他们向前推进合作。

我们总是从想要孩子们学什么开始创建课程，然后思考大的概念是什么、团队是什么、我们想要孩子们提出的本质问题是什么、我们可以给孩子们什么类型的浸入式参与空间及问题，并以一种游戏化的方式吸引他们。

格雷厄姆：你提到教师是内容专家。我们真的需要教师吗？

阿拉纳：对探索学习学校来说，教师的角色是很重要的。开办学校之初，我们心想，如果我们想要创建这种真正引人入胜的课程，如果我们只是编写类似游戏的课程，也许谁来教并不重要，也许任何人都可以教，也许教师仅仅是作为

Property of the NYC Department of Education

内容专家加入，仅此而已。但我们很快发现，实际上教师在学生参与和课程成功方面发挥了很大作用。在很多学校，教师们只知教既定的课程，他们只是年复一年地教课而已。

我们认为课堂教学的真正特殊之处在于，教师们带着内容进来，他们知道这些内容需要教给孩子，而且他们也能补充这些内容。他们在创造课程，这样他们就能够增加他们觉得重要的东西。他们能够将自己的兴趣融入课程。他们能够制作并塑造它，使它成为自己真正感兴趣的教学内容。然后，就是传递的方式了。教师就是用游戏化学习、自己的热情和专业知识吸引孩子并管理课堂的人，他们要确保孩子感受到自己被聆听，感受到自己很特别、很重要，这有助于推进合作。在探索学习学校，教师对课程的成功意义重大。

格雷厄姆：你怎样招聘你的教学人员，使他们为这种风格的教学和课程做好准备？

阿拉纳：我们有一个相当激烈的教师招聘过程，包括许多次面试和示范课，以及应聘者在开放参观日过来了解学校。实际上，就像我们面试教师一样，我们想让他们也来面试我们。除非教师们真的接受这种教学方式，否则我们不会让他们加入。它是一种不同的教学方式。对我们来说，很重要的是他们真想来这里。我们也在寻找真的愿意学习新事物的教师和敢于冒险的人，他们对孩子的学习充满热情，而不只是热切希望学生们通过测试。

我们明白，教师并不是一进来就知道如何用这种方式教学，但我们会持一种开放、冒险的态度。如果我们相信你有这些特质，我们就可以把你变成一个超棒的探索学习教师。而如果你没有那些特质，那就很难做了。

格雷厄姆：你的教师需要擅长玩视频游戏吗？

阿拉纳：不需要。事实上，我压根儿不知道我们是否有本身就是游戏玩家的教师。对我们来说，它真的就是一种奉献精神，一种为孩子寻求最好的学习方法和学习方式的热情。如果你跟我们所想的一样，并有一种开放的精神来重塑和改善你作为教师的专业实践，你就可以加入了。但是如果你对怎样提升你的教学实践并无兴趣，那这儿就不是适合你的地方。

世界上一定有教师对探索学习、游戏与学习或游戏化学习感兴趣。你得是个时常认真反思的人。你得会察看自己的教学，懂得自我批判，感觉不安，而且还得时常接受一种束手无策感。这真的很重要。

格雷厄姆：你觉得探索学习学校能否在纽约或有美国的教育体系中扩大规模?

阿拉纳：我觉得探索学习学校因有了我们而独一无二，因为我们就是学校的一部分。我认为这两者不可以分开。它以现存的方式存在，就是因为那些人，他们是学校的组成部分。每次有教师离开或新教师加入，它就变成了一个不同的事物。要扩大学校规模，我觉得需要理解这一点。这样，如果我们想要将这种模式应用于别处，那么它与之前大相径庭的概率将会很高，这是基于参与其中的人来说的。

这没什么，对不对？首先就是要接受这种情况，接下来试着真正弄清楚你可以采纳这个模式的哪些部分，并在其他地方实施，然后基于那里的人来修改和定制。

格雷厄姆：当学生多方面的技能都有提高时，我知道被测试的技能的成绩却下降了。这是怎么回事?

阿拉纳：这是早期我们学校开办时的事了。第一年，我们六年级学生一直在钻研（我们设计的）所有数学难题。他们真的是在真实世界的情境下，解决了所有这些问题。然后他们参加了标准化数学测试，表现并不糟糕，只是没有我们期望的那么高罢了。我们跟孩子们聊过这个，也跟家长谈过，我们还根据考试分数找出了他们不擅长的地方。

所有这些都考查完之后，我们得出的结论是：我们教给了他们怎样用一种应用的方式来思考和使用数学，但实际上并没有教他们如何在考试中做好数学题。事实是，不管是好还是坏，考试都是存在的，应试本身就是一项技巧，是我们不得不去努力解决的问题。我们实际上并没有促使他们为参加测试做准备，而是促使他们在实际情境中做准备。

我们开始做了些工作，比如该如何回答这样的问题。你知道如何将这些东西应用于情境之中，这很不错，但是如果某人只是要你使用这种运算技巧，我们又该怎样应对？这是一个现实问题。我们生活在现实中，应试是其中一部分。它就像任何其他技巧一样。现在我们的确花了些时间，只是让孩子们准备好参加考试，但我们实际上并不觉得浪费时间，因为在现实中你必须完成那样的事情。

格雷厄姆：你认为学生的未来会是怎样的？你觉得探索学习学校怎样才能帮到他们？

阿拉纳：我觉得，关于探索学习学校学生的未来，有一件事情我们一直在提醒自己，那就是我们实际上并不知道他们的未来会怎样，对吗？世界正在飞速变化。我们不知道六年级学生离开我们后未来会怎样，更别提他们大学毕业后会怎样了。许多孩子也许都不会上大学。我们不知道将会发生什么。我们不知道孩子们将面对的未来环境，那么，思考我们可以培养孩子们什么类型的技能来帮助他们成功，就是学校的责任了。

不管孩子们将要从事什么类型的工作，不管他们生活在什么样的世界中，很多其他竞争力都集中在能帮助他们获取成功的那类技能上，像解决复杂问题、系统思考、合作能力和团队精神等。真的，让你能够胜任任何事情的那些技能，就是从探索学习学校毕业的孩子们将获取并带走的那些东西。那是一个探索儿童的标记，对我们来说这是真正重要的东西。

罗德岛设计学院院长

我见到约翰·前田（John Maeda）时，他还是罗德岛设计学院的院长，很快他就离职去了硅谷的凯鹏华盈风险投资公司，成为它的头号设计合作伙伴。

访谈：约翰·前田

前田最初是麻省理工学院软件工程专业的学生，在那里完成本科及硕士学位之后，去日本筑波大学艺术设计系学习，获得了设计哲学专业博士学位。作为艺术家，前田的早期作品将计算机编程与传统艺术手法相结合，重新定义了电子媒体作为一种表达工具的用途，为今天在网络上被视为理所当然的交互式运动图形奠定了基础。

在罗德岛设计学院的六年里，前田领导了“STEM 到 STEAM”运动，将传统的 STEM 学科（科学、技术、工程和数学）变换成 STEAM，增加了艺术（Art）这门核心学科，并力争将其纳入从幼儿园直至大学毕业的研究政策、商业与核心教育领域。在他的领导下，申请就读学院的学生人数随着经济援助计划的提供而增加，而学费上涨幅度仅为几十年来的最低水平。

格雷厄姆·布朗-马丁：全球教育都将重点放在了STEM学科上，结果创意与设计学科被边缘化。这是个问题吗？

约翰·前田：STEM已势在必行。这是因为我们相信技术革新会创造出新时机，新的经济机会。想想登月计划。我们把它当成一个抽象的概念来谈论，但是在一次真正的登月过程中，要想让火箭到达月球，就需要物理、数学等全方位的大量支撑。这当然不需要艺术或设计，这不用创意，只需技术。但在现实中，它就是要被创意所影响，哪怕是登上月球的梦想。我们总是按照人类的方式来思考，所以在某种程度上，我们觉得是什么比为什么更重要，这就是我们的倾向。

如果我们想一下互联网商业的繁荣，它完全就是技术，对经济有好处。所以，我们需要STEM发挥更大的作用。尽管STEM作为一项政策在很多国家还未充分实施。一个国家可以注重应试，每个人都参加测试，却不会发明或创新，这就是个问题。这就是我们为什么要聊起将艺术加进STEM教育的原因。加了一个艺术，我们就将它变成了STEAM。

格雷厄姆：但是人们将太多重点放在了标准化应试上，尤其是在高中阶段。这对STEAM来说意味着什么？

约翰：评估是个老大难问题。如果你是经济学家，你会对此深信不疑。如果你是以经济学家的身份支持国家政策，你也会这样认同。要是你是一名商务人士或者你把度量标准放在钱上，用这个简单的指标，可量化的一样东西，你想想看它会怎样影响货币平衡。创造力没有恰当的量化标准，没有合适的度量指标，这就是我们认为它并不重要的原因所在。它不是能够量化的，因此你表现得怎样也很难评价。所有国家都清楚创意艺术多么令人身心愉悦，每个国家都知道它前景一片光明。它就是一种感受、一种情感。你能对其进行测量吗？没错，你的感受如何，它就体现在社会的方方面面。艺术就是社会实力的一个衡量尺度。

格雷厄姆：似乎学校课程将创意从学科中分离出来，试图将其孤立。你觉得我们应该重新考虑这种做法吗？

约翰：当然。我们有诠释性的单门课程，也有跨学科的课程。我们有戴维·凯利（David Kelley）①这样一个很好的例子，他是一个T型人②，既有深度也有广度。这就像是，假如你有香蕉口味的冰淇淋，你不会希望再多加儿点香蕉，而是会加点儿草莓，加点儿香草，加点儿巧克力。所以，有些东西我们把它单独拎出来，是为了更好地理解。但问题是，把它们混合起来容易吗？这在学术界传统上是不允许的。怎样让它更简易，就是一个问题。但如果你让它变得太容易，那么它就变成了自己单一的味道。所以，在结构上也需要相互碰撞。

格雷厄姆：你认为我们怎样才能实施这些结构？我们是否需要在更年少的时候就开始，而不是到高等教育阶段才开始？

约翰：这是一个很棒的问题。问题是，你是在孩子小的时候就开始培养其跨学科才能，还是等他们大一点儿掌握了某一学科的时候才开始培养呢？我不知道答案。我所知道的是，不要只是灌输，而要保持好奇心，这一点似乎是关键，因为当你还在幼年的时候就产生好奇心了，你对危险毫无所知。所以，“啊哈，我要到街上走走。啊哈,我很好。我要到那里。不会发生什么事的”。而当你年长时，你会说，“不，你别去那里，你的胳膊别往后甩”。因为我们要生存，我们的好奇心就只能消失了。

除此之外，你会在自己的领域好奇心十足吗？或者说，你会对跨领域感到

① 戴维·凯利是全球顶尖设计咨询公司IDEO的创始人之一。曾在TED上进行建立创造力自信心的演讲。——译者注。

② T型人指的是有两种特征的人，T的一竖代表一个人技能掌握的深度，以便能够参与任何领域的创造性过程，比如工业设计、建筑、社会科学、商务领域等；而T的一横代表的是跨领域的合作。与T型人对应的是I型人，即拥有娴熟专业技能，但缺乏必要的合作意识与能力的人。——译者注。

好奇吗？问题是怎样保持那份好奇心。任何艺术都有助于让这种好奇的精神保持鲜活。当你问“4加5是多少”时，你并没有因此变得好奇，你不会好奇地问：“是9吗？不是9.1或者9.2吗？”我的一个朋友有一次做竞选演讲，那就像是在说“如果我是总统的话，我会把π变成3”——这就让人产生了好奇心：你怎么可以做到呢？那么，“好吧，我们投他一票吧”。你知道我说的意思吗？所以，保持好奇心，这才是关键。

格雷厄姆：这个很有意思，因为你指出了正式学习和非正式学习的区别。

约翰：好奇心是存在于非正式场合还是正式场合，我不知道。但我会说，在正式场合我们靠教师来激发好奇心，而且我知道我这一辈子，我的老师就多次激发了我的好奇心。但是，也有些老师是试图消灭好奇心的吧？是的，也许是出于善意。但确实是有鼓励学生好奇心的老师。相对于机器或者慕课而言，教师反而处于得天独厚的地位，这是因为他们相信你，这种信任可不是某个动画片里的人说句“文章写得不错”就能办到的。你知道吧，感觉到了吧？要是老师跟你说“这真是一篇很不错的文章”，说不定哪天这句话就变得刻骨铭心了。哪怕一句小小的评论，无论你处在哪个年龄段，它都是让你充满信心的关键所在。

格雷厄姆：你怎么看待数字世界中教师角色的转变？

约翰：我觉得我们得反着来问：学生的角色转变了吗？学生的角色正在发生极大的转变，他们并不只是一个在校学生，还是终身学习者。像我们这个年纪的人，不知道还要学什么。过去人们40多岁就去世了。我们过去读小学、中学，上大学，我们拼命吸收信息，我们工作，去世。现在我们能一直活到80或100岁。所以，现在那种拼命吸收信息的模式在我们的后半生就会失去动力，但我们仍然是活得更久的终身学习者。这是关于学习的问题，不是“哦，老师在这儿呢”的问题。问题是：“啊，我们就是学生。我们现今怎么生存？”

格雷厄姆：你觉得数字技术有助于转变我们的学习吗？

约翰：我认为从很多方面来说，我们对技术的理解还很幼稚，是因为尽管网络商业的热潮将退，可我们还陶醉在其中，余兴不尽。所有像互联网之类事物的出现，与那时发明电力并没有什么不同。20世纪初当电力出现时，人们的反应是，“这种叫电灯的东西，真是太棒了！这下我可以挑灯夜战了，我也可以实现愿望了”。这太神奇了，最终它融入了文化。

计算机就不同了，因为它涉及思维而非物理空间。就像史蒂夫·乔布斯所说的，计算机像头脑的自行车。这是很有力的一句话。想象一下，如果你有1000个齿轮的自行车，你就无法使用。所以今天的计算机就像100万个齿轮的自行车。摩尔定律①很强大。晶体管的数量每18个月就翻一番。这太棒了。所以，事物发展得越来越快，却能维持同样或者更低的价格。你就这样年复一年地生活在其中。过去这很了不起，但是现在我们却不以为意了。

十年前，你有了奔腾 100 兆赫，又出来了奔腾 120，你打算出去买个 120 的，因为你必须要一个。它又变成 140 了。“我得要一个。”然后，它又变成 160 了。然后又变成了新一代奔腾 Pro 了。“我得要一个。”但现在，你会说“这是四核的，你知道吗？优化核，超酷”，或者“我觉得我自行车上的齿轮够多了”。所以我们从把技术当作一种存在的理由过渡到了别的方面。我们回到了一种正常状态，技术变得不那么重要了。它是什么？为什么会这样？它怎样存在？这些变得更重要。过去，可能你有两个技术专家，再聘请一个设计师。现在你有两个设计师了，要再聘请一个技术专家。

格雷厄姆：所以，你觉得技术是放大了还是削弱了创造力？

约翰：我不知道。对此我也想了很多。就在昨天，我打开了创办威比奖（Webby Awards）②的蒂凡尼·斯兰恩（Tiffany Shlain）的邮件，她有了新动

---

① 摩尔定律是由英特尔创始人之一戈登·摩尔（Gordon Moore）提出来的。意思是当价格不变时，集成电路上可容纳的元器件的数目，大约每隔18~24个月便会增加一倍，性能也将提升一倍。这一定律揭示了信息技术进步的速度。——译者注。

② 威比奖是国际公认的代表数字行业最领先和最权威的国际性大奖，由国际数字艺术和科学协会主办，素有“互联网奥斯卡”之称。1996年，第一届威比奖亮相，之后每年举办一次，集合了一年当中最具代表性的国际优秀网站、数字以及社交类优秀作品。——译者注。

向，关于戒掉技术之类。天啊，这简直是最好的事情。关闭技术，这太棒了。有一本书叫“浅薄”①，它说的就是技术、互联网让你变傻这样的观点。也有人说，它让你变得前所未有的聪明。所以，这有点儿混乱。我觉得至少就我自己来说，我的确知道的是，技术制造了一大团错觉的迷雾让我们相互谈论，但是最终我们会停止议论，技术会变得不足为奇，那个时代终会到来，所以让我们拭目以待吧。目前我并不急于去理解它。

① *The Shallows: What Internet Is Doing to Our Brains*，中文译名“浅薄：互联网如何毒化了我们的大脑”，由美国科技作家尼古拉斯·卡尔创作。作者在书中论证的一个问题是，当人类尽情享受互联网所带来的各种便利和迅捷时，我们是否也在牺牲自己深度阅读和思考的能力。——译者注。

IDEO教育实践领导者

访谈：桑迪·斯派克

这个公司拥有众多多领域的蓝筹客户，包括食品、零售、技术、医疗和汽车行业，以设计苹果公司的第一款鼠标而闻名业界。

最近，IDEO 已越来越多地参与管理咨询和组织设计，用一种它称为“设计思维”的方法，帮助公共部门和私营机构进行创新和发展。

桑迪·斯派克（Sandy Speicher）领导 IDEO 的教育实践，使用以人为中心的一套方法和跨学科团队，专注于开发工具、环境或课程来提供更有吸引力的学习经验，改造学校、方案与架构，或解决大范围影响教育的系统化挑战。

IDEO是1991年诞生在帕洛阿尔托市的一个设计创新咨询公司，由一个美国设计公司和三个英国设计公司合并而成。今天，公司雇用了550多名人因(Human Factor)①学科的员工，有机械、电气和软件工程，以及工业、互动和沟通设计。作为一个全球性机构，它在旧金山、芝加哥、纽约、波士顿、伦敦、慕尼黑、上海、新加坡、孟买、首尔和东京都设有办事处。

① 人因是改善人们的工具、设备、机器及周围环境，使其与人的能力、缺陷和需求能更好地配合。它的目的是使工程技术设计与人的身心特点相匹配，从而提高系统效率，保障人机安全，并使人在系统中能够有效而舒适地工作。——译者注。

我在 IDEO 的旧金山办事处见到了桑迪。

格雷厄姆·布朗－马丁：桑迪，能跟我说下你的背景和在 IDEO 的工作吗？

桑迪·斯派克：我的专业背景就是平面设计、视觉传达。随着时间的推移，我发现自己跟我们的教育系统很有亲近感，我们想知道设计如何帮助这个系统进化发展。在 IDEO，我们帮助机构和系统为未来寻找新的答案，具体来说是基于我们的设计所服务的人。我们以一种以人为中心的方法来回答问题。

格雷厄姆：你说的“以人为中心”是什么意思？

桑迪：很多次当我们考虑重新设计某物时，首先都会做出许多假设。当我们说“以人为中心的设计”的时候，意味着我们会从人及其关心和渴望之事出发，迅速做出切合系统需求的方案，但是又不忘理解人们真正的关注点。

格雷厄姆：IDEO 将一种设计方法应用到公共事业中去，比如教育。但是教育作为一个系统，并不总是被设计出来的吧？

桑迪：当我们去思考一个教育系统，或者就像你所指出的，思考一间教室时，其实在某种层面上，它就是一个已被设计出来的产物。如果我们开始意识到它背后的设计思路，那我们就可以选择重新设计，让它为现实社会服务。

格雷厄姆：我们今天的教育系统，当初被设计出来的目的是什么？

桑迪：我们目前的教育系统真正走出了工业时代。它们设计得很漂亮，体现了一种时间感。我们有很多孩子，我们有国家，我们希望培养公民，我们想真正帮助他们把握时代的主导思想并获得成功，我们希望一切都可以繁荣……当然，我们现在生活在一个非常不同的世界里，所以，我们看到，这个系统开始落伍了，不仅仅是在概念上……它就是不那么适合今天世界的运行方式了。

格雷厄姆：你能不能具体点儿说说，你怎么看待这个不同于我们父母一代所处的世界？

桑迪：我大学时有个教授，他常跟我们说："如果外星人从天而降，正好来到我们的课堂上，他们会怎么看待眼前发生的一切？"要是没有背景知识，他们会一无所知。考虑到我们今天在课堂上能观察到的所有内容，你觉得他们会怎么理解我们的所作所为？他们可能以为我们正在接受训练，每过 48 分钟就轮换一次空间；或者练习闻铃而动、静坐或调整身体机能，以便维持良好秩序。所有你能留意到的现象，都是在学校里能实际观察到的情况，但它们都没体现人类的本性。你不太会感觉到，它们之所以被这样设计，是为了让我们彼此密切关联。实际上，它们让人觉得，其背后的设计思路恰恰体现了我们希望人们采取怎样的行为方式。

我想我们今天所看到的最大的变化之一，就是一个个体被高度赋能的时代。我们有很多选择，我们对自己能做的选择有那么多掌控权。我们可以上网搜索，为同一样东西找到许多不同的产品。我们可以选择网上购物，可能第二天它就来到我们家里。然后我们可以评论这个产品，评论服务，评论货运公司，评论所有一切。我们处在高度互联的个体赋能世界。这就要求我们要为自己负责，为我们的医疗记录负责，甚至为自己的教育负责；要求我们对自己是谁、关心什么以及未来轨迹都担负起责任。如果我们没有真正帮助孩子们了解驰骋于这个世界的方法，那么我们就没有做好让他们获取成功的准备。

格雷厄姆：你是说今天的教育系统没有解决当前和未来几代人面临的新需求？

桑迪：是的，当然，尽管我觉得谈论整个教育系统是很困难的。坦白地说，我之所以从事目前的这份工作，是因为我恰好在布什宣战的那段时间跟一组学生合作。他们正在努力了解他们身处其中的角色。他们知道这极为复杂，但他们不想交战。他们不希望有人死去。他们明白有很多不同层面的复杂因素，但他们不确定自己能否在可获取的信息范围内找到正确的方向。

在那次互动中，我意识到的一点是，我们的教育系统有很大机会来帮助我们的年轻人，让他们在纷繁复杂的信息中明确定位；就系统设计而言，我们并没有帮助他们认识到，从长远来说，正是他们需要在系统创建过程中发挥作用。在人人都可访问的数百个新闻频道和资讯渠道上，我们每天都能获悉这些全球性挑战。我们需要去学习如何在信息世界中恰当定位。这对每个人而言都是当务之急。这是全球的一种新的可能性。我把它看成我们教育系统帮助年轻人做好准备的一次重大机会，让他们不但能在纷繁复杂的全球信息中准确定位，而且还知道自己也可出一份力。

格雷厄姆：你能解释一下 IDEO 所说的“为教育设计思维”是什么意思吗？

桑迪：设计思维真的是关于解决问题的一种方法。也就是说，作为一个设计了很多东西的设计师，我相信我可以出把力。设计思维是一种问题解决的方法，很大一方面是去了解人们关心什么，了解系统里所有不同的参与者，并寻找新的解决方案来帮助世界变得更好。

我们经常关注的问题是如何将设计思维用于解决教育中的挑战。随着复杂程度的快速升级，这些问题就上升到了我所说的世界和平问题，突然间变得如此宽泛起来。当我们开始关注教育问题时，我们试图了解人们是怎样学习的、人们在学什么，进入关于国家的未来、国民的未来、他们所信奉的立场和信念的政治性对话之中。当问题变得如此宽泛时，很难知道怎样向前推进。

我们在 IDEO 常做的事，就是把不同的问题厘清。围绕着所学内容，我们会进行许多对话。我们可以充分讨论世界的趋势以及未来就业所需的技能，接下来我想到的是，比方说在我们美国文化中的评估思路里，很多事情可能都缺失了。然后，我就感觉又陷入了一种世界和平之类的对话局面中。那些问题实际上都是相互依存的。

因为很难将所有问题同时推进，我们开始对它们进行分解，我们开始提问，比如，高等教育课堂的需求是什么。我们听到学生和教师呼唤一个更具活力的环境。在对话中他们感到束手无策。即使他们很想积极参与对话，也只能老老实实地坐在椅子上，听别人在那里喋喋不休。基于这一问题，我们就可以重新设计环境和交流方式，以便达到我们的预期效果。

我现在坐的椅子就是一个例子。改变我们可能认为不会有太大影响的东西，这对我来说就是非常酷的一件事。举个例子，你只需将一把带轮子的椅子放进屋子里，就可以让人们移动起来更方便。这样，你就为人们的互动创造了一个完全不同的动态氛围。正是（变更座椅）这样简单的方式决定了互动的方式，并开始促进课程发展，然后我们就找到了人们真正关心的需求，学院的改变就这样发生了。我们可以从太多不同的角度来看待问题，我觉得分解问题实际上很有帮助。

格雷厄姆：这听起来像是在既定环境中针对现存问题提出设计方案，那么当你设计一个全新的系统时会怎么样？

桑迪：我喜欢这个问题。怎样用设计思维改变教育系统，设计一个具有变革意义的教育系统呢？我学到的是，每一件事都建立在另一件事的基础上。我们最近跟秘鲁的一个组织开展一项合作。秘鲁一直都是国际学生评估项目排名最低的国家，随着经济的持续增长，这个国家也趋于稳定。他们的教育系统正在努力挣扎。有个客户找到我们，让我们构思一种学校模式，以帮助他们打造下一代领导者，来自秘鲁新兴中产阶级的未来一代。简单来说，就是“我们要它用得起，我们要它能规模化，我们要它质量优秀”。我们把此话奉为准则。

这个挑战从零开始。现有的一些学校并不一定适合规模化需求，所以这个客户跟我们说从零开始。设计一个模式，从零开始，要用得起，能规模化且质量优秀。这是个无与伦比的挑战，让人有点儿害怕，因为有太多可能性。如果我们采用一种以人为中心的方法，学生、教师、政府和企业等各方需求之间的所有冲突就会显现。当然，当你设计一个学校模式时，就必须协调所有彼此冲突的需求。

现在，我们可以开始想象一下全新的学习方式。我们可以去掉年级的分类形式，可以创造全新的评估方式。我们不一定在标准的政府议程框架下设定学习目标。事实上，家长对学习能够发生的方式和应该发生的方式有所期待。很多期望是基于他们自己的学习方式而建立的。我们必须做的一件事就是了解那里的人的水平，确保我们用他们能理解的方式来设计，以便他们仍然可以协调和关心自己孩子的成长方式。我们绝不是真的从零开始。用一种以人为中心的方法来设计变革和教育，就意味着我们得认识那里的人，帮助他们采取下一步行动。

格雷厄姆：你是说我们必须在一定程度上接受现状？

桑迪：不完全是。我觉得每一个创新都来自一个背景，我们必须充分理解这个背景，从而发现创新得以成功的途径，实现创新背后的目标。一般而言，我们所做的就是为人们赋能。这就是 IDEO 的创新方式。

格雷厄姆：我们已经讨论了可以将设计思维方法学应用到教育系统，但它怎样，比如说作为一种学习方式嵌入其中？

桑迪：IDEO 在全球的角色是帮助组织进行创新。这就意味着无论任务是什么，无论从什么内容开始对话，我们都不知道结果如何。结果是无法预测的。我们可以谈论测量方法，可以谈论成功的图景，但是我们不知道将会去到哪里。我们的工作是一路上学习，也不只是学习，而实际上是将我们所学的东西作为结果创造出来。我想指出的是，设计思维的核心就是一个学习的过程，一个本质上与积极创造联系在一起的学习过程。你不只是为了学它而学它。你学习它，然后为你所学习的那个环境而创造。

当我们看待教育的时候，我们不得不说，它包含着如此多的层次，以至于相当纷繁复杂。设计是一种非常强大的学习方式，是一项杰出的课程工具。

它是学习很多东西的一种强大的方式，并不只是设计本身。那些一直以来不得不在第一时间进行思考并以最直接的方式做出设计的教师，都是其所处环境的真正的设计师。每一天当新的问题出现时，他们必须很快找到新的解决方案。

设计是一种非常强大的学习方式，因为它赋予人们所学信息以意义。当我们获得信息输入时，我们可以了解历史，可以了解人们的喜好，然后从中创造。教师需要不断思考他们所创造的情境，这就是一种设计行为。他们越多接触设计的过程和方法，在他们设计的情境中，我们就能看到越多相关性。

格雷厄姆：你同意与教育相关的任何设计决策都受限于评估的终极目标吗？

桑迪：是的。目前我们身处一种全球性测试氛围中，感觉我们教育系统的基调就是对孩子进行评估。“评估”这个词直接与测试相关，而我们希望它的核心是关于学习、个人成长、未来发展的能力。随着我对教育问题的研究逐步深入，我相信那些负责我们教育系统运作的人都是基于一种重大责任的考量来处理问题的。我们现在正处于一个发展阶段。这个系统一开始只是作为信息传播的工具，现在它却承载了帮助所有学生在未来蓬勃发展的这一承诺。

我不那么热衷于指责该系统的评估基调。我觉得，基于我们所做的承诺形成一个反馈循环是非常重要的。我们需要完善我们的方法。当我们审视比如档案式评估方法时，我想存在着很多有趣的评估方式，它们也正在被开发中，年轻人可以通过论文写作或创建项目来展示他们对所学知识的理解并加以应用。这些实际上都是评估。它们不是考试，而是试图了解学生知道什么、做了什么、相信什么的一种更复杂的方式。

格雷厄姆：作为用人单位，IDEO 如何招募员工？是看应试者的成绩，还是看其他什么？

桑迪：IDEO 雇用人才的方式真的就是跟人本身有关。我们通常雇用设计学科的人。我们寻求 T 型人，他们既有一定深度的特定设计技巧，又显示了许多不同学科的意识，能够作为多学科团队的一员一起行动。基本上，他们能发挥出色的技能，也知道怎样去合作。

事实是，我们的工作变得越来越复杂，而我觉得，我们的团队也是。当我们查看应聘者的档案时，我们期待的是设计领域的极致工艺。我们不看成绩。实际上，我们真的不是看一份简历，而是看他们创造的主体作品。

在这样的基础上，我们会跟他们做一番交流。我们之所以雇用他们，是因为他本人、他展示出的品质以及他为将来的学习所做的准备。他们是否显示出擅长激发别人潜能的一面，这是我们寻求的素质之一。我们一直在面试，试图真正了解应聘者，理解他们将给我们的文化带来的东西。这是非常漫长的旅程。

访谈：约翰·海因莱因

edX战略合作伙伴部门高级主管

edX是哈佛大学和麻省理工学院合作创立的一个非营利在线平台，提供来自全球顶尖大学，包括麻省理工学院、哈佛大学和加州大学伯克利分校的互动在线课程及慕课。课程主题包括生物、商业、化学、计算机科学、经济、金融、电子、工程、食品与营养、历史、人文、法律、文学、数学、医学、音乐、哲学、物理、科学、统计及更多内容。

edX于2011年创办，最初原型为MITx，如今已有近200万用户，30多所学校准备或已在这个平台上提供课程。edX会授予学生结业证书，但并不提供学分。参与的大学可以酌情为一门在线课程提供学分。这个平台为学生提供了多种选修课程的方式，包括认证课程——学生既可选择免费旁听这门课程，也可付费学习并获得edX认证证书。

教授通过平台提供课程材料，通常包括由短视频组成的一系列互动学习，每个视频平均十分钟的长度，并结合有效的练习，让学生操练概念。课程还包括类似校园讨论小组的辅导视频，学生可以和同伴及教师互相交流。

edX 学习平台已发展成为开源软件，希望提供类似产品的其他高等院校也可使用。该代码可以通过 GitHub① 免费在线获取，这一平台的主要贡献者包括以 “Open edX” 为名的斯坦福大学和谷歌公司。edX 与谷歌合作，正在进一步开发网站 Mooc.org②，为非 X 联盟（XConsortium）③ 的大学、机构、教师、企业和政府等面向全球受众搭建并开办他们的课程。这一网站将在 2014 年开放，由联合开发的 “Open edX” 平台运作。

我参观了 edX 在马萨诸塞州剑桥的办事处，想从 edX 战略合作伙伴部高级主管约翰·海因莱因（Johannes Heinlein）那里了解更多信息。

格雷厄姆·布朗–马丁：是什么激发了创建edX的灵感？

约翰·海因莱因：edX 由哈佛和麻省理工创建，以完成双重使命。一方面，是要实现一种利他模式，将优质教育提供给世界各地的学生，而不论他们身处哪里。这是我们使命的第一个部分。第二个部分是提升校内和校外的学习成绩。这就是让大学参与到使用技术改进个体学习效果的变革中的原因。edX 大概是在一年半前创办的，现在已有 30 所世界领先的合作机构，通过我们的门户网站 edX.org 来提供他们的内容。

我们起初是通过如今所说的 “慕课” ——大规模公开在线课程——提供访问。这个词在某种程度上已经演变了，人们现在也使用 SPOC 这个概念，意思是小规模限制性在线课堂。我们现在允许机构或个人提供限定性环境下的内容访问，或者为全球学习者提供一个巨大的开放式实验。

---

① GitHub是全球最大的代码托管平台和开发者社区，其主要营利模式是向企业用户收取服务费。目前GitHub上有2000多万个开源项目及1000多万注册用户。——译者注。

② Mooc（慕课），是大规模公开在线课程（Massive Open Online Course）的英文缩写。——译者注。

③ X联盟是哈佛大学与麻省理工学院共同创办的edX所设立的一个国际非营利在线学习组织。X联盟成员均为全球顶尖大学。——译者注。

慕课现象由朝着个性化学习演化的赋能技术所驱动。这就是我们的目标，我认为，也是我们向前发展、为个体提供个性化学习道路的机会。

格雷厄姆：你看到的是一个基于慕课及资质认证的商业模式？

约翰：我先从认证来说。认证可能至少是部分慕课的未来。已经有组织提供在任何大学修习慕课的学分。所以，学习者可以选修一门慕课课程，如果他们成功完成了那门课，就会获得证书，这可被用做该教育机构的认证。

这也直接导向一种商业化方向，即收取参与者一定的费用。这个费用既包括帮助学习者获取证书的费用，也包括由学校本身收取的费用——比起现实世界的课堂教学，这个费用已经下降了不少；另外，学校还会收取邮寄证书的费用。

最后一个方面——我觉得这大概也是未来商业化发展可能的方向——你拥有可以分类计价的内容，也能提供与大学专家共建自己学习路径的机会。我们在许多其他行业发现，人们愿意为定制化内容支付费用，以满足自己的需求。我相信，这是一个前行的机会。

格雷厄姆：音乐产业的唱片分类计价促使iTunes获得成功并后来居上。你认为我们可能会看到慕课领域的一大主导商业力量吗？这会是个问题吗？

约翰：edX建立的宗旨是关注大学的未来，关注不同地点、不同侧重点的多样化教育机构的未来。所以，我相信存在一种威胁，即一个突出的主导方在一定程度上控制着教育机会。edX的目标是让我们的平台方便可用，使其成为一个任何人都可操作的开源平台，为学习者提供个性化内容或一整套信息，因此我们对此是极力反对的。我们所做的是开放我们的平台，使之成为公开资源，这样所有国家或个人、组织都能够持续使用。我们会跟合作伙伴一起持续改进它，我们与所有组织合作——他们正是edX基础设施和生态系统的一部分——来真正推动个性化学习，使其不必集中在某一突出的主导力量上。

所以，我们希望，集体行动会比任何个体行动更强大，并且我们在学习上提供一种更大程度的多元化，这一点我们觉得很重要。

格雷厄姆：随着课件和认证能够在线获取，你觉得大学在未来社会中会扮演什么样的角色？

约翰：大学教育的真正价值并不一定体现在书本和知识传递上。任何教育的真正价值都应该体现在与你合作的同伴身上，体现在你与教师及其他人的互动上。你正面对着各种各样的形式和内容。

我们相信在edX，成功大学的未来将在于改造自身，以成为人们走到一起，采用更个性化的学习路径并以我所说的“学会学习”的方式来真正参与的更广阔的地方。这就是我们相信的大学的未来。

格雷厄姆：所以，在数字世界和大学的现实世界之间，你看到了一种混合？

约翰：我很喜欢你用“混合”这个词，因为就像我提到的，我们的关注领域之一，就是提高机构的教育成效。我们把它称为“混合式学习”。混合式学习就是将传统课堂的精髓与技术互相结合，来支持学习成果。

所以，未来可能就是学生会通过技术访问，无论是用平板电脑、智能手机还是计算机，并持续获取材料，但接下来还需要找到一个现实场所。在edX，我们已经建立了聚会点。在100多个国家和城市，学生和学习者形成了他们自己的个人小组，他们可以在现实世界里碰面，就材料交换看法，并作为一个群体共同学习。

事实上，从第一批课程的研究结果中，我们发现，有意思的事情之一是有一个主要因素影响着学生的学习成果——在整个课程中他们是否有同伴可以互相交流。所以，通过维基、论坛和相关技术，我们尽可能将那个同伴因素构建到科技当中，但我们也坚信人们对在现实空间中聚到一起的一种持续需求和愿望。

格雷厄姆：你是否认为，在过去，正是同伴支持及共同上课的缺失，导致数字课程出现了高于预期的辍学率？

约翰：我认为，较高的辍学率是由缺乏个体参与导致的。我记得第一批在线大学，他们还是会给你分发打印的材料，你还是在家阅读，然后将反馈发送回去。但是那种与教师的现实互动，你是没有的。

现在你有了游戏化学习。你可以真正进行互动参与。我们的目标就是既改善获取知识的途径，也提高学生的成绩。目前，辍学率相对来说依然很高。在某种程度上，我们相信这是由进入的低门槛所导致的。我们的课程和任何一门慕课课程，通常来说对任何人都是免费开放的。没有障碍，所以很多人把它当成一个菜单样本，这也无可厚非，因为菜单样本能够激发你对未来学习的食欲，这就是我们的初衷。

格雷厄姆：你认为，提供自由免费的高等教育课程，而无需学术准入要求，对中学可能会产生什么影响？

约翰：我认为，高中的学习和大学的学习之间，目前存在着一个主观武断的界限。在高中你被迫完成某些特定学科，完成某些标准化测试，以获得进入你所选择的大学的资质。你无法将所学知识连贯起来。

我们经常发现，许多学生开始大学学习时，确实遇到了困难，因为他们在高中学的东西并没有真正转化为他们在大学时需要学习的东西。

所以，希望那种混合将会发生。实际上，在edX，大约30%的学习者都是高中生。因此，存在一种明显的渴望——在典型高中里学生设法学习一些超越标准化测试的东西。我敢说这就是个市场机会，去发掘这一群体的学习者。

格雷厄姆：edX虽然没有入门要求，但却要求学生配备正常的笔记本电脑或平板电脑，并通过宽带互联网接入。edX会检查这些接入问题吗？

约翰：接入访问是我们正在考虑并与我们的合作伙伴试图解决的一个主要问题。我们认为有多种方式可以解决，但只有未来才会告诉我们做得对不对。

一方面，我们认为，给人们提供渠道使之能够获得信息，这一点很重要——无论是有关中国的还是非洲哪个地方的信息内容。例如，联合社区与政府，提供图书馆里的上网服务。我们正在试行一系列项目，打算与各级城镇合作，在图书馆和社区中心提供上网服务，这样的话，可能就会有更快上网的机会。

最后，在我们的平台上可以下载视频。所以，如果你遇到接入问题，我们所有的视频都有一个文字整理版，你可以在一个较低的带宽环境下下载这个源文件。我们已经对文件进行了压缩，这样你就可以把资料下载到你的电脑、手机或平板电脑上，然后再回看，也不会产生任何带宽费用。

这些是起点。我认为，技术会有望发展到某种程度，那时带宽问题将变得无关紧要。我们现在还没到那一步。

格雷厄姆：你认为今天的高中生可能更愿意参加一门edX的课程，而不是缴费上一所大学吗？

约翰：因为现实的大学教育可以提供目前还没有哪个在线平台能够做到的增值活动，即你和同伴的参与、你和老师的面对面互动、你借助维基或嵌入慕课的在线平台所开展的对话和讨论，等等。我觉得，即使是在未来，在线教育不应该也不会取代现实教育。

看着别人的样子，看到他们微笑或者生气和你争吵，这是很不一样的。这就是大学向前发展的价值——不只是内容的输送和传播，还有和同伴及老师的那种积极交流，而且在很多情况下，它会提供一个场所、一个家、一种存在感和认同感。就像我在爱丁堡读书，进入爱丁堡大学，我会认同那个地方，在那里读书让我感到自豪。也就是说，过去人们珍视的东西现在仍然至关重要。

（www.edX.org）

案例：高科技特许高中

加州圣地亚哥

高科技特许高中是一个总部位于加州圣地亚哥的进步学校发展组织，包括 11 所学校、一个教师认证项目以及一个教育研究生院。学校在美国特许学校系统上运行，这就意味着他们接受公共资助，通常是生均固定数额，但独立运行。特许学校的在校生参加国家强制测试，但是相对于传统学校，特许学校所遵从的规章制度、法令条例都要更少。特许学校是非营利组织，可以接受来自私营渠道的捐款。家长、教师、其他积极行动团体，以及大学、政府机构或非营利组织都可以建立特许学校。这些学校接受各区管制，而法人团体可以管理多个特许学校。特许学校的办学途径类似于其他国家的改革举措，像瑞典和近期英国被称为“自由学校”的那类，它们鼓励市场的力量，以改善公共或国家教育供给，消除本国不同群体之间的学业成就差距。

事实证明，对特许学校以及国际同类学校几乎普遍存在争议，批评者认为它们以破坏性方式与传统公立学校竞争，而非和谐共处。有人建议说，一些特许学校由市场驱动的做法在更大范围的学区内是不可持续的。例如，针对忽视弱势群体的学校教育和收效甚微的学习成果，特许学校往往通过增加教育强度、延长在校时间等方法来解决。这种解决方案可能对抗了主流群体的国家教育静态供给，从而在系统内创造出一种新的不平等。市场力量会引发调整措施，而学业成就差距也会重新出现。这种调整要求学校保持更长的开放时间，要求教师工作更长的时间。当传统公立学校没有足够的税收来支持这种调整举措，却又必须在一个有着更严格规章条例的办学框架下运作时，这就变成了一个日益复杂的问题。

从狄更斯学校处罚具有破坏性行为的青少年儿童的报告，到公立教育通过全国连锁的教育管理机构实行的“为私有化开后门”，在特许学校和自由学校的范畴内，已经发生了一系列丑闻及明确失败的案例。在提高低收入学生国家考试成绩的推动下，诸如KIPP连锁学校[①]这类机构已采取了一些措施，评论员将其描述为“军事化风格”。例如，当众羞辱轻微违规的学生成了一种行为控制的标准方法。这对普遍来自城市贫困社区的儿童而言，可能会提高成绩，其他社区尽管可能点头赞同，却不能接受自己的孩子也被如此对待。这就不可避免地引发了巨大的道德和社会问题。在一个有着种族不平等的尴尬历史的国家里，这些问题尚未完全调和。它可能是更好的教育，但是在什么样的条件下（才能实现）？

另一方面，许多特许学校的学生成绩已得到显著改善，而并未采取新兵训练营式政策或延长学习时间的荒诞举措。高科技特许高中就是这类学校中的一所。

我在加力和杰里－安·雅各布斯高科技特许高中——第一所高科技特许高中——待了一天。实话说，我惊呆了。在参观学校时，我使用了一个个人尺度：是否想把自己的孩子送去读书。而这所学校绝对名列我的清单之上。在我看来，校园环境、全面混合式课程、高度参与的师生，再加上高瞻远瞩、深谋远虑的一位创办人，所有方面都汇聚集中，指向一种变革式学习体验。

① 也称“知识就是力量项目”（Knowledge Is Power Program），于1994年创立，是美国知名的特许学校集团。学校致力于提高贫困家庭学生的学习成绩。——译者注。

学校于2000年建立，是社会产业和教育工作者结盟的一个产物，其使命在于“为高科技产业下的高等教育、公民素养和领导力培养多元范畴的学生”。学校采取基于邮编抽签的非自主招生方式，并未追踪记录学生的学业能力。在只有一层楼的建筑里，学校服务于大约570名9~12年级的学生，让人联想到设计公司的仓库。学校内部与我几天前拜访的著名设计公司IDEO的旧金山办事处极为相似，这令我颇感震惊。地处硅谷的领先技术公司，或在伦敦肖尔迪奇我的工作室附近的设计公司都流行这种风格的办公场所，很容易想见，学生离开学校后将与此无缝对接。学校并不是为呼叫中心或工厂车间培养学生，它所做的，也是我们接下来要看到的文化，他们的总裁和创办校长拉里·罗森斯托克（Larry Rosenstock）将其描述为“培育不盲从的创意”。

尽管校名及其办学使命如此，但在校园里巡走时，你会发现技术并不是学校的重点。这里没有杰特森风格[①] 课堂的大型全息展示，也没有儿童与iPad的永久粘连。技术是存在的，但只是混合在过程中，既非超级先进，也不是学习的重点。如果说有什么特征比较突出的话，那就是学校看起来，甚至闻上去都更像一个工艺空间。在这里，事物被设计、制作和展出。课程正在发生，但课与课的间隔、公共区的划分并不明显。

这种整合就是学校的核心，从与社区整合到与公私企业合作，对来自不同社会文化背景的儿童群体进行整合。它还更进了一步。美国教育改革家约翰·杜威的影响渗透到了学校的哲学思想——手脑并用、想做结合中。我们今天的很多学校都饱受19世纪的负面影响，已然变成教育工厂。从这方面来说，借鉴那个时代思想家的理念似乎不太妥当。然而，杜威所提倡的动手学习或体验式教育迄今依然影响深远，它甚至与自维多利亚时代衍生出来的教育系统格格不入。具有讽刺意味的是，在美国和其他西方国家试图变革沿袭已久的教育系统来应对21世纪的挑战时，这种变革的关键其实就蕴藏在19世纪改革家的思想体系之中。也许，

① *The Jetsons*（《摩登家族》）是1962年美国首播的一部卡通电视剧。该剧幻想百年后的未来，并呈现了各式各样便利的装置。比如，2062年，杰特森一家住在天板公寓里。父亲乔治·杰特森的办公室在蓝天上，他驾驶着形状如微型航天器的飞天车上下班。飞天车可被折叠成公文包大小，放到办公桌边。杰特森太太做家务时，就借助机器人帮佣和机器人吸尘器。杰特森风格在此指代花样繁多的新鲜科技。——译者注。

不盲从的批判性思考者的价值在19和20世纪并不太被社会所认可，但毫无疑问，他们的时代当下已经到来。

项目式学习是深刻扎根于杜威思想的一种方法，它也是鼓励通过积极探究来促进学习的高科技特许高中实践的一个基础模块。项目基于现实，问题被创造性地解决，学生有许多机会应用他们的多元智能或模式，来完成自己深以为豪的项目。杰夫·罗宾（Jeff Robin）是项目式学习领域较有影响的一个人物，他恰好就是高科技特许高中的艺术教师。就像我在学校遇见的所有教职人员一样，杰夫是一个充满激情的教育工作者，十分关心学生的作品。他也具有杰克·斯帕洛（Jack Sparrow）① 船长那种恶作剧般、海盗式的风度和率真。我认为这些都是一个教育工作者的杰出素质，我也肯定会为那些寻找大量免费项目式学习资源的人推荐他的网站（jeffrobin.com）。

高科技特许高中利用一种创新的方法进行课程设计，这种方法源自罗森斯托克与美国教育署职业和成人教育处于20世纪90年代末期推行的新都市高中项目的早期合作。它采用了四项设计原则——个性化、与成人世界连接、共同求知愿景和教师作为设计师，旨在为学生进入成人世界做好准备。结果形成了这样的模式：小规模的学校，开放性设施，通过咨询实现个性化，学生成为制造者，强调整合的项目式学习和学生展示，所有学生都必须完成社区实习，以及在工作日为教师团队提供充足的备课时间。

高科技特许高中的教师是项目和课程设计师。他们通过跨学科团队合作来设计他们教授的课程。他们领导教职会议，带领行动小组解决学校问题。他们在课程、评价、专业发展、学校招聘及其他重要领域中参与关键决策。学校课表支持团队教学（经常是混合学科），教师有大量的计划时间来设计整合项目，有共同的评级规则及通用的行为规范，所有学生借此展示他们的学习和进步情况。

学习者需大量承担制作者的角色，通过创造能向同龄人、家庭和社区展示

① 杰克·斯帕洛船长是美国电影《加勒比海盗》系列的男主角。影片中，他是一名纵横四大洋的传奇海盗，享誉加勒比海域，在危急时刻会站出来拯救自己的朋友。——译者注。

的作品来展现他们的学习和成就。这就形成了学校环境的另一个功能：它也是学生作品的陈列馆，每一面墙、公共区域和过道都是生动的学习展览之处。必须一提的是，大部分展出的作品——每个学生都展出了——都是一流的，即使放在传统的画廊或科学展览会上也不会不合时宜。学生还创作了书籍和其他出版物，部分可通过包括亚马逊和当地书店在内的销售渠道获取。罗森斯托克充满信心地告诉我："高质量工作等于高质量教学。我们让实践通过学生作品的展示来说话。"

在罗森斯托克的领导下，高科技特许高中避开了传统办学中许多落伍和弄巧成拙的方面：课堂设计、学科分离、社区孤立、关于学生潜能的限制性的信念体系、只有一名老师可见的评估，以及无法激励和发展教职员工的学校模式。罗森斯托克极其反对标准化，认为它是国家测试不可避免的灾祸，学校被迫让学生接受"被夺走了氧气的系统"。然而，从学校毕业的学生100%已被学院或大学录取。高科技特许高中尽管全面接纳弱势地区的生源，却胜过选择性招生的学校。

高科技特许高中的显著成就证明了还存在另一种办教育的方式，在这种情势下，有目标的混合式教学取得的成果是无可争辩的。它挑战了政策制定者的一些惯性思维和行事风格——他们一度认为的某些合乎常理、不可规避的做法，开始有了严格意义上更理想的替代性选择方案。当前西方学习模式已经发展为产品化，要求学生每节课都要取得明确的学习进展。因此，我们其实忽略了基于做中学的那种体验式和发展式学习模式。高科技特许高中便体现了这种导索式的长远学习模式，将更多重点放在学生的实际能力和现实情境方面。

我问罗森斯托克，其他学校该如何效仿高科技特许高中的做法。他的建议是保持学校小规模——大约500名学生，让优秀教师组建一个小设计团队来引领学校，同意既定的价值观念和关键原则，解放他们去设计和定义自己的课程和教学方法。一天下来，当我离开他的办公室时，一名来自日本的参观者恰好抵达。他也是来学习高科技特许高中的故事的。罗森斯托克告诉我，这就是每日常态：似乎世界上许多人，至少那些有兴趣彻底改造教育系统的人，总是渴望了解更多。

（www.hightechhigh.org）

高科技特许高中首席执行官和创办校长

访谈：拉里·罗森斯托克

他宽阔的办公室兼游戏室摆满了纪念品、书籍和艺术品，从涂鸦画家班克斯的作品到棒球装备，再到他和美国数位总统的合影。收集品中最显著位置上的是他的一系列证书，表明他是马萨诸塞州和美国最高法院的成员之一。除了担任哈佛大学教育研究生院的讲师，他还是哈佛法律和教育中心的一名律师。

拉里·罗森斯托克曾经上过奥普拉的节目，还出现在《福布斯》《新闻周刊》和其他刊物上。他是福特基金会国家和地方政府的创新奖获得者，是益创家（Ashoka）① 社会企业家，并获得过麦格劳教育奖②。

必须说，对与拉里·罗森斯托克的会面，我并没有做好准备。不是从我是否准备好采访他这一角度说的，你稍后会明白。事实上，我也没有准备好迎接这股极富感染力的正能量，它裹挟着我以变脸般的高速度进入他的飞船，而拉里就在驾驶座上带我踏上他的奇妙旅程。我想说的是，罗森斯托克是六成的天才、两成的灵感、一成的海盗，再加上一成的疯子。最重要的是，这种组合很有用，而且我想从他和他的同事身上学到更多。

① 益创家是全球最大的社会创新者联盟，于1980年在美国华盛顿成立。它也是一个社会企业家培育组织，甄选出的优秀社会企业家被称为“益创家社会企业在全球家”。益创家努力各地发现创变者，创变者通过创造力改变世界。他们致力于为当今世界最紧迫的社会问题提供解决方案。——译者注。

② 哈罗德·W·麦格劳教育奖，每年都评选教育中的创新，奖励那些致力于改善教育和创造不同的杰出人士。——译者注。

他喝着咖啡，杯子上刻有“培养创造性不盲从的 2013 届”的字样。拉里说，这是他的同事们在最近的一次学校教学和领导力团队会议之后送给他的礼物。似乎他正激励大家去质疑传统的实践，寻找改善的可能。作为校长，他当然会允许团队去尝试。尽管校名为高科技，但却不局限于此，校园里到处都弥漫着教与学过程中的变革气息。从始至终，他的激情和理性讨论——认为学校的目的就在于培养能解决复杂问题的创造性思考者——着实令我着迷。

我有机会问了拉里一些问题，然后他做了以下回复。

格雷厄姆·布朗－马丁：拉里，高科技特许高中的背景故事是什么样的？

拉里·罗森斯托克：高科技特许高中实际上是 20 世纪 90 年代末期圣地亚哥技术部门的一个领导者团队提出的创想。那时，由于缺乏签证，无法从其他国家招募人员。他们并非排斥外国人，他们很珍惜那些外国工作者，只是他们找不到足够的人。

那时，把钱给学区，用他们的话来说，是没有“投资回报”的。所以他们就产生了这种冲动，圈了一块地开始办学，可能其中有一所以工程技术为发展特色的学校，这就是 2000 年我们开办时的情况。

格雷厄姆：那么今天，你觉得是什么让高科技特许高中与众不同？

拉里：其中一点是我们将整合社会阶层作为一种深层精神特质，所以我们使用邮编来盲选学生。没有任何信息。不是选择性的，就是每个邮政编码地区居住有多少百分比的孩子，我们就接纳相应百分比数量的学生，因为邮政编码很好地预测了社会经济地位和种族情况。这既是好消息也是坏消息。它们只是个五位数的数字。这就是孩子们怎么来到这里的情况。但是他们所做的是非常有趣和复杂的任务。我们决定：考上大学是一个很重要的结果，即使有学生可能上不了大学，他们也不会与那些能上大学的人隔离开来，也不会与一个期待他们上大学并促使他们做好准备以便进入大学的学习项目隔离开来。

结果我们学校考上大学主修科学、技术、工程和数学的孩子是全国平均数的两倍。我想这是因为他们在学校里做的就是科学、技术、工程和数学的项目，他们并不仅仅是学习它们，还进行实地调查、搭建和制作。

格雷厄姆：学校的名称有点儿误导性，因为并没有太多证据证明学校在教与学的实践中依赖高科技。你对数字学习平台有何见解？

拉里：数字平台被集成在学生生活中使用，在很多方面这都是个有点儿古怪的问题。我指的是我特别推荐的尼尔·波兹曼。在《技术垄断》一书中，他说，当我们对一种新技术感到兴奋时，我们必须首先问自己的一个问题是：这个技术用来修复什么问题？

所以有很多技术。我教木工，一把锤子就是技术。有很多我们想让孩子动手的技术，比如创作书刊。绘画也是技术。就数字技术而言，有时人们会惊讶于我们并没有一个类似供应商这样的渠道来获得千篇一律的课程。

与此同时，世界真的已经改变了。我要把手伸到口袋里了。我们都有这个东西（智能手机）。它能看到你，它能听见你，它能感觉到你，它知道你在哪里，所以，现在如果我需要知道什么消息，我可以马上找出来，这对我们很多人来说都如释重负。我们不必以完全相同的方式来担心似是而非的说辞。我们可以看看大趋向，而不是小细节，我认为这就是某种程度上的解放。

所以像我们这样的学校，技术的使用是为了制作而不是消费。我强调制作是因为当你制作时，你也在消费。而当你消费时，你却不一定在制作。如果你制作的话，你就收获了两者。所以我们的孩子已经出版了 64 本书。

我们的孩子已经获得了专利，还制作了电影。我对竞赛并不感兴趣，但是我们的女生——Holy Cows 团队，去年赢了国际第一届机器人技术比赛，击败了一万名参赛者。她们跟全国各地的团队在圣路易斯比赛地待了一周。她们的机器人在抵达前就非常牢固，所以她们整个一周都在帮助其他团队组装机器人。所以，这种合作真的是一次新的体验。

所有那些女孩都上了大学，一半以上的人主修科学、技术、工程或数学。我不是说这就是他们应该做的事，我只是说这是他们正在做的。这就很不一样。

格雷厄姆：你们学校的部分信条，是教师担任设计师的角色。这是什么意思？它与过去的教师角色有什么不一样？

拉里：教师作为设计师的角色这个概念，是说教师基本上能够掌控手头的工作。没有什么千篇一律的东西。这里不但有教师的声音和选择，也有学生的声音和选择。我想看到孩子们创造新知识，我想让教师们创造新知识，这就意味着基本上教师就是设计师。昨天早上我们跟一些教师集会，有个老师说："既然教师作为设计师，如果我觉得事情应该以一种比我们现在更传统些的方式去做，怎么办？我可以那样设计吗？"

这真是个有趣的问题。得看情况。如果你想要这样设计——把聪明的孩子放在这个教室，把不太聪明的孩子放在那个教室，这是我们不允许你去做的事，因为自由也带来责任。

基本上我们有责任保持我们最强大的精神特质，也就是我们不会像社会那样去进行错误预测。我们不会去错误地预测谁能做什么、谁不能做什么。我们不会基于性别去错误预测，我们不会基于种族去错误预测，我们不会基于人种去错误预测，我们也不会基于标准化测试分数去评判一个人的能力，它只是运用或复杂或简单的方式来进行错误预测罢了。我想要的，是老师们实际上在从事有趣的工作。

格雷厄姆：针对让学生参加现有测试的要求来说，你在这里的办学举措怎么反映出你们作为特许学校的身份？

拉里：首先我们是公立的独立学校，在美国叫做特许学校。所以我们是一种公立学校，但又恰好不必遵守《加利福尼亚教育法规》这本厚书中 85% 的内容。这个州有些主管说，你们可以免于这些规定，这不公平，那我们就陷入了困境。

我说，没错，可如果你再让我们停滞不前，你也依然深陷困境。你应该为自己而大量放权。事实上，如果这个州所有的学校都被大量放权，那情景就会像打开了监狱的大门，大部分犯人仍然待在牢房里，因为他们无处可去。

即便我们没有那些规定的束缚，我认为我们也不会异想天开地发明创造。然而，在我看来，那些规章制度夺走了这个系统的氧气。我是说，在美国建校最久远的高中担任校长以来，我知道，在这里，每当有人（包括我在内）做了些愚蠢的事之后，他们就会出台另一条规则。他们从没有去掉规则，只是增加规则。

所以，当我们决定开办一所特许学校——它是公立学校——的时候，我们必须掌握些数字，那就是我们的大学完成率。如果这个数字很高，事实上的确这样——我就是从全国学生中心那里得到的数据，有黑人学生群体、拉丁裔群体、亚裔群体、贫困群体的——那么人们就不能跟我们说："这所大学预备校不好。"我们有证据显示我们就是。你有证据说不是吗？我们这里是要讲证据的。

我还记得第一次与人讨论标准的情形。我们实际上是说："为什么不能把它们叫做期望而不是标准呢？"有人反问："'标准'这个词有什么问题？"因为如果你把这个词再增加几个字母，你就得到了"标准化"这个词，标准化是创新的死亡工厂，是创新的对立面。这就是我认为标准和标准化有问题的地方。

所以，现在我们有了一种新的概念，叫做新的共同核心。我们将拭目以待。它应该是更少、更高、更好的。但我并不是很"感冒"。你知道我的意思吗？这就是我们做事的方式。我们只是选了个数字。那就是我们的开始。让我们那些数字达标，就足够让我们应付了。

格雷厄姆：你在这里所做的一个特色是让学生融入成人世界。这是怎么做到的？

拉里：我们从高中开始。当然，即便是更年少的孩子，要是把他们与准备进入的成人世界隔离，也是有点儿反常的，对吗？所以，让我们回到学校的最开始。我认为值得花点儿时间说一下。

苏格拉底在公元前 400 年开创了一种新做法，就是苏格拉底式教学法，我们今天依然在用。我们这里就使用苏格拉底法。如果你在村庄生活，你想学习怎样做钓鱼线，你就会拜师学艺；或者你想编织一个篮子，你也会跟随一位大师学习。

这种一对一的方式，师徒之间联系非常紧密，类似于家庭成员般的关系。接着，就在大概 1000 年前，第一批学校开始遍布每一块大陆。其主要形式是，男性待在与社区隔离的城堡中学习宗教文本。

我们眼下离那时并不太远。回到我在美国东部上学那会儿。1630 年，我的高中就是为男性学习宗教文本而创建的。直到 1820 年，托马斯·杰斐逊创造了整个地球上第一所非宗派的公立大学。那已经是相对近代的事了。

所以，学校、学校教育、学校教育官僚化的整体问题至关重要。当我们首先有了公立学校时——所有这些都是大约在 1820 年霍瑞斯·曼（Horace Mann）在新英格兰地区给我们带来的——新英格兰有些保守的农场主不想让他们的钱以这种方式被花掉。他们说："好，如果我们有委员会监控你怎样花掉我们的钱，那我们就允许你这样做。"所以，这就是公开选举学校董事会的起源。所以如果你看看教育从一开始发展而来的这段历史，我们现在所做的很多事情真的只是似曾相识地从头再来。

我们回到了跟随大师的一对一的关系，基本上是让孩子出去实习，在那里他们跟着精通某件事的人学习，他们在一起待一段时间，也不预测自己未来的职业。事实上，他们决定自己想成为什么、不想成为什么，这就是虚无的生活，对吗？

格雷厄姆：你的学校在教学实践中采用了项目式学习方法。你能解释下具体操作起来是怎样的吗？

拉里：一旦你给某事贴上了标签，那么尽管许多人的做法千差万别，却都那样叫。有时这个叫法与"项目导向"有点儿混淆，"项目导向"意味着你整个学期都在做一件事情，然后花两天时间将项目放在一起展出。这不是我们的做法。

我有个来自印度的参观者。他到这里来是因为他赚了很多钱，想在印度的低收入地区办几所学校。他在这里待了几天。我送他去机场时，他说："非常非常有意思。"就在快到机场时，他又说："但是我回去后怎么跟大家解释项目式学习呢？我的意思是我见过这种方式，我很喜欢，但是……"我说："好，这样——观察，反思，记录，展示。这样想想。"

你绕了大半个世界来到这里，因为你听说了这里会是个观察和学习很多东西的好地方。在回去的航班上你将进行反思。你会跟你的太太聊，你会跟你的同事聊，你会使用不同的媒体来记录你的观察和反思，然后当学校得以开办时，那就是你的展示。

很多人并没有做额外的工作。当我搭建这些房子的时候……观察，反思，记录，展示。我像你一样做了纪录片，完全就是你此刻在这里所做的事情。你进来，你观察，你反思，你记录，然后将这些展示出来。

人们将会看到并读到这个东西，这就是一个项目。它通常就是人们在世界上工作的方式。它不是教条主义。它像一种非常非常司空见惯的存在方式。让孩子们这样做是有好处的。他们开始制作一些之前这里没有的东西。

这整个想法就像你在写的那本书，就像孩子们制作的那些书，就像我建造的那些房子，就像我们有了孩子。生活中充满了极大的满足感。我的意思是，做一些之前没有的东西是世界上最大的乐趣之一。

格雷厄姆：这如何影响学校里的教学实践？

拉里：它在很多方面影响实践，还有教师的发展。假定我是个新老师，我并没真正明白项目式学习究竟是如何运作的。那好，这里很快会有一系列展示，这个地方将会挤满家长、叔叔、阿姨、邻居、兄弟姐妹、表哥表姐，不是我们叫他们来的，而是因为孩子们说“你必须来看看我做了什么”。

那些晚上，你甚至在这附近的七八个街区内都找不到停车的地方。我是一个新老师，每个人都在看你的作品，每个人都在看她的作品，他们并没有真的在看我的孩子的作品，我也是人啊，我就想：他们做了什么我没有做的，她做了什么我没有做的？下一轮展示时，我会开始多尝试一些他们做的东西。

所以如果你这样想，学校教育多半是个体在课堂上进行的自主孤立的教学行为。现在，当你将它变成一项集体劳动，让它公开时，它就给透明赋予了新的意义，给家庭参与赋予了新的意义，当然也给公共资金的责任追究赋予了新的意义，对吗？

格雷厄姆：这所学校的环境感觉很像一个开放式设计咨询公司。这是怎样产生的？

拉里：环境真的很重要。我们在寻求建筑物时，要看三方面的特征：高度、采光和结构。这些是我们想要的标志性构件。这也是在某些方面它给人感觉像个创业公司的原因，就像你在硅谷看到的那样。

所以，高度上，实际上是约 10 米高，有锯齿形天窗。然后是采光，有自然光线照射进来至关重要。光合作用不只对植物有益，对人类也是一样。还有结构，就像今天孩子们的博物馆，它们将建筑物的结构呈现出来。你看到了裸露的建筑物骨架，你就知道建筑是怎样发挥作用的。

然后就是对环境的一种文化上的感受。我们没有广播系统。我曾在一所学校干过，一句“玛丽请来一下主办公室”就打断了 50 个班级的教学。玛丽会想办法来到主办公室。这不是公交车站，这是学校，好吗？这是一种不同的感觉。学校有一些非常神圣的内涵，是不是？

如果你想去这里的洗手间，你只管去，不需行礼。你直接上洗手间，对不对？这个特定的建筑物有 3600 多平方米，本来应该容纳大约 300 个孩子，而实际上我们有 572 个孩子，而且非常非常平静，我们没有争执。

格雷厄姆：你认为有可能将高科技特许高中的规模扩展到全国范围吗？

拉里：我们已经扩大了一点儿规模，事实上，我们现在的孩子数量，和我过去曾工作过的一个有着 300 年历史的学区的孩子数量一样，我们用 13 年达到了这个规模。5000 名学生、600 个职员现在算是很多了，对吧？我们有两所学校正在创建，可能就是这样。我们创建了一个教育研究生院，作为一个载体与来自全国和世界各地的成年人合作。

我们有一个参观者项目，每年大约 3000 人到访。每天都有来自世界各地的参观者。我们过去常常跟人们说，走到孩子身边去，问他们在做什么，但是现在，孩子们会走到你身边来，开始说：“你想知道我在做什么吗？”这样做有些妨碍，这就是做这事的消极的一面。

37 年前当我开始教书时，他们就在说学校改革；到今天，谈论的还是学校改革。学校改革的主题始终贯穿在过去的每一天里。所以学校改革作为一种艺术化的术语对我来说不是太有意义，但我仍然——或者喜欢尝试——站在约翰·杜威的肩膀上。他在 1910 年说，他宁愿要一个学校创造者，也不要一百个学校改革者。他的意思是要创造一所学校而不是重建一百所学校。

我觉得我们需要的是大量人士的大量创意，不是只创办类似这样的一些学校，而是从这里汲取一些元素，开办各具特色的学校。正是因为人们意识到他们所做的事情不再有效，意识到学生是我们的宝贝，是我们的孩子，我们挚爱他们胜过生命中的一切，所以，我们必须为他们做得更好。

我们现在就看到了一点儿复兴的苗头。但也许我的看法有失偏颇，因为我是基于每年到我们这里来参观的两三千人而判断的。但我会觉得,就让他们来吧，让他们回去开始尝试吧！不必试图制约办学的发展，鼓励人们广为实验。我们的确需要让这种实验模式生发开来。

TED-Ed主管

TED会议组织近30年汇聚了世界上许多顶尖的思想家，以新的理念来激励他们的观众。2007年在把他们的平台带入数字世界后，互联的人群获得了自由访问TED宝贵资源的机会，其中一些演讲已被观看了数百万次，填补了传统广播在科学和创新领域的空白。

访谈：洛根·斯莫利

TED-Ed是TED的最新项目，以支持教师和激发全球学习者的求知欲为目的。他们的使命是要通过规模不断扩大的精选教育视频图书馆，来传播他们“值得分享的经验”这一宗旨，其中许多视频是杰出教育家和TED-Ed平台提名的动画制片者之间合作的作品。TED-Ed也允许用户下载任何有用的视频，并围绕其主题创建一个定制的课程。

洛根·斯莫利（Logan Smalley），TED成员，以前是教师，领导了在纽约的项目。我在那里见到了他。

格雷厄姆·布朗-马丁：TED-Ed项目的背景是什么？

洛根·斯莫利：作为一个启动项目，它大概有18个月之久了。我们实际上做两件事：一是创建原创内容，传达与我们合作的教育家或教师的声音，通过动画制片人录制成视频生动呈现。我们还开发了一个网站，支持师生在课堂环境下使用那里的内容和他们自己的内容。

TED-Ed以公开提名的制度运作，所以，你或任何人都可以给自己提名，或者提名你们喜爱并尊重的一位教育人士。我们团队会审核提名，当讲课者分享演示了一次杰出课例时，我们就会将其推进到制作过程，跟这位教育人士合作，录制他的声音，接下来就像我说的，用视频形式使其生动起来。

到第18个月时，我们已经做了大约300个原创动画，它们已被收看了3600万次——并不是说收视率是唯一的度量标准，只是相比较而言的。从一起合作的教师那里我们得知：比如说科学老师或英语老师，多年来他们上的课只能局限在教室里，偶尔会超出一点儿。现在他们课程的学习者可以达到平均10万。看到杰出教师的声音被广泛聆听是非常令人兴奋的。现在我真想帮助他们取得资质认可，这绝非随口说说，毕竟不是每个人都能驾驭视频教学。

这些视频是非常好的教学辅助手段。无论是开启一段对话、补充对话中的困惑之处，还是作为一天的课程，它们都是很不错的方式。我们已经成功地让人们理解了视频这一工具的目的。它真的不是要取代教师。实际上，因为它是由教师制作的，所以无论是正式的还是非正式的，无论是教还是学，它都放大了教室里的声音。

格雷厄姆：从国际视野来看，这些课程主要是面向美国的吗？

洛根：TED-Ed是一个全球平台，我们和来自很多国家的教师合作。当然，很多国家的学生也在使用。

TED有一支翻译志愿者队伍，叫做开放翻译者项目。全球大约有12000名志愿者翻译TED内容，所以，这些思想或课程，在英语国家和非英语国家都能比较容易地获取。其实，最常获取的文本形式实际上还是英语版。

格雷厄姆：你认为在国际背景下，来自一个国家的教育内容是否有可能带有一种文化偏见？

洛根：是的，当然会。总会碰到过于西方或过于任何其他方视角的风险，不是吗？我们一直在尝试以一种平衡的方式来创建内容、消息和访问。世界上每个地区的习惯、文化和历史都融汇为这个故事的一部分，这是非常重要的，因为通过比较，求同存异，不重蹈历史覆辙，不可思议的学习才得以发生。

格雷厄姆：人们对教育世界里的视频倍感兴奋，就好像它能取代教师一样。你对此有什么看法？

洛根：谈到视频，我试着保持一个清醒的思路。如果你只是把视频看成媒介，它有利弊，它有优势和缺陷，就像教师工具箱里的任何工具一样。我觉得视频真正擅长的是从一处捕捉一个故事，把它放到其他地方，并允许一对多的模式。

如果视频确实是传达教与学内容最有益的方式，那就使用它。如果不是，我绝不会否定小组合作的价值。其实，我们甚至还在优化我们的平台，以便五人同时收看一段视频，这只是个工具，目的是推动他们形成一个生动的现实小组。

我真的对技术彰显人性而不是抹杀人性感到兴奋。我认为，在群体中学习几乎总是更好的，因为这使你得以接触不同意见和不同视角，而且你自己的意见和视角也会不断成长。

当视频在全球变得越来越唾手可得时，它能够将局部问题或全球问题摆在每个人的面前。有什么比给学生提供现实的问题还要更好呢？如果他们解决不了这些问题，地球就会陷入困境。所以，在他们年轻的时候把问题给他们，提供工具来帮助他们开展工作，我觉得这是真正的授权和自然的激励，因为当我们老了时，这个世界更属于他们而非我们。

格雷厄姆：在数字频谱领域出现了很多交互式视频系统，它们推动了翻转课堂的模式。一些支持现有的课程，另一些是关于知识的发现。你对此有什么看法？

洛根：在TED-Ed，我们设法把重点放在教育的“为什么”上。拿毕达哥拉斯定理——学校的一节典型课来说，一方面是要知道如何分离变量，求解直角三角形的斜边和所有这些内容。如果你要完成一份如此要求的任务，这就很重要。同时也很重要的是：为什么毕达哥拉斯定理会存在？为什么金字塔仍然矗立？为什么三角形是最稳定的结构？这对我们有什么启发？谁是毕达哥拉斯？是不是？

所有这些都相当奇妙，我其实认为，最好的教育就是两者的结合。无论是凭借你自己的好奇心还是某些刺激因素，也许一个视频就能帮你开启探索之旅。为什么三角形很重要？我可以向你保证三角形是很重要，但可能有多少个学生，这个问题就有多少种答案。

格雷厄姆：你谈到了放大教师的声音，你有没有考虑过怎样为学习者做同样的事？

洛根：当我们问人们这个问题时，我们听到的是诸如“脸书、YouTube、一些其他平台”这样的回复，但是我不认为人们实际上会把脸书或YouTube之类看作展示学生想法的平台。我们得到的其他回复是：“嗯，我把最好的孩子的想法挂在教室的墙上。”或者妈妈说：“我儿子写了一篇很棒的文章，它就贴在我们的冰箱上，上面有个‘A’，就在冰箱贴下面。”或者：“我们把孩子的所有优秀作品都放在这个箱子里，保存在阁楼上。”

想象一下无数学生的画面，这是一个大量未开发、无组织、被忽略的人类潜力和思想的群体。学生充满着未被压抑的创造力。如果他们真有什么奇思妙想——顺便说下，这其实一直都在发生——它不应该超越课堂吗？它不应该被传播吗？它不应该得到滋养吗？不正是它激励了每个人，而不只是学生，从而让他们的想法被看见、被听见、得到滋养、成长、变化并产生影响吗？

为了回答这个问题，我们启动了一个新的项目，叫做TED-Ed俱乐部，并采取一些措施使之适合于TED的生态系统，第一年我们聚焦于放大教师的声音；第二年我们致力于帮助学生，让他们最好的想法延伸出课堂，祝贺他们，为他们扩展契机。

下一年我们会建立一个吸收学生思想的平台，这令我们万分期待，因为即便想法不是很好，那也没有关系，重点是他们经历了这个试图清晰表达想法的过程。所以，下一次他们再做时，就会产生一个更好的想法，然后再下次，等到他们到了我的年纪或者你的年纪的时候，他们的想法就会完胜我们的思想，他们的机会也会在这个过程中不断得到扩展。

（ed.ted.com）

访谈：
肯·罗宾逊爵士

作家、教育家

罗宾逊是一位英国作家、演讲高手及面向政府、非营利组织和教育艺术机构的艺术教育国际顾问。他于1950年出生于利物浦，曾是“学校艺术计划”的主管、华威大学的艺术教育教授，并因其所从事的教育服务工作于2003年被伊丽莎白二世封为爵士。1998年，他领导了英国一个关于创造力、教育和经济的委员会，他的报告《我们所有的未来：创造力、文化和教育》影响深远。《泰晤士报》报道说：“这个报告提出了面向21世纪商业的最重要的一些问题。它应该会让每个首席执行官和人力资源总监拍案而起，采取行动。”

在教育领域中，肯·罗宾逊爵士几乎不需要任何介绍。实际上，他那影响深远的关于学校与创造力的演讲[①]已被收看3000万次以上，教育者、决策者和公众围绕我们的孩子应该学什么、为何学、怎样学的主题交谈促成了一次及时的跨界交融。

① 肯·罗宾逊关于“学校扼杀创造力”的演讲是全球收视率最高的TED演讲之一。——译者注。

2001年，罗宾逊迁至洛杉矶，担任盖蒂博物馆[①]教育与创造力高级顾问一职，直至2005年。他的培育创造力和发现个人激情的著作激励了一代教育工作者和在我们的学习中重视艺术的人。

就个人而言，我发现在他的公司采访的这段时间充满着振奋人心的力量，它激发了我有关创造力的思考，也让我发现了自己独有的“元素”。写作这本书便是受他影响的一个范例，为此我深为感激。

在邻近加州大学的洛杉矶西木区，我们在他的办公室里见面，一边喝咖啡一边交谈。

格雷厄姆·布朗-马丁：你觉得技术会对学习产生变革性影响吗？

肯·罗宾逊爵士：当你说技术时，你大概指的是数字技术，因为技术从文明开端以来就与我们密不可分。显而易见，技术不仅仅是设计和制作工具，更扩展了我们的领域。我认为，它是人类在文化发展上的一个伟大推手——我们利用各种各样的工具扩展我们的本领，不仅是做事，而且善于思考。

一旦有了写作系统，不只增强了你传播信息的能力，更影响了你发布和构想的信息的本质。所有伟大的变革性技术都做到了这一点。它们不只是用不同的方式完成我们之前可以做的事情，而且让我们用以前甚至想不到的方式去做事。

这就是伴随着这股新数字技术浪潮所发生的一切。它正在改变我们的思考方式、交流方式和获取思想的方式；正在改变我们与他人建立连接的方式；更在改变我们看待自我及自身能力的方式。教育就是帮助人们学习，而且应当如此。在我看来，数字技术似乎应被视为教育演变的关键。数字技术并非是偶然发生的，

① 坐落在洛杉矶的保罗·盖蒂博物馆成立于1954年，是由盖蒂基金会斥巨资（12亿美金）筹建的盖蒂中心的一部分，馆中收藏展示了众多古代文化遗产及欧洲艺术作品。盖蒂家族基金会由显赫一时的美国首富石油巨子保罗·盖蒂一世创建。——译者注。

它们也绝非锦上添花。我们不应该这样认为：“哦，让我们试试数字技术，看看是否管用吧。”

格雷厄姆：你认为目前在我们的正规教育环境下接受数字平台的障碍是什么？

肯爵士：我认为存在着各种障碍。一些是过渡性的。例如，我在1950年出生，在五六十年代接受教育。我高中的时候，根本没人有计算机。它们是不切实际的装置……不是任何人都会考虑使用计算机。

这显而易见，但人们容易忘记这一特有的数字革命如何迅速席卷了我们。教育领域很多人在成长过程中，都没有经历过这种变革。在某种程度上，他们仍然认为它异乎寻常。这就是我们经常与学生截然不同的原因之一，因为他们就是与数字技术一同长大的，他们把这些视为理所当然。

有人说，“技术是你出生后才发生的事物”。我觉得这是对的。我长大的时候，电已不是问题……但对我的曾祖父母来说，轻触一下开关灯就亮了，这仍然令他们激动万分。汽车对我们这代人来说算不上什么，但对我父母那一代而言却很重要。

当然，对我们的许多学生而言，数字技术就是第二天性……运作教育系统的大部分人，尤其是年过四十的人，是在成年时代才习得这些技术的。有些人很擅长这些技术，还有些人却不怎么样。所以，部分技术是过渡性的。

这些技术设备，譬如说给学校的整体概念带来多大的革命性意义，仍有待我们沉浸在一线中深入了解。在围墙高耸、界限分明而又充斥着常规日程的学校里，类似的新事物就大可不必产生了。

我并不是反对创建学习社区。我认为我们应该有。我觉得跟人交往会带来巨大的收获，这是你从脸书或 Skype 上无法获取的，无论它们多么先进。你知道的，房间里的能量是可以感知到的。

就外部环境而言，机构影响巨大，而从内部来说，教学的影响也是如此。

我认为它改变了教师和学生之间的整体关系。我们知道它的确是这样。这是一个将会无限期推行下去的过渡，因为我们现有的似乎时髦而尖端的设备很快就会成为博物馆的展品。

20 世纪初，柯达推出了全新的相机，我最近在关注它的影响……这个设备当时的变革性堪比现在的 iPad。它改变了人们看待周遭世界的方式、人们挽留过去的方式，还有人们看待深爱之人和亲密之人的方式。这就赋予了他们一种前所未有的能力。当然，现在它的样子看起来就像你偶尔会在废品店里淘到的古怪装置。

你可以想象三四十年后的情形，会有那一代孩子翻看你的照片和旧 iPhone，脸上还挂着傲慢的微笑。实际上，业界人士正在开发不需要任何接触的设备。如果你认真考虑那些有资格制作这些设备的人像雷·库兹韦尔的意见，在可预见的将来可能存在一个时间点，那时我们不仅可以穿戴各自的数字化设备，还可以将它们整合在自我意识中。那时，学习会怎样、人类会怎样都难以预料。

从组织方面来说，我们现有的这种工业化批量性教育系统，迄今所产生的影响极为巨大。就像大多数巨变一样，它们将要席卷而来，这一切正在发生，只不过尚显零星而已。有人站在时代的前沿，有人退后与之远离，有人憎恨这整个思想，也有人接受并拥抱它们。在时下的教育领域，这是一段很有意思的动态期。

格雷厄姆：数字技术有解放学习的潜力，但是你觉得是否有这样的可能——社会只将其用于实现自动化？

肯爵士：就这一点，我想说两方面的观察。一是就目前情况来看，这些工具没有任何意图。我说就目前情况来看，是因为如果最终信息系统变得智能，数字设备变得具有意识，那么当这一切到来时，我们都必须去尝试和评估这个变化。

但就目前来看，这些工具没有任何意图。它们就是工具。它们是非常复杂的铲子、铁锹和复杂的铅笔，就像交响乐团是一个工具箱，一把小提琴是一个工具。它本身并不创作音乐……装满了乐器的橱柜里本身并没有音乐，直到音乐家把它们拿起来，并赋予其生命。

目前，相机、笔记本和iPhone也同样如此……没有哪一样有一套非常清晰的意图。这取决于我们怎样使用它们……我们可以利用它们提高当前活动的效率，可以用它们代替冗员，或者可以用富含想象力的不同方式来使用它们，甚至把一切推倒重来。

这就是我没有把技术看成解决所有教育问题的万灵丹的原因。它们只是一种新型而有趣的扩展工具箱。但我们仍然需要培养驾驭它们的灵敏性，促进对技术含义的伦理掌控。我们也必须发展我们的创新能力，以便可以用这种潜力来造福自身。

通常，变革性技术会导致各种意想不到的后果。它们总是这样。摇滚不是政府的计划……除了在马克·扎克伯格的脑海里，脸书也不是计划的产物。没有人预见这一点。当罗杰·贝尔德发明电视时，至少我们认为在英国是这样的，他不可能预见福克斯新闻频道……你现在可以为你的苹果手机获取应用软件，把它变成一个蓝调口琴。那也不是史蒂夫·乔布斯当初的想法……

结果就是，一个极富创意的想法激发了每个人的想象力，于是他们自己尝试想出了新东西。所以我说，这是一幅非常复杂的画面。我并不认为它会是一种要么这样、要么那样的情形。也许在某些领域，一些趋势会占据主导地位，但我觉得当人们开始意识到时，那又会是一套全新的可能性。慕课就是意料之外的绝佳范例。

格雷厄姆：你会认为在我们的教育系统内，培养创造力比过去任何时候都更重要吗？

肯爵士：是的，我觉得就是这样。教育要发展创造力，对此很少有人会真正质疑。从这个意义上来说，创造力反而给我们带来了一种不妙的紧迫感。整体上每个人都觉得这是件好事。它就像健康一样。没有人会说，我们应该让人们生病……它就是这些好东西中的一样。

但对于它是什么，却存在大量误解。鉴于我一直站在更有创意的教育方式这一立场，人们总是摆出各种各样错误的二分法来让我选择。他们说“啊，创造力很好，但是孩子们必须学习基本知识”，或者“对，我们应该让人们有自己的想法，但是他们真的还要了解历史和传统”，就好像两者是矛盾的一样。合理构思的话，这两者之间并不存在任何冲突。

在很长一段时间里，我的观点都是：创新是描述我们都有、都可以开发的一整套能力的一个合成词。它就是我们构想并产出的能力，是人类文化变革和成就的发动机。我不太习惯用“进步”这个词，你知道我的意思。我们现在在一个建筑物里，坐在这里架着相机，穿着别人设计制作的衣服，然而其他生物却一直生活在自然状态下。人类生活在一个制造的世界中。我们创造了一个世界。我们创造了想法、价值观、系统、语言和技术。我们住在我们创造的这个空间里。我们还创造了意识，进行意识形态的斗争。动物……死于食物和领地，而并非死于思想和信念。我们做的就是这些事情。

所以，创造力是人类所特有的一套复杂能力，我们应该培养它，我相信这总是很重要的。我认为，它正变得越来越重要。具有讽刺意味的是，由于我们为自身创造出来这些挑战，教育真的就成为这一切的核心。我认为存在很多挑战，其中之一就是世界人口现在已超过70亿……正奔向90亿，21世纪末可能达到100亿。

很明显，这个星球无法支撑我们现有的生活方式……我们给环境带来了巨大的压力。尽管技术带来了种种便利，但在某些方面，它们也加剧了许多文化争端，导致分歧，自古以来便是如此。在某种程度上，我们的技术实力远远领先于我们的精神和道德能力。我们可能为人类这一物种创造了自我灭绝的条件，这绝非危言耸听。我们当然可能自掘坟墓。对我来说具有讽刺意义的是，我们已经创造出了所有这些不可思议的生活方式，但我们仍然缺乏足够的远见，所以谋划未来迫在眉睫。

20世纪初科幻作家赫伯特·乔治·威尔斯（H. G. Wells）曾说过一句很有意思的评论：“文明存在于教育与灾难之间的竞争之中。”我觉得他说得很对。要是地球上的每个人仍维持着高品质的生活水平，以旧工业经济中惯有的方式来消费、饮食和行动的话，我们真的负担不起。

我们不能再这样下去了。我们必须从不同的角度来思考。创造力、想象力和创新能力在个体层面上一直都很重要；在全球层面上也变得越来越紧迫，我们必须把它们放在我们教育系统的核心位置。

格雷厄姆：我们的教育系统似乎被一种驱动教与学的测试暴政锁进了陈旧的观念之中。你怎么看待这个问题？

肯爵士：对，我确实觉得我们就生活在一种测试的暴政下。这是毫无疑问的，也不完全是有益的。就拿药品行业来打比方。抑郁症现在是一种世界性流行病。根据世界卫生组织的说法，大约20年后，抑郁症将成为人类最大的死亡诱因。

但药品公司却从抑郁症的治疗中获取了巨大的利润……我倒不认为他们非常热衷于治疗抑郁症。为什么会这样？他们想让你持续服用他们的药物……持续购买他们的产品，就像香烟制造商并没有试图让你戒掉烟一样。

有一种正面看待测试的观点，认为它可以追踪教学水平，通过授予合格证书来保障问责制的实施。还有一种看法，认为测试满足了教育的一些重要目标……同样真实的一种看法是，对所有出版商而言，测试就是一个利润丰厚的行业。它是教育经济的引擎之一。

争论并不在于我们是否应当取消测试，而在于我们能否创造更有趣、更昂贵的测试形式。在美国，国家在测试体系上花费了数十亿美元。这是一个巨大的商业。因为存在着许多既得利益，所以很难跟人们进行理性的对话。就像环境领域的情况一样。很多关于石油和煤的争论并不是在一种中立的道德空间里进行的。环境领域存在着大量既得利益。你不想寻找一种清洁能源，因为利润就存在于现有能源中。他们宁愿就这样下去，直到能源枯竭，然后才去寻找其他获取利润的方式。

这并非愤世嫉俗，这就是事实，这就是市场运作的方式。教育领域也存在着这样的市场。当你说到测试时，它呈现出的是一幅相当复杂的画面。如果你从一种纯教育的视角，而不是一种意识形态的视角或一种商业化的视角来看待它，那么，即便抛弃我们目前习惯的这种测试，教育也可以完美地发挥作用。在没有测试的未来，教育可能还会运转得更好。

测试的一个目的是要监控学生的学习进展，但是，还有比标准化竞争性测试更好的解决办法，比如教师报告、同伴小组报告和分发给他们的资料夹。如果我们只是对确保人们取得足够的进步感兴趣的话，偶尔的诊断性测试也不错。但是比起让人们仪式般、例行公事般死气沉沉地坐在那儿，当他们可能不在最佳状态时强迫他们回答一系列问题，还有更好的办法。我们都知道这一点。围绕测试有一整套心理学。

我们设置这些测试的原因之一，是许多国家都想知道他们在竞争中所处的水平，这就是国际学生评估项目考试得以存在的原因。我觉得我们最终都未能免俗，都在让教育部长根据自己国家的国际学生评估项目测试表现来评判自己，也评判对方。再说一次，这跟儿童的教育发展并没有太大关系，而跟国际自豪感联系紧密。如果你看一些国家的成功经验，像芬兰他们并没有太多这类常规测试，他们也参加国际学生评估项目，但是并没有迷恋测试文化。

这些事情的完成，都有政治目的，还有商业目的。另一个目的就是，他们把这当作进入类似高等学校的敲门砖。慕课和其他形式在线数据的出现，否认了通过这些途径来获得高等教育机会的必要性。高等教育都被局限在有限的空间和实体建筑里，如果去除这些限制，而专注于能否完成一项工作、是否有勇气和能力去做，那么你就不再需要这些敲门砖了。

思想录：算法“造就”我们？

数字界有一个共同的信念，认为网络作为一种工具是中立的，它的搜索引擎的强度、声望以及所提供的可信地图没什么偏见，所以特别适合在教育中使用。我们的技术专家要我们相信，网络的开放性、透明性和可访问性就是提供其独特民主化成效的关键所在。

但是这对吗？在21世纪，随着数字发行和发现系统主导大众媒体的风景线，我们见证了传统广播和实体媒介的衰落。这就是我们的孩子将会成长起来的世界。有人会说，媒体只不过从一种形式变成了另一种形式，但我们知道，数字平台具有超越实体边界的放大效应。我们应该关注吗?

许多社会和政治理论家已经认识到，经济剥削并不是资本主义背后唯一的驱动力，这一系统在统治阶级观念和价值观的支配下被予以强化。这些思想引起了恩格斯的关注，他认为“虚假意识”会使工人阶级无法意识到或拒绝压迫。安东尼奥·葛兰西（Antonio Gramsci）① 看到国家被分裂成两个重叠的领域：通过武力统治的“政治社会”和通过意见一致而统治的“公民社会”。根据葛兰西的说法，公民社会是一套机构，借此机构国内社会便具有自主代表的特性。这些机构包括大众媒体、教育、家庭和宗教。有人认为，正是这些机构塑造了我们的意识，即我们的所思和在现实中的所行。

① 安东尼奥·葛兰西，意大利政治学、新马克思主义学者，提出了“文化霸权”的哲学和社会学理论。即一个社会阶层可以通过操纵社会文化（含信仰、解释、认知、价值观等），支配或统治整个多元文化社会；统治阶级的世界观会被强制作为唯一的社会规范，并被认为是有利于全社会的普遍有效的思想，但实际上只有统治阶级受益。——译者注。

一个社会群体对另一个群体的统治被称为霸权。葛兰西在思想和知识领域构建的关于权力的见解引发了争夺霸权合法性的策略生成。葛兰西的思想影响了民众教育实践，包括保罗·弗莱雷（Paulo Freire）① 在其《被压迫者教育学》中提及的成人读写能力及意识觉醒的方法。

批判理论家西奥多·阿多诺和马克斯·霍克海默（Max Horkheimer）② 后来在《启蒙辩证法》一书中扩展了葛兰西的思想，创造了“文化产业”这个词。他们提出，流行文化类似于一个工厂，生产标准化的文化产品，用来操纵大众社会，使其被动接受。因此，无论人们的处境有多么困难，消费大众传播媒体所提供的流行文化的简单乐趣，使他们变得温顺和满足。

如何将这些概念应用于我们新兴的数字社会？数字世界由少数大型跨国企业运营，每个公司都有令其独占鳌头的秘方。网络远非中立和民主，谁拥有最多的服务器，谁就主宰了网络。

当然，任何可以联网的人都有可能发布博客或创建网站，并被世界访问，但这并不意味着所有人都会发现它。

---

① 保罗·弗莱雷，巴西教育家，20世纪批判教育理论和实践方面最有影响的作家之一，代表作《被压迫者教育学》介绍了弗莱雷的解放教育理论与实践，指导了发展中国家的成人扫盲教育，被称为“被压迫者的教育圣经”“真正革命的教育学”。——译者注。

② 马克斯·霍克海默，是德国第一位社会哲学教授，法兰克福学派的创始人。20世纪30年代致力于建立一种社会批判理论，他提出马克思主义就是批判理论，提出要恢复马克思主义的批判性，对现代资本主义从哲学、社会学、经济学、心理学等方面进行多方位的研究批判。他和阿多诺合著的《启蒙辩证法》一书，开创了法兰克福学派对现代资本主义的批判，为社会批判理论提供了标准的模式。——译者注。

这一秘方就是运算法则——从一列列代码中创建的数字公式，这些代码可以执行基于特定数据做决策的功能。它们被用于诸如计算、数据处理和自动推理之类的工作。聪明的算法被最大的数字公司用来检索网络，这样当你使用搜索引擎时，它会显示它认为最相关的结果。这些引擎如此之快，效率如此之高，以至于基本上每个联网者都不假思索地信赖它们。

原则上，我们联网设备的屏幕是进入世界最大图书馆的窗口，那里是一片不断扩充的信息海洋。但现实是，我们并没有将窗口完全敞开，往往只局限于第一批检索结果而不能深入探索。算法的限制意味着我们给书籍、文章和报告冠上标题，力图帮助人们发现。隐喻的观念在不起眼的算法中丢失。新闻记者、作家和出版商角逐搜索引擎算法，以尽可能优化他们的作品，提高其出现在搜索顶部的概率，有时甚至改变文章的写作方式。对商业信息源来说，被发现就是巨大商机，尤其当广告收入影响成败时。结果是，那些有最多资源的信息最有可能在搜索中占据靠前的位置，网络中立民主的概念被削弱。

搜索算法如何能被玩弄于股掌之中？因为它们存有偏见，它们有一套确保一种信息获得首选的参数选择机制。我们不知道这些偏见到底是什么，因为它们极为隐秘。如果我们知道的话，我们就会将其挫败，从而建立一个公正的搜索引擎。所以，看到问题所在了吗？

工程师们一直在试图扭转搜索引擎算法的偏差，这些算法的创造者也在不断寻找智胜之法。但最终，在搜索和发现的世界中，仍是那些拥有众多资源的组织大获全胜。商业数字出版通常是由广告、赞助或付费（订阅）支持的。当我们迈向强烈的个性化时，信息被聪明的算法淹没在匹配了相关广告的“内容农场”（content farm）① 里，不受欢迎但十分重要的故事可能不会再出现在你的数据流上，由此使得我们的新闻越发肤浅或煽情。

同样，在社交媒体上，我们认为是新闻和趋势的条目可能并非如此。推特使用它自己的专有算法，以确定什么是“趋势”。趋向并不意味着某样事物是社交媒体平台上最热门的条目，而是跨越更广泛社群的峰值。你可能在数月内吸引了大量追随者就环境问题进行讨论，却依然无法成为趋势。但在短时间内跨越许多追随者群落而产生的一个峰值，可能就会引发归于趋势的算法。算法被最优化以搜寻那些峰值而非一致性。一旦某样事物开始流行起来，算法即将其识别为趋

① 内容农场又译为内容工厂，是指在短时间内更新量巨大，通过制造图文、视频及相关信息内容来满足搜索引擎的算法，从而增加用户点击率以产生广告收入。——译者注。

向，这就有效地导致了趋势的生成。算法影响着结果。

现实情况是，所有算法都可被暗箱操作。营销机构或其他势力可以雇用成本极低的劳动力，通过亚马逊土耳其机器人（Amazon's Mechanical Turk）[①]之类的系统，输入足够的搜索条件、反向链接，或在社交平台上提及某些主题，来创造趋势的幻觉或搜索请求的高曝光率。

甚至像模因（meme）[②]这样似乎因为集群而出现的数码产品，多半由广告营销机构操控，它将信息泄露给规模较小的独立博客作家和有影响力的社交媒体，直至最终被主流所选择。你在看起来像独立网站的一处地方发现一组有趣的图片，于是便在社交媒体上分享出来——这恰好帮别人赚了广告费。这一切都与点击量有关。

如果我们相信未来我们将从数字源头接收大部分信息和新闻的话，这对葛兰西的“公民社会”或者对阿多诺和霍克海默的“文化产业”来说，就不是一个值得关注的问题吗？存在于机器中的偏见是否会对社会产生意想不到的影响，以至于我们书写、交流和学习的内容都不自觉地受算法的偏好所引导？

① 亚马逊土耳其机器人，是一个web服务应用程序接口，开发商通过它可将人的智能整合到远程过程调用。当用户提出一个要求时，应用程序就会将这一请求发送给执行任务的人。这个人就会对此做出应答，然后服务器将回应传给请求者。——译者注。

② meme这个词是由英国科学家理查德·道金斯（Richard Dawkins）于1976年在《自私的基因》一书中创造，它的中文主流译名为“模因”。根据理查德·道金斯的说法，模因用了与基因相近的发音，含有“出自相同基因而导致相似”之意。文化传播中的源头物，便是模因现象的源起。——译者注。

这就引发了对霸权的恐惧。我们的数字平台会被用来巩固统治精英阶层的思想和价值观，而不是成为正如评论家耶夫根尼·莫洛佐夫（Evgeny Morozov）所称的“互联网中立派”要我们相信的一种开放、平等和民主的中立力量。今日的全球数字公司对世界的信息及其呈现的方式发挥着前所未有的影响力。在他们一味追求高效的过程中，其他进步道路便被关闭，最终导致一个算法社会的形成，这些公司，而非民选政府，决定了未来的形态。

这里并非是想表明这些公司必然邪恶。结果可能是无意的，但鉴于企业的目标是最大限度地提高股东的财务收益，一个人至少可以批判性地看待未来。在追求效率和迷信数字创新时，我们似乎没有考虑到将高校数字化，成为慕课及翻转课堂的意外后果。教育界对此鲜少异见，使之这值得我们注意。

格雷厄姆·布朗-马丁　摄

巴西 Brazil

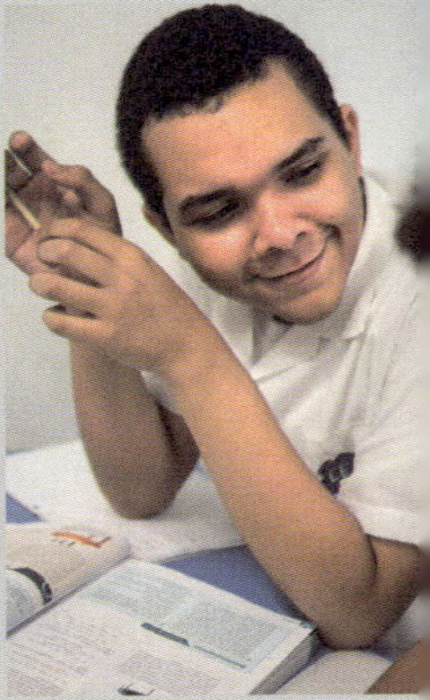

巴西是世界上第五大国家，也是南美洲最大的国家，人口约2亿。在16世纪葡萄牙到此宣称殖民之前，土著部落的人始终居住在这里。巴西直到19世纪早期一直都是一块殖民地，在1822年获得独立。这个国家通过了一系列宪法变更，包括君主政体和议会制。19世纪末，军事政变推翻了君主政体，巴西才成为总统制共和国。后来，巴西经历了数位总统的统治。1964年左翼政府被军事废除，国家一度处于军事统治状态，直到1985年，军政府才还政于民，尽管那时通货膨胀已日益严重。今天，巴西是一个联邦共和国，拥有26个州5564个自治市或行政区。

巴西经济的消长及人口的统计数据反映了它的殖民历史和动荡的政府统治。

至少从理论上说，巴西的奴隶制于1888年被废除。随之而来的是一段被称为“Encilhamento”的经济增长期。这建立在快速致富计划的基础上，依靠银行改革的无限制信贷及19世纪末的工业化发展。这次经济泡沫很快破裂，导致几十年的经济紧缩和社会政治动荡。可以说，这种局势一直持续到20世纪末期。

20世纪60年代初期，社会主义政府的威胁引发了一场美国支持的政变，由此在全国部署了军事统治。巴西从一个大部分为乡村的农业化国家发展成为一个主要城市工业化国家。被称为“巴西奇迹”的一段短暂经济发展与军事独裁同时发生，但是迫于20世纪80年代中期的民主运动，在限制自由与政治抗争下，巴西经济停滞，政府崩塌，就像这个地区的其他国家一样。

今天，巴西是拉丁美洲最大的经济体，在我提笔之际，它还是世界上第七大基于市场汇率的经济体。作为拥有丰富自然资源的混合经济体，巴西连同俄罗斯、印度和中国，成为发展最快的四个发展中国家，也被许多评论家视为21世纪的“白热化”国家。然而，因为2014年巴西经济显现出放缓的迹象，且出口过度依赖中国，这些推测变得措辞谨慎。经济学家认为，巴西的基础设施投资不足，这表明在军事独裁统治下它所经历的生产力激增已经快速下降。

这个国家仅将其国内生产总值的2.2%投入基础设施，完全低于发展中国家5.1%的平均水平。2013年由美国专利局授予的278000件专利中，只有254件出自巴西的发明者，而这个国家占了世界产量和人口的3%。巴西在教育方面的投入占国内生产总值的比重已上升到富裕国家的水平，但质量却没有，学生在标准化考试中的表现位列全球最差水准。

巨大的不平等存在于被边缘化的少数民族人口中，如比例过低的巴西黑人。最近的一次人口普查显示，超过50%的巴西人将自己定义为黑人或双重血统，这是极不寻常的。巴西会在2022年庆祝独立两百年，这也许为其尚不成熟的教育变革规划设定了一个有用的目标。

不幸的是，巴西的公立教育系统历来资金短缺，教师和教育工作者的地位也受到历届政府的削弱。近些年，巴西进行了多次尝试，来解决使用技术变革教育系统的挑战，包括按人头配置的每个孩子使用一台英特尔学生电脑的计划，以及各种移动电话项目在内的多种国家方案，然而其中没有一项能算成功。

但是基层积极分子、社会企业家和公私合作伙伴正在挺身迎接挑战。这个国家如此辽阔和多元，以至于——就像一位政府官员告诉我的那样——“变革必须精心策划，与公民社会合作”。他这样说是意识到了，只有让外部社会和商业企业参与管理，创建一个长远计划，凌驾于民主制度下的政府更迭之上，计划才能得到真正实施。在巴西时，我正好有机会参观了两个此类项目。

案例：珀维

圣保罗

周六的一大早，我们就离开了纽约，用一整天的时间飞往圣保罗。它是我们这趟行程中最长的一次飞行，等到我们抵达时，我猩猩般的胳膊和大腿着实紧绷得难受。不变的鱼肉、鸡肉和意大利面经济餐，连同被绑在为小矮人设计的一个座位上，很快将空中旅行的魅力一扫而光。所以，当抵达巴西最大的城市圣保罗时，我们终于松了口气。接下来一行人便前往坐落于波西米亚和皮涅鲁斯区的酒店，那里酒吧餐馆林立，夜生活趣味盎然。休整一番后，已是傍晚。我们离开酒店，在当地一个酒馆里，凭借零基础的葡萄牙语绞尽脑汁地搜寻美食和提神的东西。对面街区的一间酒吧似乎挺吸引眼球，打着涂色的标志，用过去通用的语言写着“1980 迪斯科”。我依稀记得，我们待了好长一段时间，以了解当地的社交礼仪，直到黎明时分才回到酒店。总体感觉巴西人十分友好。

2012年2月创建的珀维（Porvir）是一项激励计划，是由原石化企业家伯纳多·格兰丁（Bernardo

Gradin）和他的家族创立的一家研究所，旨在寻找和激发创业活动、公共政策、项目和投资领域的创新行为，以改进巴西的教育质量。我有幸与格兰丁会面，对他的访谈也收录在本书中。

我了解到，巴西的一大挑战是，在它的主流媒体上，并没有一种积极的有关教育的公共对话。因此，报纸、广播或电视上的社论很少，即便有，也只是主要的新闻媒体聘请编辑所做的专题。珀维的一大支持者吉尔伯特·迪曼斯坦（Gilberto Dimenstein）是巴西新闻界的大腕，他在巴西新闻中心有个广播节目，还在报纸《圣保罗页》上开辟了专栏。他告诉我："即使你听遍了政府信誓旦旦的发言，你也要知道，教育在巴西不是头等大事，也不是优先要务。"迪曼斯坦相信，好的新闻可以落脚于教育的核心，媒体也可以教育其民众而不是令其缄默不言。

珀维，意思是"所有人的未来福祉"，是一个非营利编辑部及结算中心，主要负责与教育创新全球发展相关内容的整合与制作，以促进巴西境内跨媒体平台

内容的传播和交流。也就是说，要想了解舆情公正的社会评论，搜集巴西媒体所掌握的多方材料，分享全球知识，共享资源，这里就是巴西人常常访问的空间。它的目标是通过鼓励和动员社会和公众参与全球最佳实践与创新活动，来激励巴西改进教育质量。

珀维的另一支持者是玛丽亚·朵·皮拉尔·拉塞达（Maria do Pilar Lacerda），教育部基础教育司原主任。她提到巴西教育系统的发展受到了外部干预和军事独裁的影响。她解释说："古巴 1969 年进行社会主义革命时，巴西政府被军方推翻，所以，在古巴人为了健康与教育的尊严而闹革命的同时，我们却生活在一种非常民族主义的专政之下，他们与美国政府结盟，追捕我们的领导，民众生活在审查制度下，我们对教育也没有尽到一份责任。所以，我们经历的这 21 年里，学生、知识分子、歌手和作家都受到了严重的迫害，审查制度极其严苛。一大后果就是我们缺少像今天这样多的批评家，这意味着国家在教育上失去了这次时机。巴西军事独裁下的教育政策是私有化和有选择性的。支持军方独裁的政治和经济精英层中存在一个明确的共识，认为教育肯定不是为所有人服务的，不是每个人都需要学习或懂得阅读，而且，仍然受冷战的影响，认为书和音乐都很危险。"

迪曼斯坦也反思了巴西黑人数量庞大的社会压力："巴西是最后一个废除奴隶制的独立国家，我们在这方面付出了太多代价，因为我们的教育系统仍然受到这种社会种族隔离制度的影响。"

珀维的教育系统由提升学习过程的代理机构和空间组成，包括学校、大学、公司、社会组织和政府。他们聘用全职记者采编团队，详细规划巴西及海外有关创新和教育的实践、工具、研究及人员，并与一个国际网络志愿者共同合作。这些志愿者帮助珀维识别已经通过检验或处于萌芽阶段的经验，它们能够激发灵感并提供解决巴西教育挑战的有效方案。

珀维团队通过他们的网站、通过与媒体合作来传播这类信息。他们的网站设有加林波（Garimpo）板块，以精选70个国内外新闻媒体上一系列文章为特色，为本国新闻记者提供了宝贵的资源。想要深入报道一个与教育相关的主题，媒体专业人士可以依赖珀维的支持，挑选好故事、好资源和不同方法，以一个自由通讯社的身份工作，旨在将教育改进提上巴西社会政治议程的首位。珀维通过促进战略性会议和活动，来激励和引导政府、投资人、社会企业家、专家和教育人力资源领导者，从而达到动员决策者和公众的目的。

珀维的编辑——玛丽安娜·丰塞卡（Mariana Fonseca）对他们协助巴西新闻工作者的工作表示乐观。她说："如果你愿意的话，任何时候都可以给我们打电话。我们给每一位新闻记者提供我们所有的资源。它们是免费的。所以，如果你打电话给我说：'我想写点儿关于慕课的东西，你觉得我应该给谁打电话？'我会说：'去跟edX谈谈，跟Coursera谈谈，跟这里的人们谈谈。'我会给他电话和邮箱。我们帮助他们。他们问：'现在，我们应该从哪个角度报道呢？'我们也会去协助他们。"

（www.porvir.org）

企业家、激励研究所创办者

访谈：伯纳多·格兰丁

珀维是激励研究所的一个项目，它的使命是激发创业活动、公共政策、项目及投资方面的创新，以提升巴西的教育质量。它是巴西实业家伯纳多·格兰丁的独创，在投资可持续能源领域和其他社会项目之前，他的家族财富来自石化工业。

我和伯纳多在他位于珀维的办公室里见了一面，以了解他更多的工作和灵感。

珀维是一个沟通和社会动员项目，它促进教育创新内容的制作、传播和交流，从而推动巴西教育供给的改进。为了达成这一目标，它通过编辑制作团队和结算机构这一角色，为巴西的主流媒体和政府提供教育创新方面的高质量报道。过去，巴西的报纸和广播媒体的教育报道受到限制，珀维的目标就是改变这种局势，增强积极变革的公共意识和愿望。

格雷厄姆·布朗－马丁：伯纳多，是什么灵感让你建立了激励研究所？

伯纳多·格兰丁：我出生在巴西的巴伊亚州。我是个工程师，从美国拿了个MBA学位。之后我回到了巴西，在巴西最大的公司之一Odebrecht工作。直到2010年，我的家族都是这家公司的一大股东。2011年初，我们离开公司，开创自己的实业，同时我们创办了激励研究所。

我们创办研究所的目的是支持巴西的教育，在财务上直接做贡献。为达到这一目标，有许多形式和有效的方法，但我们想把创新和技术作为我们研究所的一个前提。我们区别于现有观念的另一个理念是，超越传统教学过程，聚焦学习过程。因此，我们团结了一批优秀的人，还在与另一批杰出者交流，他们就如何推进研究所的目标给了我们很多启发。刚开始，我们并不知道该把重点放在什么地方，所以我们冒着风险开拓了三个领域的行动，除此之外，还创建了一个社会影响力前沿，这将是第四个领域。

安娜·佩妮多（Anna Penido）想出了珀维的理念。她给我们带来了“知识共享”这一概念，在这个范畴下，我们可以报道惠及学习的各种事迹，通过优质的范例来激发思想，并以一种非常积极和正面的角度促进与全球教育现状相关的有益辩论。这就是珀维创建的过程。

此外，我们决定采取另一行动，我们称之为“领地行动”：如何将可用或即将可用的理论、发明和技术用于实践？我们选择在巴伊亚我们出生的社区，所以，在这个项目中，巴伊亚的七所公立学校联合起来了。它不是一个被动的项目，而是一个吸引社区全员参与、将程序和经验带离学校的项目。它有点儿像一种门户开放的学校，试图让社区变成一个学习的区域。

第三个领域更多侧重于官僚政治，试图将我们建立的网络用于企业世界，以帮助那些开明的决策者，他们愿意聆听外界已取得的进展，诸如其他地区通过的新立法、决议以及其他州、市乃至国家所采取的方法。

格雷厄姆：巴西的商业需求和教育工作者的需求是否兼容？作为一个成功的商人，你的背景是否有助于发挥你在政府中的影响力？

伯纳多：在巴西存在着一种对教育的主导需求，我觉得，这种需求不仅来源于公民。当然，两者有直接的联系。我认为他们应该寻求更多企业的帮助和援助，以便在基本层面促进教育。我认为巴西的实业家和商人所犯的一个错误，就是他们并不重视基础教育，只是尝试在后来的阶段中投入大量资金开展培训。没接受基础教育的人，将来在技术层面及更高阶段也不会表现良好，所以，由于基础教育的缺乏，无论商业怎么试图在技术领域予以支持，生产力可能都会低于它原本能够达到的水平。

但是我认为，我们缺乏将教育用于商业的动机，更多的是以一种公民的角色，尽可能地尝试将这两方面分离开来。我们可以回馈社会的是，将专家和民众联合起来，民众可以是志愿者，也可以是有助于将巴西教育事业提升至更高水平的人。

所以，我们的想法是：怎样才能在不触动商业世界中一贯的虚荣和竞争的前提下，在一场非短期、非逐利的游戏中尽可能地保持中立和协作？很显然，我们需要在未来的情境下工作，因为它是一项无止境的工作、一项无止境的使命。

所以，我们想真正将以牟利为目标的行动和以事业为目标的行动区分开来，同时铭记，我们可以使用在实用主义和利润导向方面的经验来达成我们的目标。

格雷厄姆：在为培养未来的问题解决者而提供充分的教育方面，有什么事情激励了你吗？

伯纳多：教育当然能够帮助我们解决明天的问题……教育带给一个国家的利益并不局限于一个商机或一个特定的领域。

我相信，在一个处于发展阶段的国家中，受教育的公民所要发挥的一个作用，就是要确保同胞们至少有机会自由地选择；而要自由地选择，就必须接受教育，否则你的选择将会受限。关于教育的讨论在巴西并没有那么深刻，也不像拉丁美洲人民那么充满激情，因为民众仍然寄希望于政府发挥作用，但如果要我个人在孩子身上或在具体学校中扮演一个角色的话，那也是没问题的……

我相信，如果在某种程度上我们可以引发一场革命，从而打开孩子和年轻人离开学校后去学习的胃口，同时开阔我们的眼界，将整个社区都变成一个教学过程，那么我觉得我们就可以前进到下一步，即教育的需求将来自客户，而不是来自决策者。

格雷厄姆：能谈谈你投资初创企业，特别是教育初创企业的理由吗？

伯纳多：我们家族决定将投资基金聚合起来，是因为巴西的立法对投资于公司或投资于营利机构的非营利组织并不太友好。所以我们努力把两者结合起来。基金是营利性的，因为法律需要它这样。但是我们在内部投资我们的基金和股息，所以我们叫它社会影响基金。投资者、股东从未见过货币形式的股息或者货币形式的资本收益。一切都会被无限期地投资。

这样做是基于以下想法：我们试图为教育领域的初创企业提供资金，以及从我们的背景中带来的管理。所以，通过使其营利化而尝试将两者结合，这就是我们的目标。他们可以自由获取收益。实际上我们想让他们获利，以便基金不断增长。一切都将被重新投资，算是对研究所的一点儿补充。

首先，企业家完全投身于通过创新和技术变革教育的事业之中。这些事业必须由关键人物主导，所以创建它们的人士以及推进商业计划的人士必须在那里待一段时间。而且，我们还应当保证我们所做的其他投资能够协调运营，所以我们的管理模式并没有冲突。但是，我们想尽可能加快影响巴西人这一进程，让他们能够从教育的技术和创新中受益，越快越好。

格雷厄姆：你相信你和巴西的商业领袖同行们能对支持教育的政治进程产生一定的积极影响吗？

伯纳多：我认为巴西的商业领袖们正在用他们的思想和实践支持教育。我相信，在过去十年中，我们已从单独的讲演和分散的行动，过渡到了更协调的工作。我有非常好的例子，像“一切为了教育”，它是一个由企业家、商人和工业领袖组成的群体，通过与政府共同推进商业方法来实现目标并衡量教育改进的程度。它明晰了新政策如何更有效地发挥作用，还就商业部门如何直接或间接通过自己的基金会和研究所来支持教育，听取了政府的意见。

尽管他们对教育的支持还没有形成一种普遍的热情，尽管教育的发展还算不上社会的头等要务，但我觉得一个伟大的浪潮即将来临，在为我们年轻人的教育担负责任这一方面，它将是有利于巴西人的一次思想改变。

案例：若泽莱特斯州立学院——NAVE学校

里约热内卢

在里约热内卢的北部郊区，若泽莱特斯州立学院（José Leite Lopes State College），又称NAVE学校，隐藏在一个被赋予了新用途的电话局里。它是巴西两大高等教育中心之一，为巴西最大的电信公司Oi与里约热内卢及伯南布哥州教育署公私合作计划的一部分。里约NAVE位列微软2009年认可的全球30所最具创意学校，是巴西唯一一所榜上有名的学校。联合国教科文组织将它描述为“在公立高中教授新技术的一种创新模式”。

Oi未来是Oi公司的社会责任机构，它的使命是通过创建跨文化、教育和可持续发展的项目，来开发和支持那些能为巴西建设一个更好未来的理念。Oi未来教育项目的目标是：建立作为基准的创新模板，认识到信息和通信技术在学校环境及学生专业与个人发展中的变革潜力，并将其扩展至最大数量的学校、教育工作者和年轻人当中。Oi未来有两大教育项目——NAVE学校和Oi Kabum!艺术技术学校。这两大项目开发的教育方法，除了促进专业资质和数字融合外，还注重培养具有批判性、独立且思想开明的年轻人。

里约NAVE是一所招收16~19岁学生的公立学校。要想了解在巴西的私营企业与公共部门联手提供帮助和扶持的情形下，公立学校可以发展得怎样的话，这所学校就是楷模。为了在学校的500个学位中获得一席之地，竞争非常激烈。学校每年提供160个空缺，申请人数达到5000左右。它对学生的要求也很严苛。鉴于学校被强制要求符合国家教育部门的法定需要，同时还要努力培养学生诸如网页设计、视频游戏编程、脚本和设计等数字领域符合市场需求的技能，学生在这里从周一到周五，每天都要学习十个小时。漫长的在校时间几乎是这里的学生所抱怨的唯一因素。学生丽萨告诉我："从周一到周五每天十个小时，我们没有休息时间。时间真的很紧。我们有大量项目、大量功课要做。你必须真心想在这儿学习，否则你不可能坚持下来。但如果你想的话，这里还不错。"

拜访中，我花了很多时间与一群热情的学生打成一片，他们领我参观了学校，还带我听了课。就像圣地亚哥的高科技特许高中一样，这所学校以项目式学习为特色，合并跨主题的学科以解决特定的挑战。校园各处展示了学生的学习成果，整所学校洋溢着浓厚的基于项目的学习风气。学校使用的学习方法来源于德洛尔（Jaques Delors）① 委员会公布的四大学习支柱，即联合国教科文组织于1996年在其官网上发布的报告《教育：财富蕴藏其中》所描述的——学会求知、学会做事、学会共处、学会做人。

里约NAVE学校的内部环境令人叹为观止。那些认为从建筑上增强学习是一种愚蠢行为的决策者需要重视起来。里约NAVE的学校环境就是它成功的一大关键。就像高科技特许高中和旧金山的IDEO创意办公室一样，整个建筑看起来像一个仓库式设计空间，到处都是以富有想象力的装饰和照明点缀的合作型公共区域。从以前的电话局转变而来的里约NAVE学校，仍然还保留着最初类似交换连接的装置，内部看起来更像谷歌这样的公司，而不是那种类似于监狱的工业化学

① 雅克·德洛尔，欧洲共同体委员会主席。——译者注。

校。在跟学生聊起这方面时，很明显感觉到这种环境十分重要。就像谷歌对员工一样，学校希望他们也可以在这栋大楼里待很长时间，来满足这一天的需求，同时可以保持敏锐、合群并富有创造力。当师生都希望某天的学习早点儿结束时——事实上，这也的确发生过——学校环境却强烈地吸引着你，远没有一种压抑或沉重的感觉。虽然众多决策者都将外部环境看作不必要的奢侈，但NAVE却给了我有力的回答。

学校采取一种公私合作的伙伴关系，类似美国的特许学校和英国的学院，所以我对巴西电信公司Oi在这项办学投资背后的动机持谨慎态度。它的目的仅仅是打造一座训练营，培养愿意一周工作50个小时以上的顺从的未来员工吗？

我向Oi未来的行业联络主管卡拉·布兰科提出了这个问题，她解释说，虽然我的怀疑是很自然的，这个行动却“不是为了培养Oi的未来员工，而是要在辖区内提升幸福生活，创造独立财富。如果巴西人都好了，我们的生意也会好。关键是里约NAVE学校的学生通常都会进入国家资助的大学，它们远远胜于私立大学”。这番言论也得到了学生的全面支持，他们都对未来生涯怀有雄心壮志，而并非局限于数字行业。

一方面，里约NAVE学校获得了来自微软和联合国教科文组织的广泛的国际好评；另一方面，它也满足了国家考试委员会的要求。结果显示，它在所有与里约热内卢州教育署相关的学校中名列第一。同样，伯南布哥州的西塞罗·迪亚斯州立技术学校（NAVE累西腓校区）在与伯南布哥州教育署相关的学校中也是排名第一。这种教育模式是否能实现规模化仍有待观察，但很明显，结果显示NAVE的方法很管用。假设巴西的私营企业都被鼓励参与公共教育领域，那么这个国家的未来可能会非常光明。

（www.oifuturo.org.br/educacao/nave）

Oi未来行业联络主管

访谈：卡拉·布兰科

格雷厄姆·布朗－马丁：你在电信行业的私营部门工作。在学校这边你的角色是什么？这个局面是怎样开始的？

卡拉·布兰科：我在Oi未来研究所工作，它是里约热内卢州政府的项目合作伙伴，这个项目叫做NAVE高等教育中心。我们有两所学校。其中一所在里约，另一所在伯南布哥州的累西腓。

Oi是巴西最大的电信公司，研究所是它的部分社会责任项目。Oi未来已经有十多年的历史了，它在教育、文化、体育和环境方面都设有项目。

当Oi未来开始考虑发展教育项目时，它跟伯南布哥州政府开展了合作，在累西腓市开办了一所学校。学校2006年开始运营，上午是普通高中课程，下午是只给自愿学习的学生开设的非强制性课程。这些课程都是基于信息技术和视频游戏设计的。但里约的这所学校有点儿不同，因为它从一开始的定位就是提供专业或职业技术课程的高中。2009年，另一所在累西腓的学校也变成一所普通技术高中，开展我们在巴西所称的综合中学教育。

格雷厄姆：所以这是一项在公立教育系统里的私人投资？

卡拉：在巴西，私人机构把钱投资于公共机构是很重要的。这种举措让州变得更强，因为就公共机构本身而言，它无法提供我们在这里所做的一切。所以我觉得，民间社会以这种方式或其他方式参与是必要的，因为尽管教育必须是公共的，是政府的责任，但每个人都应该参与，以便让教育变得更好。

所以，通过这种方式，当我们不仅在财务上参与，还有人员参与的时候，我觉得它变得更加丰富了，就像我们这里所展示的成果。另外，我们还与教育领域颇有名望的机构合作，比如里约热内卢天主教大学就负责我们的多媒体课程。

我们有个公司——C.E.S.A.R.，它负责里约的编程课程和累西腓的课程。这个公司正在开发众多的技术和编程项目，所以，当我们决定让这类机构参与我们的项目时，我们可以为学生提供代表该方面、该研究领域内顶尖水平的技术。

拥有这些教师和专业人士，是很好的机会。我几乎可以肯定，巴西的大部分公立学校都没有同样的师资。

格雷厄姆：是否有计划让学生毕业后为Oi工作？

卡拉：当Oi决定做这个教育项目时，其初衷并不是为本公司培养员工。这个构思是吸引学生，减少高中生的辍学率。

所以，最重要的事情，就是决定课程的主题。什么让学生的目光熠熠生辉？什么让他们快乐聪慧？就是视频游戏。所以，选择视频游戏，并不是因为它是公司的部分业务。Oi是一家电信企业，它并不销售视频游戏。

我们的目的不是要让这些学生为我们干活，但这并不意味着他们毕业后不能来公司工作，如果他们愿意，而且有机会的话，当然可以。Oi非常关注这些孩子，因为我们知道他们非常有才干，我们也在努力让他们成为优秀的成年人，成为智慧聪颖、善于表达、雄心勃勃的好公民。我们相信我们正在做这样的事。

格雷厄姆：就学生进入高等学校或就业而言，迄今为止你们见证了学校的哪些成功？

卡拉：我们正在统计现有学生毕业后的去向。我们很欣喜地看到，他们中的大部分人都在继续学习，他们进入了大学。我们很高兴地看到他们进入公立大学读书，这在巴西是很难考取的。

学生离校后说，他们所确信的是，如果没有在这里学习，他们不可能拥有同样的契机。Oi感觉很欣慰，因为我们正在给予社会一些积极的回馈。

思想录：论杜威

将一篇关于20世纪初期思想家的短文，放在一本关于21世纪社会和教育的现状与未来的书里，你可能觉得有些不合时宜，但我认为这很合适。在这个互联网和数字化时代，你完全可以认为过去的一切都很原始，而今天那些20多岁留着胡子、喝着大豆白咖啡的年轻人所宣扬的思想，却往往有点儿革新的味道。今天我们围绕学习转型所展开的讨论，很多都是以前就曾涉及过的话题。这样说并非要削弱我们今日行为的革命性，而是提醒大家这类辩论由来已久，希望我们在发出自己声音的同时，更要继承过往的文化遗产。

约翰·杜威是当代著名的公共知识分子，也是一名鼓舞人心的教育改革家。在创作这本书的过程中，我遇到的所有案例、机构或个人，几乎都或多或少受到了杜威思想的启发。他相信，一个正常运作民主社会，除了简单扩大民众投票权之外，还要求存在一种完全成形的民意。民意是公民、专家和政治家彼此有效沟通的结果。因此，若缺少公正的教育，就不会有民主。于是，他延续了一个从柏拉图到让－雅克·卢梭的教育哲学家的悠久传统，他们认为，所有人类的发展进程都是共通的。

在1916年出版的著作《民主与教育》中，杜威认为，仅从身体上保护年轻人是远远不够的。成年人的责任就是要引导年轻人了解群体的兴趣、目标、信息、技能与实践，以便延续人类特有的社会生活。仅仅身体成长及学习生存的必需技能，将无法再现群体的生活。他写道："审慎的努力和深思的痛苦必不可少。人类生来既不了解也不关心社会群体的目标和习惯，所以必须让他们对其产生认知与兴趣。教育，也唯有教育方能弥补这一缺憾。"

在同一部著作中，杜威表示："正如生物体一样，社会通过传递过程而存在。这种传递通过沟通的方式，由长者将行为、思考和感知的习惯传递给年轻人。倘若没有那些逐渐退出群体生活的成员将理念、愿想、期望、标准和观点传递给逐渐融入其中的成员，社会生活便难以为继。如果组成社会的成员永存不朽，他们或许也会自发地引领和教育新生成员，但这将是由个人兴趣所引导的，而非社会需求。如今，这项传递（体现在教育过程中）就是一项必不可少的工作。”他总结说：“教育之于社会生活，正如营养和繁殖之于生理生活。”

几乎在百年之前，杜威就很有预见性地指出：“正规教学和培训发展到一定程度，就存在一种危险，即在更直接的联系中获取的经验和从学校获取的知识这两者之间产生了一种不良的分裂。就知识和技能的技术模式在过去几个世纪的快速增长而言，这种危险从未比现时情况更加严重。”确实，这就是我们今日围绕学校和教育的目的而进行探讨的焦点所在。

杜威思想的核心在于作为教育之结果的个体的可塑性，那个时期占据主导地位的自然哲学使人类经验极度枯竭，这乃是一系列过程相互作用的结果。因此，人类生活的挑战，就是决定如何与变化的过程和谐共存，而不是以某种方式去超越这些变化。

在他出版于1938年的另一部著作《经验与教育》中，杜威对教育进行了精练有力的透析，强调经验、实验、有目的的学习和自由是进步教育的关键组成部分。他认为教育体验的质量至关重要，并强调学习的社会过程与互动过程的重要性。杜威的学习理论植根于这样一种理念——人，即使是年轻人，从幼儿直到大学阶段，都不是等待填塞知识的海绵体。相反，他建议学生通过元认知，在原有经验、成见和知识上构建基于事实的理解，因此，教育者的角色就是创建一种具有教育意义的经验。

尽管杜威的一些价值观和术语在当时已经广为传播，但他的思想在当时美国的公共教育体系中却难以落实。围绕由杜威和其他人士提出的进步主义教育的思考，在冷战期间基本上被废弃，此后人们对教育的主要关注点在于为军事培养科技精英。即使是在今天，美国数学、科技、技术与工程类的毕业生，其最大雇主仍是美国国家安全局。但即便如此，在后冷战时期，基于进步主义教育旧思潮的新思想再度兴起，许多方法，比如基于项目的学习、聚焦学习的体验，以及本书中的案例研究和访谈所推介的许多想法，都植根于杜威的理论。

中国 China

China

中华人民共和国是世界上人口最多的国家（超过13.5亿人），中央政府所在地为北京。它有23个省、5个自治区、4个直辖市（包括上海），以及两个特别行政区。

中国是一个拥有古老文明的国度，是在黄河与北部平原孕育的肥沃盆地上生发并繁荣起来的最早的古代文明之一。数千年来，中国曾由世袭王朝所统治。鸦片战争带来了一段长时期的民族动荡，加之欧洲的扩张和国际贸易制裁的影响，1911年中国的最后一个朝代清朝被推翻。

取代君主制的中华民国建立在三民主义——民族主义、民权主义和民生主义之上。这些伟大的理想并没有实现，国家随后陷入军阀混战、外敌入侵、镇压共产党人及内战的局面中。

第二次世界大战后，日本在中日第二次战争中占领中国，大肆杀戮在华平民。此后，国民党和共产党之间建立了一个极不稳定的联盟。在遭受了财政破坏和战争蹂躏后，中华大地满目疮痍。国民党和共产党之间持续不断的紧张局势很快导致了中国内战发生。

1949年，在蒋介石撤退到台湾后，共产党主席毛泽东宣告了中华人民共和国成立。

尽管20世纪50年代末经济和社会的改革计划曾导致人们因饥饿而致死，但在毛泽东的任期（1949～1976）内，中国的人口几乎翻倍，达到了9.5亿。20世纪60年代中期的文化大革命，意在通过清除社会中的资本主义及传统文化元素而推行共产主义，造成了中国政治、经济的瘫痪。数百万人受到迫害，很多人流离失所。反资产阶级思想迫使城市青年来到农村地区，向工人和农民学习。超百万人遭受了一系列虐待。

1976年毛泽东去世后，邓小平领导的改革者结束了文化大革命时期的政策。中国共产党中央委员会承认“这些政策对人民共和国所遭受的最严重的挫折和最沉重的损失负有责任”。重大的经济改革随后推行，旨在防止20世纪50年代末期的饥荒重演。这些推动了中国自国民党时代以来，国内市场首次向外国投资开放。经济特区建设起来，这些地区遂成为国民经济增长的引擎。

对民营企业的管控和政府干预在20世纪90年代初期持续减弱，尤其是随着乡镇企业开始获得市场份额，改革开始影响到国内特定群体和个人的利益。随着经济的持续增长，低效的国有经济面临的财务挑战不断增加，损失惨重。私有化进而增加，到20世纪90年代中期，中国的私营部门在国内生产总值当中的比重超过了国营部门。于是，一种社会主义自由市场崭露头角。

私有化的不断推进、福利制度的废除以及工人的下岗招致了不满情绪。自2005年以来，一些改革措施被进一步修正，更多福利导向的政策已经出台，比如增加医疗保险补贴。

今天，在经历了30多年的经济改革之后，中国被普遍视为全球及区域经济增长的一大引擎。它的经济增长和国民生产总值超过了所有其他发展中国家，印度的发展在20世纪90年代后期才逐渐接近。有些人认为，中国相对自由的经济及较少的政府干预和管制，是其表现出色的一个重要因素，这得益于全球化背景。另一些人却指出，这种增长加剧了不平等，国有资产被廉价出售给民营企业家。但显而易见的是，以工业引擎为动力的中国，通过输出西方国家所依赖的产品，已经成为竞争世界自然资源的一个强有力的对手。

2012年，中国在教育方面的公共支出达到了国民生产总值的4%，虽然仍低于世界平均水平，但具有里程碑意义。传统上，中国的家长倾向于为孩子的教育投入大量资金。相比英国的2%，中国城市家庭将30%以上的家庭收入用于孩子的教育培训①。受儒家传统熏染，相比其他国家，中国的教师备受公众尊重。中国的教育热与其独生子女一代紧密相连，尽管这种热度可能提升中国学生在考试

① The Rise of Alternative Education in China,CNN
www.cnn.com/2014/03/26/world/asia/china-alternative-education——作者注。

中的学习成果，但是由于大部分家长把上大学看成走向成功教育进而走向成功人生的唯一途径，它对国家教育体制的多元化也构成了一大文化障碍。

不平等的教育机会存在于城乡之间、贫富之间、城市原居民和外来劳工之间、农村地区的男童与女童之间，以及社会特权阶层与弱势群体之间，等等。

高考，或称国家高等教育入学考试，是这个国家的学生升入几乎所有中国高等院校的唯一测试。但是，这种考试也依然带有分化性质，因为它在现有的国家教育供给范围内加剧了不平等的局面。这场严峻的考试可谓备受指责，一些人批评其“榨干了学生的创造力”，“将一年复习期间的死记硬背、反复做历年真题和填鸭式学习推向了极点”①。

① China's students take on tough Gaokao university entrance exam,BBC www.bbc.co.uk/news/world-asia-china-18349873——作者注。

上海拥有2400万人口，这里的学生在2012年由经合组织组织的国际学生评估项目考试中排名第一。这项三年一次的测试是由经合组织组织，面向全球65个国家50万名15岁学生而展开的。他们意图将其作为一种诊断手段，以证明教育与经济绩效之间的联系。上海学生在数学、阅读和科学分数上都名列前茅。在数学方面，他们比全球平均水平高出了119分，这相当于三年额外教育的优势。西方国家媒体察看各自的国际学生评估项目分数时，把它当成一张粗制滥造的比赛排名表，然而上海的成绩却令各国的政策制定者不寒而栗。接下来不可避免的是，这些决策者纷纷下意识地预定下一班飞往上海的航班，想亲眼见证这一奇迹。然而，尽管上海声名显赫，却并不能代表整个中国的教育体系。

作为中国的金融中心，上海处于一个雄心勃勃的改革日程的最前沿，在此形势下，教育主管部门授予学校一种不同寻常的课程自主权。批评人士认为，中国的教育体系优先发展应试能力，而非创造力和批判性思维。上海试图通过引入选修课程和逐步淘汰多项选择题而扭转这一趋势。上海的人口还未占到全国人口的2%，它的人均生产总值却是全国平均水平的两倍以上。

我有机会去参观了北京的一所高中。之后，我又去了距离北京约2000公里的四川雅安，会见“儿童免费午餐”项目的创办人，并访问政府建立的一所危机应对学校——几个月前，一次灾难性地震袭击了该地区。造访两所办学背景截然不同的学校，给我提供了机会去了解北京先进的高科技学校与中国农村更常态的教育供给状况，从而对比两者的反差。这样一个庞大的人口——大部分还生活在农村的山区——显示了中国所面临的巨大挑战。像“儿童免费午餐”这样的融资项目，也可以满足这些需求，或者至少吸引人们的关注。

案例：
人大附中西山学校
北京

坐落在京郊六环、距离人大附中主校区约30分钟的人大附中西山学校，是“未来学校项目”的根据地。本着改变国家教育面貌的愿景，人大附中西山学校成为中国第一所开展“1:1数字化学习”项目的学校，先后使用苹果笔记本电脑及iPad，聚焦于提高学生的21世纪技能。中国政府已发布了一项国家教育改革计划，要求地方学校进行教育改革实验，并提出“教育关乎国家的命运”。人大附中西山学校接受了这项挑战，学校于2009年夏季开办，目前有800名7~12年级的在校生。

学校校长舒大军告诉我，他负责开办这所学校，以拓展传统中国教育的边界为使命。我问他，技术是否有可能改变学习过程，还是仅仅强化了老式的教学实践。他回答道：“因为技术可能改变我们，我们需要培训一个新的人群。技术也改变了我们的社会形态，以及我们工作和生活的方式。所以人们对教育的需求也在改变。它改变了我们学习的方式。这是一个全新的概念。”

沉浸在无线网络全覆盖的校园环境下，人大附中西山学校的学生参与了多种旨在培养批判性思维、合作技能、沟通技能和创造能力的学习方式。学校与北京师范大学的学者合作设计课程项目。北师大教育技术学院院长余胜泉教授解释说，尽管中国的大部分学校已经在课堂上使用了数字媒体，但这种技术主要被教师用来呈现教学内容。对人大附中西山学校来说，不是为了技术而使用技术，重要的是将它作为学生的一种认知工具，最终在更高层面上促进学习。

学校采用所谓的"1:1教学的21世纪学习框架"，特别强调构建信息、媒体和技术技能。借助比如iPad之类的移动平台及社交媒体网站，学校实施了一种"基于挑战的学习"框架，旨在使用数字平台发展新的思维过程，而非简单使用技术。"基于挑战的学习"是苹果教育的问题式学习策略，值得注意的是，尽管它们都植根于杜威的思想，但不要将之与美国高科技特许高中和巴西里约NAVE学校使用的项目式学习方式混淆。"基于挑战的学习"是一种协作学习体验，师生共同致力于紧迫问题的学习，为现实问题提出解决办法并采取行动。就像你寄希望于苹果公司那样，它是一种依赖技术的方式，但正如基于问题或项目的学习方式一样，它的目的是为学习提供一个真实世界的情境。如果在线搜索，你就能找到苹果公司发布的有关挑战式学习的白皮书。

我想知道的是，如果给学生提供iPad或类似设备，学校是否相信中国教师的角色将会发生改变。我向舒校长提出了这个问题，他回答说：

> 教师不再是知识的主要来源或权威获取渠道。在教师上学期间，他的老师发挥着知识权威的作用，传输知识。所以当他成为今日的教师时，他必须抛弃旧观念，重新定位自己。例如，互联网上的知识总量远远超过他自己的知识储备，而且知识不断更新，这时候他的角色应该是什么？他就变成了帮助学生在面对海量信息时做出决策和判断的那个人。他应如何以自己的经验指导学生？如果教师的任务以这种方式发生了改变的话，他应如何以自己的人格魅力去积极影响学生？

副校长刘彦并不认为教师将会被技术所取代。“在我看来，就像机器人无法取代人类一样，技术在未来也不能取代教师……教师和学生之间的沟通与交流无法被技术所取代，因为它是一种情感上的心对心的过程。”

北京师范大学的余教授指出，人大附中西山学校的方法是东西方教学思想，即中式对知识体系的侧重和西式对学生发展的聚焦的一种平衡。

自从项目启动以来，学校取得了良好效果。从调查和定性数据来看，相比未参与者，参与项目的学生展现了更强的独立思考能力、自主学习能力和自信心。在课堂上，学生更愿意发言，提出问题。较之传统学校，他们完成的学习任务复杂程度更高。

我问舒校长学校的高考分数，他回复道：

> 我们2012年开始在学校启动1:1学习项目，刚刚送走了我们的第一届毕业生。所以，如果我们仅仅以考试分数来判断他们的学习情况，我可以说，他们有些人的成绩非常优异，有些人得分一般，还有些人分数不太理想。然而，任何教学方法都可能产生类似的影响。所以，它取决于你对待这个项目的方式。
>
> 在中国，我们通过两方面判断学生：一是以分数判断，例如他在考试中获得的成绩；二是以真实能力判断。这样说来，我们可能无法进行比较，因为我们不能同时做出两种决定。我们可以看看在教师不断开发其潜能之后他目前的状况；但我们也看重他20年后的能力，包括学习、调适、与人相处的能力，表达自己的想法、与人沟通的能力，抗挫折能力，还有价值判断能力。在这些方面，我们还不能得出结论，但是我们看到了发生在我们学生身上的许许多多的转变，这就让我们引以为豪。

访谈：靖雅

人大附中西山学校战略创新发展主任

靖雅拥有20年以上在教育部门工作的经验，其职业生涯涵盖了中小学教学与管理。当她以一名课程规划官及国家小学教育首席培训师的身份加入新加坡教育部时，她的工作经历达到了一个新的高度。作为新加坡第六所未来学校——科技学校创校委员会的核心成员，且随后被任命为母语语言部主任，靖雅主导了学校的品牌宣传工作，并大量参与信息和通信技术课程的发展过程。

如今，靖雅是人大附中西山学校的战略创新发展主任。除了管理与全球机构和组织的合作伙伴关系之外，她还负责战略规划与领导信息和通信技术部门及未来学校项目的1:1学习。她最近的工作包括设计学校的21世纪技能的学习框架。她是通过认证的“苹果杰出教育工作者”，也是中国涵盖义务教育及高中阶段的首位“苹果专业发展顾问（2012）”。

格雷厄姆·布朗-马丁：人大附中西山学校采用了基于iPad的1:1数字化学习方式。你能跟我说说这个项目的背景吗？

靖雅：我们学校于2009年开办，是中国人民大学附属中学主校区的卫星学校之一。人大附中共有10所学校，每所都有自己的定位。对西山学校来说，我们的特色就是“未来学习”项目，即1:1数字化学习和发展学生的21世纪技能。

所以，我们开始在全校推进这个目标。2011年8月我入职后，我们开始重新审视整个学校，完成愿景、使命、价值观和目标的战略规划。我们将它简称为VMVG。这就是学校发展的整体战略方向。

我们研究的很重要的一个问题，就是发展学生的21世纪技能，并使其在中国生根。我们的目标是要让学生成为“有中国心的世界公民”。

我们开发了融入不同项目的21世纪技能，像青年创业项目。我们有一个基于挑战的学习项目，所有这些不同的项目都是为了发展学生的技能。

那么，有什么不一样呢？我相信当你走进学校时，整个氛围、外观和感觉都是不同的。我们一直被误认为是国际学校，其实不是。我们是免费的公立学校。

我认为，这就是学校迈出的非常大胆、非常勇敢的一步，尤其是在中国的背景下，但很幸运的是，我们在北京。我觉得，在其他地方我们可能做不到这样。也许在广州可以，在上海可以，但是在这个国家的西部地区可能不行。

未来学习项目的学生必须购买他们自己的苹果笔记本电脑，现在他们很多人都得买一台迷你iPad，这实际上是这个学期才开始使用的。

格雷厄姆：你提到学生必须购买自己的iPad。家长对这个事是什么意见？

靖雅：在学生入学前，我们就召开了一个家长会。我们跟他们大概解释了什么是“1:1学习项目”，我们怎样提供这种不同的学习模式，我们打算传授给学生什么类别的课程。就课程而言，我们无法改变教学内容，我们真正改变的是学习方式，也就是教学法。评价很重要。我怎么知道当学生离开教室时已经掌握了所学内容？所以，我们有两方面的评估。一方面是学习评估，学习的每一步都很重要。我们还有期末评估……我们把这些说给家长听。他们赞同这种学习方式。学生参与其中，我们会给他们提供一整套资源包，但他们必须购买自己的学习设备。

格雷厄姆：尽管这是一所公立学校，但你是否想过，家长必须购买电脑，这就已经产生了一种人为的选择？

靖雅：实际上不是，你看一下学生的情况和家庭信息，他们就住在周边。这就是把学校建在北京郊区六环位置上的目的。这是一个住宅区，所以这取决于家长的选择。我们只是为他们提供另一种学习经验。

格雷厄姆：你觉得中国的教育体系跟周边的国家相比怎么样，比如新加坡或韩国？是不是可以说，这些体系都注重考试分数胜过创造力？

靖雅：非常好的问题。这是给每个尤其是在中国的教育工作者的问题。我刚才说，人大附中西山学校是主校区的卫星学校之一。这10所学校的校长——刘彭芝女士，就倡导培养有革新精神和创造能力的学习者。我们在这方面努力尝试。我们如何才能培养出有创造力的思考者和学习者？说到底，我们为什么接受教育？我经常问我的团队。

最终的目标是去创造，就像史蒂夫·乔布斯。他创造了东西。他创造的苹果手机改变了我们的生活，对不对？所以，要让学生去改变，去产生那种强烈的愿望，就必须重新考虑我们的课程，但我很坦白地说，这并不容易。我们试图重新设计课程，引入基于问题和基于挑战的学习方法。这很有难度，因为我们有太多约束。

实际上，这关乎整个学校的办学思想。我们学生的思考需要与众不同。我们总是说，我们觉得自己社会能力不强，但我们认知能力强，应试能力强。这就是我们缺乏创造力的原因。

格雷厄姆：你觉得，在为未来而学的先进方法和根植于过去的应试学习之间，存在着什么样的紧张关系？

靖雅：最终，我们还是得评估学习效果，所以，当谈到考试时，我们还是得根据成绩来评价学生，看看过程是否合理——每个考查点，每一次检测，直到最后无论什么考试。这样来看，考试结果应该相对反映了我们对学习内容的掌握程度。

这也是我们正在尝试的努力。我们不能说："啊，我们不在乎全国统考。"如果你这样说的话，他们会无法接受。我们不那样说，但要记住，我们最终面临一次全国统考——中考、高考，无论哪个国家，尤其是在中国这种背景下，那时他们必须参加大学入学考试。

格雷厄姆：你是否认为，在考场也应当准许他们使用iPad？

靖雅：这个问题很有意思。这就取决于你的评估目标。为什么你要在无iPad的情况下进行测试？如果是纸笔测试的话，我觉得你是要测试他们的知识目标。如果我要带一个iPad进来，可能评估的目标就是创造力了，所以你测试的是他们的技能。你可以在考试中同时考查这两个方面，而且告诉学生这取决于评估的目标。

调查记者

访谈：邓飞

邓飞是一位调查记者，他利用中国社交媒体（比如微博）来提升人们的社会问题意识，通过人群的社会效应促成问题的解决。有着超过400万粉丝的邓飞，围绕拐卖儿童、死刑犯器官的摘取以及“豆腐渣”学校的建造等敏感问题开展了多项活动。

2011 年，他发起了一项慈善捐助，为农村中小学生提供免费午餐。6 个月内，他通过个体捐赠者筹到了 370 万美元，这些人均了解他的报道工作，信任他的为人并愿意把钱交付给他。尽管在中国，公众普遍怀疑慈善机构，而邓飞发起的“儿童免费午餐”却因公开和透明受到认可，成为中国新型的网络微慈善模式。

2013年4月，距离北京约2000公里的四川省雅安市发生了一次特大地震，就在那儿的一次重要聚会上，我遇见了邓飞。地震之后，他一直都在这里唤醒民众意识并帮助周边地区人民，农村地区的许多学校都因他的“儿童免费午餐”项目而受益。

格雷厄姆·布朗-马丁：你是怎么发起这个项目的？

邓飞：2011年初，我意识到农村山区的孩子们饱受饥饿之苦。我决定要改变这种状况，去帮助他们。因为我是一名父亲，我不能忍受孩子们忍饥挨饿，所以我决定采取行动。

格雷厄姆：你是如何从公众那里获取动力来支持这一倡议的？

邓飞：当我们发起这个项目时，我们并没有太多资源，但是我们没有放弃，因为我们有微博——一种新的工具。我们通过微博展示了孩子们的困境。我们呼吁市民关爱儿童，来帮助这些孩子脱离困境。我们得到了巨大的认可和支持，就像滚雪球一样，我们让越来越多的人参与了进来。

格雷厄姆：你觉得社交媒体，比如微博，在建立公众意识和参与方面，与传统媒体有什么不同？

邓飞：我们使用微博，是因为我们不能使用政府或商业组织拥有的传统媒体。微博是每个联网的人都可使用的一个公共媒体平台。现在我有大概400万的粉丝。从这一点来说，我们有自己的媒体。我们可以表达自己的想法和行动，报道我们的项目，让更多人参与进来。

格雷厄姆：你的倡议对那些学校产生了什么样的影响？

邓飞：提供免费午餐的项目初创之时，我们只有两万元，但过去两年里我们获得了巨大支持，越来越多的人参与其中。现在我们募捐了7000万元。我们为18个省300所学校的儿童提供了1000万份午餐。我们的行动也影响了政府。我们的总理——温家宝宣布政府将划拨160亿元解决贫困儿童的营养问题。

这个问题起初没有得到我们政府的关注，但后来政府看到了我们的努力，很快采取了行动。现今我们一起合作解决饥饿这一问题。

格雷厄姆：这种社会参与方式能不能用来改进农村学校的其他方面？

邓飞：乡村学校的很多问题都源自教育投资的不平等。抵达那里时，我们发现必须应对的头号问题就是饥饿。如果这个问题得不到解决的话，就会危及其他方面。当饥饿不再成为问题时，他们才有精力去锻炼和学习。然后，我们才能帮助他们去解决其他问题，比如文具、衣服和医疗。所以，除了午餐项目，我们还做了好几个其他项目。我们想要联合更多人，来更全面、更有效地帮助儿童。

格雷厄姆：你认为中国学校的挑战是什么？

邓飞：每个孩子都有一个梦想，这个国家的孩子也不例外。但是他们不能实现他们的梦想，因为他们面临着巨大的不平等。这些孩子的父母大部分都是城市劳务工，把孩子扔在家里，自己也面临许多生存困境。这类留守儿童大概有6200万。我们国家的部分地区是贫困区，那里的孩子没有平等的机会去获取知识，无论他们学习多么用功，他们也只有渺茫的机会来实现自己的梦想。这就是我们想帮助他们的原因。

有许多因素导致了这一局面。主要是他们住在偏远地区；当地的教师相对年迈，受教育程度也比较低。就像我们之前提到的那样，他们挨饿是因为学校和家之间距离遥远，这就影响了他们的学习。此外，他们的父母都离开村庄，外出务工，所以孩子们不得不和他们的祖辈一起生活。在这种环境下，他们不能像城市里的学生那样去好好学习。他们没有能力去跟城市孩子竞争。住在山区的孩子不太可能改变自己的命运。

格雷厄姆：如果你可以重新想象学习和教育，那应该是什么样的？

邓飞：我希望每个孩子都能接受优质教育，至少是平等的教育。所以我们想要带些教育资源和物质资源给山区的学校，使那里的孩子跟城市的孩子享受同样的教育。最终，他们也许能够通过教育改变自己的生活。

思想录：教师2.0

——信息传输系统

> 教学是一种艺术形式，而不是传输系统。我不知道我们是什么时候开始将教学与联邦快递混为一谈的。教学是一种艺术实践，它关乎鉴赏力、判断力和直觉。我们都记得我们生命当中的那些伟大的教师，是他们唤醒了我们。而我们之所以依然记得他们，是因为他们曾对我们说的某些话，或者是因为他们给了我们看待事物的一个角度，让我们难以忘怀。
>
> ——肯·罗宾逊爵士

工业化社会的一大特征是，它借助技术使过程更高效，尤其是在制造领域，重要的是制作出符合特定标准的产品，而且差异越小越好。通过不同的周期进行检测，可以利用所得的数据来改进过程，既有利于经济发展，也有利于质量提升。当你制作汽车、汤勺或罐装豆子时，这非常有效。这个想法是为了将人力，至少是熟练的人力，从过程中解放出来，使得工艺生产转化为大规模的生产。

然而，并非所有技术都用于这一目的。有些技术被用来增强手艺人或专家的技能。显微镜就极大地增强了一位搜寻线索的科学家的技能，而互联网则可以联合素未谋面却有着共同梦想的一群人，等等。

我们怎样利用数字技术来教学？这个问题仍然是争论的主题，并挑战着我们对学校或大学之目的的看法。如果我们把学校想象成一个工厂，为了经济发展的总体规划而加工儿童，使其成为人力资本，那么这个过程就可能自动化，在生产线上负责加工儿童的人就可能去技能化。在这种情景下，教师可能被看成一种传输系统。他们的工作就是以既定方式传输课程内容，然后让学生参与常规检测，以便生成能由管理人员分析的数据。这些数据可被用于诊断生产线上的故障，或用于排名来展示水平，看看某些生产线在哪些方面落后。这种自上而下、由数据驱动的方式，其优势在于，它剔除了教学的艺术性——教学由低水平的从业者传输（他们要么投入精力较少，要么教学造诣较低），但在对学生的期望方面，这些人都往往强求苛责。

在这种情况下，我们可以使用数字技术将知识传授给儿童，检查他们是否已掌握了这些内容，同时，教师要完成"人性化"的那部分工作，比如支持和鼓励儿童，或者确保他们不会频繁如厕等。说到这儿，你要么赞同这会是一个合理的场景，要么摇头表示怀疑。但我可以向你保证，我已经从政府决策者和技术崇拜者那里听说过类似关于未来学校的认真描述。

我们不喜欢"手艺"，究竟是因为什么呢?

就我而言，我相当喜欢手艺。如果英国的法律规定我必须将孩子交给国家，让他从五岁开始上学，那么我会非常愿意将他们的教育委托给一个手艺人。反对者要求我们考虑成本和潜在差异，因为它可能与国家经济发展计划不相吻合，比如人力资本。但说实话，我相信正是差异和多样性孕育了创新。过去50年或更长一段时期，英国之所以出现了很多新鲜的玩意儿，尤其是在大都会城市中，其中一个原因就在于城市居民的社会文化具有多样性，而非单一的文化标准。我还认为，就教育而言，我们这个社会早晚都要付出代价。我的意思是，投资教学"手艺"以确保在公平的社会里产出一群受过良好教育、全面发展并享受同等机会的人，几乎肯定比符合批量生产标准的教育更低廉、更丰富。

今天我们甚至还认为学校和大学仅仅是传递和消化知识的场所，认为这些是能被数字技术自动化的过程——这种想法恰恰证明了那些决策者和简易装置发明家是多么肤浅无知。这些传输论者真的只是在解决政客的问题，而政客的唯一目标就是再度当选。这样说来，我们的确生活在一个以数据和测量来中和批评与争论的专制社会中。但是，我们也必须牢记，当考虑教师角色的时候，我们有力量也有权利提出要求。我们究竟想让谁来教我们的孩子？一种运算程序、一架无人机，还是一位教育手艺人？

PSPO
The Smart Saver
Complete lighting solutions
OLO
ORIENT FANS
Durga Electric, Digha
केश किंग

印度 India

India

此次印度之行可能是我生命中最难忘的一次旅行。早晨醒来，在成都用完餐之后，我们便登机起飞。穿越喜马拉雅山脉时，机窗外是一派令人窒息的美景。我们在尼泊尔的加德满都中转，下了飞机便直奔午餐地。稍许停留的一点儿时间，只够我们离开机场找间咖啡屋歇脚。在那里，我和我的摄影伙伴——纽莎·塔瓦科利恩不禁想到在此次项目的探访途中，我们竟然飞过了世界最低处——死海，也飞过了最高处——珠穆朗玛峰。午餐后，我们离开尼泊尔，搭乘去往印度新德里的航班，并在那里用了晚餐。这样匆忙地奔波了一天，我都难以想象，将来是否还会有类似的体验！

第二天早餐时，平价教育设计公司 XSEED 的创始人阿希什·拉杰帕尔（Ashish Rajpal）告诉我，印度有三个国度，分别是富裕的精英阶层的印度、贫民的印度以及有抱负的中产阶级的印度。在这个地理、气候、语言和种族都迥然不一的完全多元化的国家里，我此番停留的五天当中，只有机会拜访后两类群体，尽管很可能还是通过精英层的引荐。

印度是世界上人口数排名第二的大国，拥有 12 亿人口，仅次于中国。它军事力量强大，是一股重要的文化影响力，也是一个强大的快速增长的经济体。它有自己每年 10 亿的太空项目，近来还将一枚火箭发射到了火星上。印度国民在全球科技公司、投资银行以及艺术等领域担任要职。印度境内现有 400 多种语言，是四大主要宗教的发源地，并保有上千年的古迹遗址。考古证据显示，印度在公元前 7000 年时便有了人类文明的迹象。

欧洲贸易商人自 16 世纪开始到访印度，以英国人、法国人和葡萄牙人最为突出。17 世纪，英国创建了东印度公司，与印度东部开展贸易往来。到 19 世纪时，其贸易额已占到了世界贸易额的一半，主要商品包括棉花、丝绸、靛蓝染料、盐、硝、茶叶和鸦片，它几乎可以被看作 19 世纪的谷歌。这个间接由英国政府控制的公司，实际上为英国富有的贵族和商人所有。它雇佣自己的私人军队，在印度实行军事管制并行使行政职能。由对抗东印度公司而引发的 1857 年叛乱，导致了《印度政府法案》的出台，以及后来我们所知的英国统治的崛起。

印度从此隶属英国统治，直到1947年印巴分治，建立了印度和巴基斯坦两大主权国家。当时估计有上百万人丧生，近千万人流离失所。印度成为一个大多数人口信奉印度教的国家，同时，还有少部分人信奉伊斯兰教；而巴基斯坦的大多数人口均为穆斯林。

印度的第一任总理贾瓦哈拉尔·尼赫鲁从印度独立时便开始掌管这个国家，直到1964年逝世。他被认为缔造了现代印度民族国家。印度众多的语言、文化和宗教也反映在它的联邦政治体系中，权力由中央政府和28个邦共享。社区、种姓和地区紧张局势持续困扰着印度的政治，有时还威胁到其由来已久的民主和世俗风气。

从国家独立直到20世纪90年代早期，印度采用的都是一种结合资本主义和社会主义特征的大型混合经济及内向型干预政策，试图以国内生产替代外来进口。结果，印度错失了“二战”后的贸易扩张机会，经历了导致执行不力的普遍的低效率和腐败。大型基础设施项目变成了国家的一大负担。20世纪90年代，印度进行自由主义和自由市场原则的经济改革，带来了经济的快速增长和外来投资。这个国家产生了一个新兴的城市中产阶级，在信息技术领域也取得了长足的进步。印度因拥有大量熟练劳动人口而成为国际公司寻求外包工作的热门选择。一些人预测，到2035年，印度将成为与美国和中国并驾齐驱的世界第三大经济强国。

但是，在这种经济增长的背景下，绝大多数农村人口依然处于贫困之中，他们的生活仍然受到古代印度教种姓制度的影响，每个人在社会阶层中都被分配了一个位置。如今，种姓基础上的歧视已属非法，社会采取了一些措施来赋权弱势群体，扶持国家三分之一的人口超过贫困线，扶贫和扫盲运动还有很长的路要走。据世界银行报道，印度农村34%的人口每天的生活费用不到1.25美元。

教育对印度人来说至关重要，即使是在大街上、平民的日常生活中，都可略见一斑。无论是在新德里、金奈、巴特那还是深入农村，我在拜访的每一处地方都会发现宣传教育课程、学校和大学的广告牌。教育被视为摆脱贫困、寻求更好生活的一大通行证。那些可能多年在工厂长时间劳作的印度公民正在向新兴的中产阶层稳步迈进。他们自己可能没怎么上过学，可能不会读书写字，但他们理解教育的价值，想让自己的孩子接受教育。

2014年埃萨中心（ASER centre）① 发布的《年度教育状况报告》② 指出，尽

① ASER（印度语，意为“影响”）的最初框架由全球教育领域最大的非政府组织之一布拉罕（Pratham）开发。布拉罕慈善基金联合创始人及首席执行官马达夫·查万（Madhav Chavan）博士是2012年度WISE教育奖获得者。——作者注。

② www.asercentre.org——作者注。

管印度的《教育权利法案》将儿童入学率从92%提高到了96%，并完善了配套设施，但过去九年来，学习质量的问题在很大程度上依然被忽略。报告认为，农村地区私立学校的招生情况发生了巨大转变，一股学习的危机影响着公立与私立学校，而低收入及新兴中产阶级家庭正在将他们的孩子送往这些学校。具有讽刺意味的是，在政府宣布将为所有儿童提供免费的义务教育之后，儿童入读私立学校的脚步反而加快。政府未能充分保障学习的基本成效，再加上城市化进程及通过电视和移动电话访问更广阔世界机会的交互影响，导致了印度全体国民对教育产生更强烈的期盼。

在印度期间，我参观了德里的XSEED办公楼，又去了金奈平价学习项目的一所示范学校，以及BBC媒体行动办事处，然后前往巴特那，到比哈尔一个偏远的村庄观摩了实践中的移动教育系统。

案例：XSEED

金奈、新德里

我得承认，长久以来我对私立教育存有偏见。从哲学角度而言，它给我的印象是制造了分化，让人接受这样一种意识，即你有钱，就理应获得一个凌驾于穷人之上的优势教育标准，所以你必须被特殊对待。公立与私立的选择意味着，整个社会缺乏一种动力来改善国家的供给，媒体和政治派别就是显著的例子。也有比如芬兰这样的例子，国家提供的公立教育就是世界上最好的教育，人们压根儿不会去考虑私立教育这一选择。我可以继续这样思辨下去，但我此刻身处伦敦优越地段的家中，一边写着这些文字，一边想着我一直享受的国家教育，以及能让我获得大部分生活保障所需的工作。做一个不切实际的社会主义者很容易，但你若是世界上贫困大军中的一员，就相当不易。贫穷不是指缺少一台电视机，而是指经常得饿着肚子上床睡觉。

在印度时，我思考着这些问题，还让阿希什·拉杰帕尔——印度平价教育设计公司的创始人——跟我解释了一番，我才发觉世界并不是那么黑白分明。

毕竟，我们讨论的不是英国的威灵顿学院或者伊顿公学。印度新兴的中产阶级也并非美英两国阅读《纽约时报》或《卫报》的中产阶级。这是一群新兴的中产阶级人士，他们自己可能一天学都没上过，却能够每月省下20美元来资助孩子的教育。我们可以就为什么国家有责任为大众提供这样一种教育好好辩论一番，而实际上许多像印度这样的后殖民地社会也都在试图实现这一目标。然而，这一项目规模往往太大，要么耗费时间太长，要么贪婪蒙蔽了人们望向这一使命的双眼。要是我身处印度这一挣扎求生的新兴中产阶级行列，我是否真的会基于政治信念选择等待国家建起到位的教育，而不是为我的孩子购买一个学位，以便将来让家庭摆脱贫困？

事实是，我不会等待。就像大部分父母一样，我会尽己所能去为我的孩子获取一种更好的生活，同时培养他们的社会责任意识，助力社会通向一个真正能为所有人提供高质量教育的社会主义乌托邦的形态。我意识到了自己想法中存在的虚伪，但我不相信这种辩论会有两极性。印度并不是芬兰那样拥有550万人口的单一文化国家。在这个国家，有3亿多不同文化、宗教和语言的人都生活在贫困线以下。换句话说，这几乎是整个美国的人口数量。

《年度教育状况报告》显示，印度有29%的儿童入读私立学校。然而，在新兴中产阶级，这一数字上升到44%。即使是在不那么富裕的家庭中，仍有15%的儿童入读私立学校。这就表明家长是有意识地选择私立学校。家长还把孩子送到校外私人补习机构，以让自己的孩子获取额外帮助，无论他们上的是公立学校还是私立学校。尽管印度私立学校的学习水平可能高于公立学校，但他们通常依然处于年级应该达到的能力水平之下。例如，据《年度教育状况报告》显示，有高达三分之一的儿童，其阅读能力至少落后两个年级。

XSEED的平价学习项目正是以新兴中产阶级为目标群体，约1000所印度学校订购了它的服务。XSEED是一个私人资助的营利企业，总部设在新德里，目前超过50万儿童正在使用它旗下的项目。拉杰帕尔从哈佛学成归来，开办这个公司，以解决贫困阶级和新兴中产阶级面临的一大教育危机。他发现，关键的问题就在于缺少保障儿童高水平教学的师资培训和课程材料。他深入学校，观察那里发生的一切，并了解到教师毫无准备、缺少支持或者仅仅是照本宣科，以教师站在前方的课堂风格，希望某些信息能有效传输给学生。他观摩大班额的学校，那里的学生很少被鼓励去提问或质疑。因此，教师一言堂，学生不专心，辛苦挣扎的家长群体很不满意。

拉杰帕尔的解决方案就是创建一个汇集学习材料、教案和练习的项目，并辅以培训计划，让印度的教师能以一种吸引学习者的方式开展教学，达到教学实践的高水平。拉杰帕尔在哈佛学习教育，师从霍华德·加德纳（Howard Gardner），深受他的多元智能理论的影响。这个理论提出，智力是一套模式而非单一的能力。加德纳认为，智力是创造对社会有价值之事物的能力，是一套解决问题的技能，也是寻求新知识以解决问题的潜力。从这方面可以看出，加德纳的研究直接源于约翰·杜威的研究，后者的思想以不同的形式影响着这本书中所描述的所有重大变革行动。事实上，拉杰帕尔认为，他所试图做的是“将约翰·杜威的思想产品化”，或者以一种非主流的方式，采用麦当劳式的方法将杜威思想所激励的教育模式配送到印度的平价私立学校。

我再次发现，自己围绕教育的个人思考受到了挑战。我一直笃信的是，我们的教育体系被工业化进程和教师缩减所蚕食，沦为一种单纯的教育传送系统，以满足标准化的质量控制指标。

大型咨询公司，比如麦肯锡，甚至为这种教育发明了一个词——“传送学”。看来，围绕教育的全球性争论，在于我们如何废除这种工厂流水线式的学习方式。在这里，我面临的挑战是印度如何解决这种影响超过了5亿人的学习危机。然而，拉杰帕尔将两种看似对立的方法成功地结合起来，用于教与学，尽管现实要比此处的三言两语更为复杂。质疑中，拉杰帕尔延伸了他的快餐比喻，他告诉我，在我们考虑比萨配料时，重要的是先获得比萨底饼。他当然不是将教师教学等同于比萨配送服务，但他的这番话却很契合印度的背景。如果没有达到基准水平，任何提高标准、引进新思想新技术（包括数字化平台）的希望都将注定是一系列永无止境的错误源头、空口承诺或不了了之的试点项目。

我离开德里，向南行进2000多公里前往金奈，去参观使用了XSEED项目的穆斯林妇女协会学校。在那里，我遇见了学生、教师和家长，他们纷纷告诉我学校的变迁。学校的大班额教室里，有着活力十足的教师和神情专注的学生，呈现着一片生机勃勃的景象。由于不知道先前的情况，因此很难分辨它是否曾是一所表现欠佳的学校，但我体会到的是，这是一所当下运作良好的学校。尽管这里缺少我们在大部分学校参观时都习以为常的那种数字化技术和交互式白板，但是，入耳之声却如出一辙——这是一种好奇迸发的声音和学习发生的声音。我虽哼不上调，但却知晓那种旋律。

（www.xseed.in/index1.html）

XSEED首席执行官

XSEED是一家专注于领导力和学习项目的私营公司，总部设在印度新德里外围的古尔冈。公司创始人阿希什·拉杰帕尔曾在印度顶尖的私立管理学校——詹谢普尔的泽维尔管理学院获得了MBA学位，之后在国外开始了职业生涯。

访谈：阿希什·拉杰帕尔

在为企业提供领导力项目数年之后，今日的 XSEED 公司基于教师教学材料、课时计划和学生学习材料，为学校提供可负担的平价学习项目。近千所中小学校采用了该项目，目前尚未进行数字化传递。

格雷厄姆·布朗-马丁：阿希什，能否跟我谈谈你的一些背景以及创办 XSEED 的灵感？

阿希什·拉杰帕尔：我在德里长大，然后在世界各地生活工作。我在俄罗斯住过，在巴黎住过，在美国也待过一段时间。大概这十年来，我一直都在从事印度学校教育这一块的工作。我有两个可爱的孩子，他们就是我的灵感和动力。

作为在德里长大的中产阶级的孩子，我有着所有生活在发展中国家的年轻人都会有的梦想。我读了个MBA，在海外一家跨国公司工作。早早结了婚，有了孩子，然后就想回来为印度的孩子们做点儿事。大概有五年，我们一直处在空档期。这就好像把邋遢袜子往墙上扔，完全不知道哪只袜子恰好能粘住。我们尝试了教师培训，尝试了咨询，试图帮助人们建新学校，还开展领导力方面的工作，但是似乎都没什么用。

过了五年，很多这类灵感、疯狂的精力、信念和试图改变的想法都慢慢消退，就像我的银行存款余额一样。我几乎要破产了，我在欧洲攒下来的积蓄都没了，我几乎是在绝望中被赶去了课堂。那时我才开始在印度进行课堂教学。这就是XSEED诞生的过程。我意识到在45个孩子的班级里上好一堂课有多么难，外面是45°C的高温，还存在各种各样的约束。一个孩子还没闭嘴，另一个就冲出教室去了，第三个就是不张嘴读书。你怎么能上好一节课？

然后我就意识到，除非你有更好的招数，否则你就没权利给别人演讲或上课。这就是XSEED开始的过程——为了给老师提供更好的办法。

格雷厄姆：你会怎么描述印度教育所面临的挑战？

阿希什：对于像印度这么一个大而复杂的国家，很难用一种已知的方式来谈论挑战。我所看到的有两三个方面。我觉得，从许多意义上说，这些问题跟世界上其他地方的问题是很相似的。你怎样把人才吸引到这个行业？你怎样让最优秀的人投入教学？你怎样兼顾孩子们之间的巨大差异？你怎样让孩子们掌握21世纪的技能，而不是工业时代的技能？等等。

还有一些我觉得不同的事情。首先，不存在一个单一的印度。印度实际上是三个层面的印度。此处的印度，我们现在访谈所在的这个区域，也是你可能看到最多的，就是我把它叫做“第三个印度”的印度穷人中的最底层，大概占到我们国家人口的65%~80%。幸亏，还有一个新兴的中产阶级的印度，大概拥有

3亿人口，还未完全达到西方标准甚至印度标准里的小康。他们心怀壮志，最基本的生活需要也已经满足。创造适合这三个印度的一大教育体系是很复杂的。所有公平和平等的意识都希望你创造一个系统，但是这样一个系统存在吗？我不知道。我觉得这是个巨大的挑战。

另一大挑战，我认为是管理制度。它的出发点可能是好的，但我们知道，在任何管控过度的领域，能飞黄腾达的人都是骗子、首领以及辛勤工作的人。没有公平的资本回报，你吸引不到最优秀的人进入这一领域。正当的投资进不来，教育就停滞了。它遭遇挑战，受到剥夺。没有合适的人才致力于这一行业，你怎么解决这么巨大的问题？超级重要的问题，还是印度的多元化。

如果你觉得欧洲多元，那印度是它的10倍或20倍。不存在一个单一的印度。我们就像希腊人、荷兰人、西班牙人、英国人那样。从克什米尔到泰米尔·纳德邦，从古吉拉特邦一直到阿萨姆邦，有四五个不同的民族。有一段压迫史，有上万年的种姓制度，等级制度森严。

格雷厄姆：面对这样一个广阔的国家和多样的人口，你怎么相信教育可以改变？它需要私营企业或公共部门采取主动吗？

阿希什：我本质上是一个左倾的自由主义者，但经过深思熟虑，我现在的观点是，由国家主导的西方模式不会产生在贫穷的国家，在你我有生之年肯定是看不到的。它产生于那些特权阶级、那些受过良好教育的人、那些有办法的改革者的兴趣中。

我觉得这是企业家将要扮演的角色，希望开明的企业家能够承担起社会事业的任务，带来这种变化。我也承认这样做的局限性。我认为总会有一部分可能是最贫困的穷人，是只有国家才能提供服务的，因为兼顾所有人是不太切实可行的。当然，很大一部分责任——如果不是全部的话——我觉得都需要由私营企业来承担。

格雷厄姆：你们的项目怎样拓展？能适应不同的需求吗？

阿希什：目前有1000所学校使用了XSEED。它服务于50万儿童，跟4万教师有合作。有意思的一点是，它也服务于特权学校，但是更重要的是，我们的大部分学校都是印度普通的下层中产阶级的私立学校，学费一般每月10到20美元不等。关于这里的私立学校的情况，我觉得有必要说清楚，尤其是针对西方民众来说①。

XSEED认为，课堂教学质量可能低下，因为教师本身的教育程度可能较低，教师的从业动机还有待加强。也可能是因为他不知道更好的方法。如果你告诉他这就是更好的方法，会怎么样呢？

不是用哲学思想，不是用堂皇的陈词滥调，而是用具体的细节。如果你这样去教分数的话，你会得到更好的课堂效果；如果你这样去教物体的沉浮，你也会收获更好的结果。这是介绍莫卧儿王朝历史的方式。这是你对一类特定的学习者传播的方式，比如相对来说谁更喜欢读写，谁更健谈。确实，也许老师缺少技巧，缺乏士气，或者工作兴致不高，但是我们突然想到了这一点：假如我们就直接告诉他怎么教，会怎么样呢？

一个传统媳妇进了印度人家的门，做不出人们期望的饭菜，实话说，婆婆会叫喊着抱怨她不会做饭。但我们为什么不示范给她们看呢？

简单来说，XSEED这个项目分为四部分。最核心的是微课计划。我们有一个包含了8000多个微课时的教案库，涵盖了中小学课程的每一个主题。在英语、数学、科学、社会科学学科中，以分钟为单位的课时计划可以指导你较好地完成相关主题的教学。同时，我们还面向学校推出了专业发展和培训项目，教老师们使用微课。除此之外，我们还有学生学习材料。我们提供课本和练习册，孩子们可以用来做练习。最后，非常重要的是评估项目。我觉得需要重点强调的是，这

① 在英美等西方国家，私立学校往往代表着精英教育，学生需要更优秀的学业表现和更富裕的经济条件才能入读私立学校。文中所提到的这种印度私立学校完全不同于西方精英教育的私立学校。——译者注。

个项目不是只将存在于主流学校的所有东西打包在一起，提供给更广泛的人群，而是基于渐进式教学法。它强调体验，强调儿童的差异，强调学习结果，而且在某种意义上，这种可能只有西方特权民众才能接受的教育方式，如今以纸笔形式被引入非常普通的学校中来。

格雷厄姆：这看起来像是对教学进行了产品化。那你怎么调整它与学习者真实的个人体验之间的关系？

阿希什：我觉得对XSEED可以批评的一点——有些人的确这样说过——就是我们对约翰·杜威的教育主张进行了麦当劳式的快餐化配置。这是好事还是坏事呢？我生活的国家有10亿非常非常贫困的人口，他们应该有权利有机会得到最好的教育。我们能不能哪怕做出一点点改进？就整体思考来说，我觉得XSEED就是提供一个架构，让任何老师，无论是不太灵光的，还是很有创造力的，都能获得一个框架系统来为21世纪的孩子提供教育。

西斯廷教堂、蓝清真寺还有泰姬陵看上去很不一样，但它们都有一个基座，都有结构。就因为你没有生在一个以那些结构或那种哲学背景为基础的富裕社会，你就应该被剥夺那种权利？我并不这样认为。我从来没有指定说这是唯一的教学方式，我是说，万一你对某个内容一无所知，没关系，我们就有最直接的答案。比如，针对如何接种天花疫苗这里就提供了方法。你用这个课时计划教学一年后，如果能想到更好的办法，当然可以。你有了更好的想法后，那就把它撕了，创建一个更好的。就让创造力或多元化成为你在教学库里添加适当内容的理由，不要让它成为没有机会在课堂上教得更好的那些平民教师的借口。我觉得在我们讨论比萨配料时，你首先需要一个底饼，而这就是一个非常好的基底。

格雷厄姆：你有没有什么证据，证明你的项目取得了积极的成果？

阿希什：我们仍然处在起步阶段。这个项目有五年了。在一个相对短的时期内，项目已覆盖了50万儿童。我觉得我们还有很长很长的一段路要走。世界上有超过10亿的人口，他们大部分都没有受过这种教育。话虽如此，我们也开始看到一些早期的迹象。总是不断被报道的，不外乎两种现象或结果。一是就在项目实施六个月的时间里，孩子们的好奇心有了明显改观。你知道，这根本不像火箭科学那么复杂。整个项目的运作前提，就是孩子们得去动手实验。之后，他们会被问到自己观察到了什么，他们的主动参与比教师的角色更为重要。

教师不管要说什么，都要退居其次。教师过去常常用掉95%的课堂时间来讲话，现在将之削减到40%或50%。孩子们讲得更多，他们有提问的空间。这是非常显著的一个结果。这些都是你在明日世界所需要的技能。你可能没有恰当的答案，但是你有恰当的问题。事实上，很多时候，你所需要的就是恰当的问题。

第二个积极的结果是英语口语技能得到提升。这原本不是项目的初衷，而是很幸运的一个副产品。在六到九个月时间里，这些技能再次显现出来。因为绝大多数孩子的家庭都没什么机会接触英语，所以家长很高兴。除了板球和宝莱坞，有一件事能让他们达成一致，就是对英语口语的痴迷。这是有原因的。如果你说英语的话，你会得到一份更好的工作，你会取得更大的成就。

XSEED已经成了一种象征，就像是“喂，这些孩子有点儿好奇哦！他们说了一大串，还是用英语在交流”。我觉得，这是很好的一件事。它不是这个项目的核心，但这是显而易见的两大转变。

案例：BBC媒体行动

比哈尔帕里甘村

在20世纪80年代初，互联网发明之前，我曾想过给孩子们制作一个小型手提电脑。作为早期多媒体光盘技术的先驱，我曾想象过这样一个世界：孩子们会使用这些设备访问图书馆，图书馆里到处都是通过无线电波存储世界知识的塑料光盘。由于小时候看多了《星际迷航》的缘故，这个想法是互联网前身的蒸汽朋克式① 的一种精彩幻象。我以一个年轻企业家的身份，成功赢得了英国政府的一项资助来设计和创建这种设备原型——我把它叫做“挎包”，还有一个与之配套的CD唱机，我称之为“旅行者”。我甚至得到了查尔斯王子殿下的接见，他参观了我在剑桥的高科技办公室。唉，时间就是一

① 蒸汽朋克（steam-punk），由蒸汽steam和朋克punk两个词合成。蒸汽代表以蒸汽机为动力的机械科技。朋克则是一种摇滚乐，自20世纪70年代末开始流行，采用街头语对白书写的文体，是一种非主流的边缘文化。蒸汽朋克式作品往往依靠某种假设的新技术，如新能源、新机械、新材料、新交通工具等，展现一个平行于19世纪西方世界的架空世界观，努力营造它的虚构和怀旧等特点。——译者注。

切，我还未来得及在今天称为“移动学习”的历史上留下一个脚注，想象力便枯竭了。

在今天这个智能手机和平板电脑无处不在的世界里，有些被称为移动学习的事物，在我看来不过以一种极其缓慢的方式，就像编年史的时间更迭一样，展现了教育部门的运作方式。关于2005到2009年间的移动学习，我举办了一次大型高峰会议，实际上是全球最大规模的。智能手机和平板电脑的销量都超过了台式机和笔记本电脑，但学校依然禁止使用。一次又一次同样的对话，我看不出来这有什么意义。在我看来，如果我们要将数字化平台用于学习的话，移动学习似乎就是默认的状态。况且，学习什么时候停止移动过？

我认为，当今人们时不时就召开某些会议和研究峰会，其唯一目的就是一边盯着手持设备，一边就学习纸上谈兵、坐而论道。好吧，祝君好运，也希望他们的资助永不掉链子。

但是，就在我快要忘记移动学习的时候，它确实已经发生了。BBC在印度的媒体行动让我很震撼，将我从自满情绪中拽了出来，因为它已经发生在大多数人身上了，这些人未必热衷参会或者高谈阔论。虽说在印度的项目绝对有意义，眼下也只能用最基本的移动电话来实现。不要提非智能手机，那些手机的特点就是毫无特色，事实上，它们中许多都是很糟糕的黑市仿制品，贴着“NOYIA”的标牌①。

BBC媒体行动是英国国家广播公司的国际发展慈善事业。它在法律、财务和运营方面都独立于BBC公司，但建立在BBC的基本价值理念之上，以其指导工作。它与BBC共享一个传统，通过广播合作伙伴关系，与发展中国家数以百万计的人群密切联系，但两者的组织架构不同。BBC媒体行动与全球的多媒体组织、非政府组织以及学术和捐赠机构合作。它使用媒体传播的力量，帮助社会减少贫

① 贴标冒充的是诺基亚的品牌。一个字母之差，意指山寨的仿制手机。——译者注。

困，协助妇女、儿童和男性了解自己的权利。它专注于健康、治理和权利，以及恢复力和人道主义响应。我在印度主要了解了它健康教育方面的工作，特别是比哈尔邦的妇幼保健工作。

比哈尔是印度人口第3大、面积第12大的邦，人口约1.04亿，其中80%生活在农村地区，40%处于贫困线以下。它北部毗邻尼泊尔，曾是古印度的权力、学习与文化中心。自20世纪70年代以来，比哈尔在社会经济发展方面已经落后于印度其他邦，这要归咎于中央政府的政策、冷漠、缺乏亚民族主义精神，以及英国东印度公司18世纪末在此永久驻扎的影响。

比哈尔有2700万育龄妇女和1850万六岁以下的儿童，却只有20万社区健康工作者或社会健康认证员看护这些儿童。这个邦的新生儿和孕产妇死亡率远远高于国家水平，它是全国医疗服务供给最差的州。尽管比哈尔政府最近在改善本邦健康基础设施方面已取得了重要进展，但民众的家庭健康问题意识仍然很低。

由比尔和梅琳达·盖茨基金会所支持的BBC媒体行动设计了一种开创性的办法，以改善挽救生命的家庭健康行为的需求和供给。通过传统的媒体形式触及这样一个庞大的群体十分困难，因为仅有27%的年轻母亲能接触到电视、广播、报纸或影院。

国家主管普利央卡·杜特（Priyanka Dutt）解释说："你在一个无比具有挑战性的环境下工作，几乎是一种媒体真空的状态，要接触这些人非常非常困难。你就把这个跟没电联系起来，或者想想女性在这个根本不存在流动性的邦里的地位。所以，一个女孩直到结婚、变成媳妇的那一刻，一直是与外界隔绝的，这是她生命中的重要部分。她们身处紧闭的大门之后，跟外界实际上没有任何接触或互动。"

但是，有了移动电话之后，接触信息的人的比例就显著上升到90%左右。BBC媒体行动设计并采取了一种360度全方位的方式来与这一群体联系，以融面对面沟通、信息通信技术、大众媒体和社区工作于一体为特色，尝试创建全球最大规模的一个移动学习项目。

作为项目的部分内容，他们为健康工作者开发了两种创新的移动电话服务：一种叫做“移动学院”的培训课程，还有一种叫做“移动昆机”（Kunji，印度语意为“指引”或“答案”）的按需服务，借助一副带有救生信息说明的卡片来完成。移动学院的设计旨在更新并巩固健康工作者有关挽救生命的健康行为方面的知识及沟通技巧。它采取一种音频课程的形式，通过交互式语音应答①来传输，这种技术即使在最基础的移动电话上也能使用。这样，健康工作者可以随时随处完成这一课程，而费用仅仅是面对面培训成本的一小部分。

健康工作者去比哈尔的这些女性家中，带着一个使用交互式语音应答的移动昆机和一副穿在环上的印刷卡片。昆机卡经过精心设计，看起来就像一部手

① 交互式语音应答，即自动语音应答，是指通过GSM/CDMA无线网络和语音类增值支撑平台，向用户提供声音服务。手机用户可以拨打指定号码，根据操作提示收听，点送所需语音信息，或者参与聊天、交友等互动式服务。——译者注。

机，上面有插图，说明孕产妇和儿童健康的关键信息。当拜访的健康工作者拨某个数字时，它们就通过手机向家庭成员播放安妮塔博士的语音健康信息。安妮塔博士是印度一位热心积极、文化中立但颇有威信的女医生。

这个项目的关键部分在于用户可从任何手机上获取移动昆机和移动学院，无需任何特定软件。印度六家最大的移动运营商采用了统一的代码和计价标准，而它们就占据了比哈尔90%的市场。拨打移动昆机免费，而拨打移动学院的话费比交互式语音应答的标准费率低了90%。BBC媒体行动不像许多在试点后便遭搁置的移动学习项目，它显然是可扩展的，并已向8个地区的4万名健康工作者成功推出。到2015年年底，它将会惠及余下的16万名社会健康认证师①。

我问BBC媒体行动的家庭健康项目主管悉达多·斯瓦普（Siddhartha Swarup），为什么他在这个项目里没有使用现代智能手机或者平板电脑。他的回答很到位。我觉得当我们进行技术方面的决策时，他的回答很有借鉴意义。他说：

> 人们正在试验一系列技术解决方案，从平板电脑到发展中国家农村地区使用的高端智能手机。很多都是试点项目，大概用于四五个村庄的50人左右。因为我们必须走规模化，我们就是一个规模化运作的组织，所以我们意识到我们其实面临两种选择：要么等待这些技术五到十年后逐步成熟，要么现在就开始挽救生命。所以，我们想到的解决方案是利用过去15年或20年来早已存在的非常简单的技术，比如交互式语音应答。这不是关于新技术使用的问题，而是使用技术改造今天。

(www.bbc.co.uk/mediaaction/)

① 社会健康认证师是印度官方认可的社区保健工作人员，属于全国农村健康计划的一部分。该计划由印度政府健康与家庭保健部于2005年发起，旨在于2012年全面推行后，达到“村村都有社康师”的目标。——译者注。

BBC媒体行动信息通信技术主管

BBC媒体行动是BBC的国际发展慈善事业。它在法律、财务和运营方面都独立于BBC公司，但建立在BBC的基本价值理念之上，以其指导工作。这个组织与全球的多媒体组织、非政府组织以及学术和捐赠机构共同合作。

访谈：萨拉·詹伯伦

从街头剧到广播媒体，BBC媒体行动使用不同的媒体传播形式来解决贫困问题，为世界上最贫穷的地方带来长远的改变。

我参观了这个组织在德里的办公室之后，就去了比哈尔邦的巴特那。接着，我又搭乘好几小时的车去一个村庄，看看他们正在部署的妇幼保健移动学习干预项目。

将这类项目部署到印度农村，存在着许多技术上的挑战，所以我跟他们的信息通信技术主管萨拉·詹伯伦（Sara Chamberlain）见了一面，以了解更多详情。

格雷厄姆·布朗-马丁：萨拉，能不能跟我说下你的背景，以及你是怎样开始这一项目的？

萨拉·詹伯伦：来印度工作之前，我在孟加拉国工作了三年半。为了教农村低收入人群学习英语，我们在那里开发移动式解决方案。这是一次很有意思的学习经历，因为我们了解到他们是如何通过一种叫做“以用户为中心”的设计方法来学习的，本质上说，我们经过了一轮又一轮的用户测试。我们采用了这些服务的原型，包括内容、导航及功能，将它们用于目标环境下，并在移动环境中让使用者进行互动，以获取他们对服务各个方面的反馈。

我们经历了八个月的用户测试，来开发移动学院的应用程序。我们现在已将这一程序引入印度，用它来教社区健康工作者关于妇幼保健的知识。

在孟加拉国工作了三年半之后，我跟BBC媒体行动一起来到了印度。我现在做的是阿那亚·比哈尔项目，它是比哈尔政府创建的一个计划，与比尔和梅琳达·盖茨基金会合作，旨在到2015年12月之前改变比哈尔州的公共和私营部门的卫生健康，从根本上降低该州孕产妇和婴儿死亡率。我负责的是为部分项目开发信息通信技术，寻求解决方案。

格雷厄姆：你们“以用户为中心”的设计工作是否表明了一种不同的学习方式，有别于你在以西方为中心的环境下的体验？

萨拉：是的。这是一种令人颇感惭愧的经历，因为你有先入为主的想法，以为自己很努力地开发，然后把它拿出来给目标人群，但他们却用不了。他们不懂这是干什么用的，他们不能理解这些信息，不会使用这个产品。这就是我通常发现的情况。有很多能人参与了设计开发，但是让他们站在一个比如说22岁的孟加拉国农村人的角度去考虑问题是很难的，再让他们猜测这些当地人可能怎样使用这种服务，我觉得会更困难。

我们发现了很多不一样的东西。一是原本基于图书馆的那种获取信息的方式——它是一种分级排列的结构化的信息，让你得以深究某个事物的不同方面，是从信息层次结构的角度来组织的——根本不是这里的人们使用的方式。至少在孟加拉国农村或印度农村、比哈尔邦不是这样的。人们获取信息更多的是通过人物角色以一种叙述性和故事情节的方式。信息更多的是采取一种故事的形式表达出来，有叙事的弧度，而不是显示在一个层次结构里。这就是很重要的学习。

另一方面，少即是多。我们发现，我们试图在一堂课中传播的信息量太大了，于是不得不减少传播的信息量。而且，我们不能假定概念会被理解。比哈尔就有很多很好的例子，如果你跟一位农村女性谈论熨斗，她们以前可能从没听说过熨斗；如果你和她们谈论救护车，她们不知道救护车是什么，因为那里根本就没有这个东西。我们假设这些基本的概念会被理解，但实际上人们不能理解，因为他们根本不熟悉。

我们也发现，能接触到大众媒体、看电视听广播的人，比起从未接触过大众媒体或基本上是媒体盲的人来说，能够更加自如地加工录制的信息。对后者来说，收听录制信息实际上是一个非常陌生的体验。

我们在比哈尔所做的开发角色声音的工作极为重要。我们开发了一个叫做安妮塔医生的角色，她传递了大部分信息。我们下了很大功夫，来确保安妮塔医生与她的听众能够联系在一起。我们要让村民们感到，虽然她不是本村人，但自己与她却没有隔膜，可以理解她—— 一个富有同情心、权威性也有吸引力的人。所有内容都用叙述口吻和基于故事的方式来研发，使用当地习语、诗歌和鼓声，来给人们真正提供一个熟悉的场景，用一种他们习惯的讲故事的方式，让他们参与其中。

格雷厄姆：对那些提出似乎更先进的技术解决方案的组织而言，这一定是个相当具有挑战性的环境。

萨拉：技术公司，特别是像来自硅谷或英国的国外技术公司，非常关注高端技术，关注用户界面设计最前沿、最新的趋势，比如触摸屏、应用软件什么的。

而我们在比哈尔发现的是，人们根本不知道怎样利用那种技术。我们在开发服务、了解人们的移动使用习惯之前，在比哈尔做了一个非常大型的质性和量化的研究。我们发现，只有9%的人曾发送过手机短信，人们拥有的大部分手机是人家用过的、质量非常差劲的砖头手机，连功能手机都不是。

这些手机都是黑市货。它们是诺基亚和三星的冒牌手机，从边境那边被贩卖进来，显示的是外国语言。它们不支持当地的印度字体，可能是英语或中文或阿拉伯语，但不是印度语。事实上，他们手握的仅是最基础的技术产品，还是外文的系统，他们对技术的使用仅局限于语音呼叫，而不会其他的。我们发现，大部分人只会打电话或接电话，仅此而已。

这实际上就决定了我们的技术选择，我们选择的是一种叫做交互式语音应答的技术。它于20世纪80年代诞生，已经是相当古老的技术了。它当初被开发出来，用于处理呼叫中心的来电。它甚至都不是一项手机技术，而是一种相当基础的老派技术。我们决定用这个技术，因为最基础的手机都可以兼容。这样，我们就规避了人们只使用手机来打电话的问题。基本上，比哈尔70%的女性都是文盲，她们只明白语音信息。

除非你真正走出去，跟那些将要使用你们服务的人去交谈，实际上是用一种相当重要的方式跟他们说，否则你是不会明白此时此地的他们是怎样跟技术打交道的。我想我们曾跟1500多人聊过，他们可以说是比哈尔农村家庭和社区健康工作者的代表。

人们在硅谷或其他地方研发这些应用软件，把它们拿过来，说："你瞧，我们来做个试点，或者用这些带视频的应用软件在这里推出一项移动教育服务。"然后他们发现，哎哟，你看，目标人群没有支持这个应用程序的手机，怎样都没法用。

格雷厄姆：在印度农村引入低成本的互联网连接设备，你认为这样的举措如何？

萨拉：我觉得将低成本的设备分派给大量民众，存在很多挑战。如果你把低成本设备分派给小范围内的目标人群，他们都是专业人士，你也能支持这些设备，那就没问题。实际上，这很令人兴奋。但是，如果你考虑将低成本设备分派给印度农村、比哈尔农村上百万的人，那挑战就比较大了。

首先是电的问题。在比哈尔乡下的许多村庄里，没有一个供电的主流方案。他们获取电的唯一方式是发电机。他们每月支付100卢比获得每晚2小时的电力，也就是单个灯泡的电量，让他们能够给一种非常基础的手机充电。在没有电的情况下，很难理解，比如一个平板电脑怎样工作，因为你要怎样给它充电呢？

我想了很多关于让所有人都能用上宽带的事，我想把它带到印度的最后一个角落，带到乡下村庄，但是在没有电的情况下，宽带怎么运行？每一个单一的网络社区或资源中心都需要一个发电机。发电机运行起来很贵，因为它们需要大量汽油。在没有能源可以充电并运行它们的情况下，还有，至少在比哈尔，农村女性70%都是文盲的情况下，这些解决方案怎么行得通呢？如果他们不认字，又怎么使用平板电脑呢？这真的难以想象。

而且，我觉得人们没有考虑相关的设备支持等问题。如果手提电脑或平板电脑损坏了怎么办？我们都知道，平板电脑是非常精细的东西。它们适合放在硅谷的咖啡桌上，可未必就适合放在炎热的比哈尔农村，那里有季风，有灰尘，还有酷热。谁来支持那个手提电脑或者平板电脑？如果孩子把它弄掉在地上，屏幕碎了，谁来替换这个屏幕？如果它死机了，或者一半程序都被不懂怎么用的人删掉了，谁来重装软件？如果它丢了，被盗了或卖了，谁来重新配置一台？

真的是这类不断维护和运行低成本解决方案的后续保障工作，让我很感兴趣。我们之所以决定利用他们现有的技术，也就是入门手机，是因为它已经人手一部了，而且他们知道怎样维护它，怎样修理它，以及怎样给它充电。

数据风总监、首席运营官

2011年，当数据风（Datawind）宣布它将为印度教育部门专门设计制作一款平板电脑，仅需终端用户支付35美金的造价时，全球为之震惊。这个设备带有七英寸触摸屏、ARM处理器①及256兆内存，运行安卓系统，于印度境内制造，并销售给印度政府，以分发给大学生。

访谈：萨尼·辛格·图里

我在2013年的一次会议上遇见数据风总监、首席运营官萨尼·辛格·图里（Sunset Singh Tuli）时，他已在为还未发布的一款第三代设备做融资演讲了。他打算将其引入印度市场，售价仍是35美金，其中包含了印度2G网络下的免费互联网连接。

我手里就有这款产品，它虽然不是iPad，但也确实有效，反而不像这种价格的东西可能令人感觉的那般脆弱易损。当人们考虑到图里的同胞苏伽特·密特拉及其所倡导的服务于联网学生的自组织学习环境时，他们可能会心生疑虑，不知道这么一款低成本的平板电脑能否引发印度的学习革命。

① ARM（Advanced RISC Machines）处理器是一个32位元精简指令集的处理器架构，广泛用在许多嵌入式系统设计中，也可用做微处理器的通称。——译者注。

格雷厄姆·布朗-马丁：你认为你的技术能在印度影响学习吗？

萨尼·辛格·图里：我们坚信，技术可以以之前不可能的方式赋权现今的学生和教师。我们也相信，来自金字塔底层的变革机会最大。在印度70%的人口生活的地区、10亿人居住的地方，路都没铺好，三分之一的学校连教师都没有。

所以，特别是在这种环境下，我们认为技术、互联网及其所提供的合作机会，就是教育改进的一次巨大契机，这也是我们所聚焦的层面。

格雷厄姆：你们给终端用户定位的是低廉的价格。这个可行吗？

萨尼：我们的入门级设备低于40美元。它们在美国的售价是37.99美元，针对普通用户；在英国，售价是29英镑。这就是它们售卖的起点价格。我们相信价格点会持续下降。我们认为，一年内每台大概会降到25美元左右。这些价格点很重要，我们的研究显示，当一台个人电脑的平均成本降至周薪水平之下时，北美和欧洲的计算机销售行情就会看涨。所以，就我们的目标市场而言，一周的薪水不超过50美元，我们希望能为消费者定位合适的价格点，以便让买得起手机的人也负担得起。这就是我们关注那些价格点的原因。

格雷厄姆：所以，你们的定价接近发展中国家常见的功能手机的价格点。电力要求和网络怎么样？

萨尼：当你考虑大规模采用互联网计算设备时，人们质疑的是是否有电和网络等问题。虽然全球还有一部分人口仍没有电，仍上不了网，但互联网用户和手机用户之间的差距却非常明显。全球有超过50亿的手机用户使用60亿台移动电话。却只有20亿人使用互联网。所以，存在一个30亿人的缺口。他们能给自己的移动电话充电，能连接通信网使用移动电话，却没有互联网。我们相信，如果我们可以让他们以所购功能手机的相同价格获得计算机和互联网设备，就能打开那个30亿人的市场。这就是价格点对我们来说非常重要的一个原因，它会帮助我们推动消费。

格雷厄姆：用这款平板电脑，你计划怎样在印度获得免费的互联网连接？

萨尼：我们的目标就是要给消费者提供免费的移动连接。我们在英国已经开展了两三年这样的实验，在那里我们有大约15万用户，我们聚焦的是英国版本的“数字鸿沟”——通常指的是年纪大、被称为“银影侠”的那些不怎么上网的人。我们想为那些消费者提供简单、易上手且性价比高的解决办法。所以他们会购买这个设备，互联网连接也没有额外的费用。移动连接就内置在其中。

我们几年来一直都在印度研发这个产品，而且我们相信，用不了几周我们就可以宣布跟某个网络运营商的合作关系，到时我们就可以做到。那样，你就能以低于50美元的价格买到一款入门级的设备，它会自带一个SIM卡。基本的网页浏览和收发邮件都包含在这个价格包里，所以你不必缴纳月费来连接网络。我们觉得，这是非常关键的一方面：价格不只包括硬件。我们知道，在许多同类产品的市场上，头两年的连接费用随随便便就超过了硬件的成本。所以，连接费用是我们必须兼顾的另一方面。

我们已经开创了一种压缩加速的算法技术，还获得了18项美国专利。它减少了30倍的宽带消耗。所以，我们就能消耗更少的数据，花更少的钱，随后我们使用赞助关系，还能让费用下降到零。这就类似于谷歌提供免费搜索的原理。我们相信基本的互联网连接也可以免费，由广告来补贴。

格雷厄姆：但大部分数字化内容都来源于国外，这不会成为一个问题吗？

萨尼：就内容和应用程序来说，这是一个长期的方法。在很大程度上，我们所做的是与大学合作，推出开发应用程序的课程，之后我们举办竞赛，鼓励学生开发应用程序。我们与大学合办编程马拉松（hackathon）活动，将重点放在与用户群相关、与更优质教育或社会公益相关的应用程序上，这些是我们十分热衷的。而且，我们不只是在印度这样做，还在许多其他市场进行。

我们持续赞助和支持这些活动，以便让下一代开发者思考下一个30亿消费者所蕴藏的契机，以及我们怎样才能以一种积极的方式影响他们。我们觉得，我们正在产生影响。

纽卡斯尔大学教育技术教授

访谈：苏伽特·密特拉

苏伽特·密特拉没有教育方面的正式背景，也没有学过教育的课程。然而，2013年，他获颁百万美元的TED大奖，以开发让儿童探究及相互学习的云端概念下的学校。这个项目将会吸纳技术、建筑、创意和教育合作伙伴，来帮助设计和搭建云端概念下的学校——它是印度一处实体建筑，旨在尝试自我导向学习的一系列基于云端的可拓展性方法。密特拉的项目会见证七所学习实验室的创建，其中两所在英国，五所在印度，均被设计为儿童的自组织学习环境，以同伴互教的形式来解决自身的大问题。这个项目利用了一个退休教师网络，通过Skype与各实验室连接。

密特拉以“墙中洞”项目开始在教育界声名鹊起。这一实验，是在印度新德里贫民窟的一堵墙上安装联网的电脑自助服务机。密特拉和他的同事观察贫民窟的儿童玩电脑并在此过程中学习如何使用电脑及上网，然后互相教学的情形。这个项目指出，即使没有教师的任何直接教学，在一个激发求知欲的环境下，儿童也能够通过自我指导和与同伴分享知识而引发学习。

格雷厄姆·布朗-马丁：苏伽特，你的学术背景不在教育领域，能否详细介绍一下？

苏伽特·密特拉：我出生在印度的孟加拉邦加尔各答。我是英国纽卡斯尔大学教育、传播和语言科学学院的教育技术专业教授。我的工作主要是学习领域的，尤其关注在现有的技术和信息基础设施条件下，儿童如何进行学习。

我没有把教育当作一个学科来研究过。对我来说，作为学科来研究的是理论物理。我算是误打误撞进了教育领域，在没有选择的情况下，只能以一个物理学家的视角看待我所做的事情。这是好是坏，我也说不清楚。我可能提过教育的一些问题，而教育界的人士可能回应说，“但这个问题很多年前就提到过了”。这是完全有可能的。所以，我不知道我所说的是不是新东西，但我可以说，我是以一个物理学家的眼光来观察儿童和学习的，这似乎给后续所发生的事情带来些许趣味性。

格雷厄姆：“墙中洞”的项目表明儿童能够自我组织并学习。你对这个项目有什么期待?

苏伽特：我们是抱着很低的期望开始的。我那时在私营部门工作。我们连接宽带很方便。我甚至不认为这是一个实验。我只是想看看没受过教育、不懂英语的街头儿童是不是会使用电脑，或者对电脑产生任何兴趣。

在实际试验时，我们发现他们能够操作电脑并上网。每天都是惊喜，因为不管我们想到哪方面的局限，孩子们都马上克服了。这个故事持续了14年，从印度到英国，再到世界其他地区。我觉得用一个俏皮话来说就是，我们给孩子一台电脑，以为他们会知难而退，然而这个猜想是错的。他们并没有止步，而是不断地向前迈进。

另一件重要的事情是，我使用技术意义上“自组织系统”这一表述，就像用于数学和物理领域一样，它不应当被解释为组织自我。不是那回事。“自组织系统”是一个专业术语，实际上说的是，系统内如果有足够多数量的东西与其他事物互动，那么它们就开始在特定情况下产生自发的秩序。这就是云彩、花朵、风暴，还有股票市场运作的方式。

这个项目似乎表明，假如允许儿童彼此互动，学习可能就是正在发生的这种自发有序的机制。并不是说他们相互组织，而是彼此互动的表现改变了他们的行为。当我们把它看成一个群体产生了这些令人非常惊讶的学习结果时，这就是我们所描述的自发秩序。

如果是这样的情形，那么我们对学习就有了不同的看法。它不必非得由外部强加和检测。实际上它可以从内部衍生，而且我后来发现，实际上150年前就有很多人这样探讨过教育。

格雷厄姆：所以，你是要表明，学习遵循的是一种类似母语习得的机制吗？

苏伽特：在很大程度上是这样，我觉得语言习得真的是个很好的例子。许多技能的掌握都有这种特性，就是万物瞬间归位。它就像学习骑车。首先是你对整个事情的理性思考。我正在向左倾斜，所以我应该向右摆动来保持身子挺直，类似这样，你会摔几次跤，因为你形成那类思考和推理还需要一定的过程，直到某天你学会骑车为止。你无法描述。我觉得这是从内部自然发生的一种现象。

格雷厄姆：你把数字技术看成这种自组织学习的推动力？

苏伽特：是的。我偶然发现，成群的孩子在一种低威胁度的环境下与计算机进行互动，这就意味着他们把全部精力、全部脑力都用于这项活动。如果他们可以互相交谈，如果他们可以东奔西跑、跟其他小组讨论其他事情，那么自组织行为就会产生，跨群组的自发性学习也会产生。这似乎是一直都在发生的，我指的是反复发生。

格雷厄姆：特别是在西方世界，你觉得你的研究对我们教育的方式，比如教室、教师等意味着什么？

苏伽特：我对现有的教育体制真的很好奇，因为我心想：如果在这个领域里我所观察到的似乎是那么不同的话，那为什么系统是现今的状态？人们不会几百年来都在犯错，很有可能是我错了。这体制是从哪里来的？

我开始研究，就发现了我觉得相当有趣的两件事。首先，跟技术有关。肯定曾经有个时期，纸笔和类似的东西对富人来说是真正昂贵的玩具，所以儿童没机会接触到这些东西。儿童进行口头检测，而且整个体系都是口头形式的。因为没有书，所以你需要一个智者，一个懂得某些道理的人。如果你想学点儿什么，这个智者就会向你解释，你就知道了。后来书本变得便宜起来，也容易获取了，智者的地位就受到了威胁，因为学习者可能会说："你懂的所有知识就在书本里，所以我要读书了，我不需要你了。"

然后，智者不得不落荒而逃，说："不，老师不一定得是台上的智者，但是老师一定是旁边的引导者。"因为毕竟老师得指导你读什么书，他说："去读那本书吧。看完之后，就读另外那本。我需要检查你是否理解了书的内容，所以我会测试你。"

这就变成了教师的角色，而且持续下去，直到互联网产生并做了书本做不到的一些事情。书本不会指向彼此，至少它们不容易做到，但互联网却一直都是如此。一个链接指向另一个链接，再指向下一个链接，以此类推。

现在旁边的引导者也遇到了麻烦，因为学习者不再寻求指引者了。互联网到处都在引导着他们。我所发现的是，个体可能在海量的链接中迷失方向，来到一个糟糕的链接区域，而一群学习者就可以自我纠正。

这就好像是与互联网互动的群体也不再需要旁边的引导者了。我们老师会怎么样？我们是不是没地位了？我做了一个实验，用一个关于非常难的生物技术和儿童的实验来测试自组织学习的限度。孩子们要学习生物技术的某些知识，这些都是他们十年之后才会接触的东西，而且是用一种他们不太理解的语言——英语来学。这个实验已经发表了。

我们发现的是，他们自己能够从零开始，达到30%以上的掌握程度——这真是一件不可思议的事情，但他们做到了。如果有一个像是奶奶那样完全没有恶意的友好的成年人来鼓励他们的话，他们掌握的程度会从30%提高到50%。这一切就成了一个自组织学习环境，其中学习就是由一位友好的成年人辅助或鼓励的自组织系统。现在旁边的引导者变成了你的朋友，我觉得这就是教师在现有体系中应该承担的角色。

格雷厄姆：你觉得这个方法可能会影响到我们将来的评估方式吗？

苏伽特：回到技术上，现在纸笔变得很便宜，你可以把所有这些都交到孩子们手中；书本变得很便宜，你可以把书也交给孩子们。教师的角色开始转变。然后技术来了，令我惊讶的是，在考试大厅里却不允许使用技术。你允许使用纸，允许使用铅笔，允许使用尺子、直角、三角板、量角器、圆规，上一代人用于解决现实世界问题的所有东西现在应考者都可以使用了。不知从什么时候起，我们似乎将它忽略了。

我有时候想，如果我回到一百年前，回到维多利亚时代，给他们展示我们的世界，维多利亚时代的那些人会说："你们到底为什么禁止考生使用它们呢？你打算怎样测试他们现实世界的技能？"就我们对教育的思考来说，我们实际上是不是比一百年前的他们更加糟糕？

现有的体制根植于前一个时代——帝国时代，也就是西班牙帝国、法兰西帝国、俄罗斯帝国、奥匈帝国，当然还有最终的大英帝国。在一个没有电脑、没有电话，除了人脑没有其他数据处理方式的时代，这些帝国都需要一种治理地球上大块区域的教育体系。显然需要具有两三种本领或技能的人。他们必须会阅读、能理解，必须能够像样地书写。这样当一个人写了什么的时候，世界上另一端的另一个人要能够阅读并理解它。因此他们必须拼写良好，语法正确。他们要能够在脑海里做算术，进行心算。因此，他们必须学习乘法表和手动计算。

这些都是帝国时代基础教育的支柱。它们由每个帝国精心设计，创建出了一个完美运行的学校系统。就像生产机械式钟表一样，学校系统产出了一批批完全一样的产品，每个人的能力甚至都被包装得如出一辙，然后他们离开校门走向社会，主演自己的人生之戏。大英帝国就是一个超大型人类电脑的例子，它是一项出色的设计，英国人因此几乎能够将其用于全球，而且成功运行了数百年。

对此我们应拍手叫好，但当帝国不复存在时，就不应再这样继续下去了。

格雷厄姆：所以，你想说的是，我们有一种基于服从而不是批判性思考的教育测量体系？

苏伽特：我觉得是。看看普通的青少年，他们有智能手机，能够获取人类从古至今的所有信息，但每天早上他们来到学校，不得不把手机收起来。他们进入那些仍然用19世纪的铁做成的高大校门。它看起来像个监狱。他们走进里面，直到铃声响了，他们放学了，然后门打开了，他们走出来，又马上拿出手机。这是他们做的第一件事。

他们展示了不同寻常的鉴别力和批判性思维，能够发现伪劣品和欺诈服务。其实，成人经常问孩子："你觉得那个怎么样？你觉得值不值得去？你觉得价格合适吗？"是他们在告诉我们答案。尽管我们是这样，尽管必须存在于这种环境下的一代人的学校教育系统是这样，但批判性思维可能已经发生了。然而，学校所做的却是教他们在一个不复存在的世界里如何生存。

经合组织教育与技能部主管

从我一路旅行的经历来看，似乎经合组织的国际学生评估项目引发了世界各地教育工作者的强烈情绪。意在作为一种诊断工具，将决策者纳入教育与改进对话中的国际学生评估项目，已被广泛抨击为一张排名表—— 同样的一群决策者在“必须干得更好”的一类期末报告中，用其打压各自的教育工作者。

访谈：安德烈亚斯·施莱克尔

肯·罗宾逊爵士最近批评国际学生评估项目“挤掉”了其他更有创意的学科，产生了一种十分“怪诞”的教育焦虑。

我在巴黎与安德烈亚斯·施莱克尔（Andreas Schleicher）见面，以了解国际学生评估项目的更多情况。安德烈亚斯是教育领域的一位德国统计学家、研究员，还是国际学生评估项目协调员。我发现与安德烈亚斯的一席对话很有启发性。虽然我对标准化测试的效益持有保留意见，但毫无疑问，安德烈亚斯是一位善者。

格雷厄姆·布朗-马丁：经合组织和国际

学生评估项目是怎么回事？

安德烈亚斯·施莱克尔：经合组织是一个主要由工业化国家组成的国际组织，而大部分国家正在致力于为更好的生活开发更好政策。实际上，在公共政策领域，教育仅是其中的一个方面。我们谈论教育时，真的就是在谈论我们怎样开发人们的适切技能，我们如何保证人们有机会去使用这些技能，以及我们怎样将新兴的技能与社会的新兴需求相匹配。这就是经合组织运作的一种典型方式：跨部门、跨政府，与社会各界合作。这都是跟更好的政策相关。

格雷厄姆：我认为经合组织是想推动经济发展，这种看法对不对？

安德烈亚斯：不全对。其实我觉得，它是要改善人们的生活品质。比如说，当我们评估发展时，不是看GDP。GDP是一方面，而我们看的是推动人类生活品质的所有方面——社会参与、经济成果、公民参与，所有这些问题都是经合组织的部分议程。这就是我们研究教育的原因。

格雷厄姆：那么，如果我将经合组织描述为经济决定论者，那就错了？

安德烈亚斯：绝对错了。我觉得，其实当你评判经合组织的时候，不妨看看那些进展中的项目，你会发现很多时候，我们都是在更广泛的意义上来看待这个问题的。比如说，我们在包容性增长方面有一个庞大的工作项目，它不是关于如何回收更多产出，而是关于怎样确保我们将经济增长的收益分配给社会最广泛的群体的。

格雷厄姆：你认为现今的国际学生评估项目有什么优势和弊端？

安德烈亚斯：国际学生评估项目的理念一直都是在各国之间、在决策者之间、在教育工作者之间、在研究者之间搭建一个对话的平台。当我们对此加以审视时，我们还没有一个全球的教育观。教育仍然是一种非常封闭的内部事务，就连学校本身也不一定了解或压根儿没想去了解隔壁学校或隔壁教师都做了什么。他们都在自己的领域内工作。他们没有跨国的共同语言——这就是国际学生评估项目设立的初衷，而且在这方面也做得很好。

我还记得与教育部长们第一次会面的情景。我们让他们围桌座谈，每个人都在说："我有最好的教育体系。要说还有点儿遗留问题的话，去年我也已经推行了一项改革，把问题解决了。"实际上没有真正的对话。今天，人们出去都会问：芬兰做了什么？中国做了什么？等等。它正在向外看。国际学生评估项目表明了教育领域的可能性，它也给了自满的人一点儿现实的提醒。

我觉得国际学生评估项目在测量问题解决技能、批判性思考、数学、科学及读写方面是非常强的。它只是刚开始衡量社会能力，我们知道这对人的成功是非常重要的。它不是关乎你知道什么，而是关乎你用所知去做些什么事，从而决定你是否成功。我觉得我们刚刚开始去捕捉那类结果。这是一个维度。

国际学生评估项目需要改进的另一维度，是将学生所学的内容与他们实际学到的内容相联系。我们现在想将他们的学习环境、教学政策、教学实践与成绩联系起来。教育差不多仍然是个黑匣子，打开它，我觉得也是很重要的一个使命。

格雷厄姆：很多教育工作者似乎都认为，决策者把国际学生评估项目作为排行榜来打击他们。这是不是你想象的那种使用方式？

安德烈亚斯：不。这不是目的，我也不认为它是一个占主导地位的使用方式。媒体推出国际学生评估项目测试结果的头三天，反响通常会很强烈。但三天后，人们就开始思考他们能做什么了。我可以告诉你，在我的国家——德国，2000年时，国际学生评估项目的一大结果激起了公众的强烈反响。德国16个教育部长第一次完全向外看了。他们去了芬兰。之前，很多人可能都不知道芬兰在地图上的哪个位置。不妨问问自己：有多少代表团去过像芬兰这样的国家，或者加拿大的安大略省，或者中国的上海？我觉得在这方面国际学生评估项目已经达成了目标——创建一个强烈的对话来争取更好的教育政策。这个排行榜，我不认为它有什么不妥，它是讨论的出发点。仅仅看看自己所处的位置，也不能让你再前进些。

格雷厄姆：你觉得国家参与国际学生评估项目的情境很重要吗？

安德烈亚斯：我觉得是。但同时，我们通常把情境看成坐井观天的一大借口。我们觉得自己真的与众不同，所以我们无法真正跟其他人合作。我觉得这从根本上来说就是错的。我们需要思考。你不能在一个教育系统内进行复制和粘贴，我觉得每个人都理解这一点。但是，你可以从学校系统的成功因素中学到很多东西。为什么亚洲国家高度重视教育，每个人都有强烈愿望去获取成功？为什么他们如此成功地克服了社会背景？在我们国家，如果你来自贫穷家庭，你在学校的学习就会比来自贫穷国家的学生要差得多。东南亚却不是这样。我们实际上可以向外看看他们是怎样达成这一目标的，而且我觉得这真的就是国际学生评估项目所做的事情。国际学生评估项目并不擅长告诉你需要做什么，但是，它非常在行的是告诉你其他人做了什么、取得了什么成功，那会是灵感的绝佳来源。

格雷厄姆：所以，看起来，人们对国际学生评估项目的目的仍然存在巨大的误解。你同意吗？

安德烈亚斯：也许我误解了，但是总体而言，我认为这种信息是对的。我给你举个例子。在我的国家——德国，当结果出来时，人们真的是极度震惊。在此之前每个人都说："哦，贫困家庭的学生学不好是正常的，因此我们才将他们置于系统的底层。"突然间他们发现，哇！实际上很多国家在这方面都做得更好。就在过去的十年内，德国缩短了一半的成绩差距，移民学生的学业表现大幅提升，结果就摆在那里。你看你可以做得更好，这就是国际学生评估项目所做的事情。谁做得更好，我们就来学习。你试图在自己国家的背景下配置这些理念，就可以推动很多改进的实现。全球有很多范例。

格雷厄姆：所以，它真的是一种诊断性工具。

安德烈亚斯：是的。

格雷厄姆：经合组织怎样根据国际学生评估项目来界定创造力？

安德烈亚斯：国际学生评估项目不是测量学生能否重现所学内容。世界经济不再因为人们知晓什么——谷歌知道一切——而予以奖励，而是因为他们知而后行而奖励他们。要在国际学生评估项目测试中考好，你要根据所知内容进行推断，将知识用于其他情境，将点连成线。你需要证明自己可以跨学科思考。我们的很多检测任务都不只是物理任务或者化学任务，在某种程度上你需要将历史和物理联系起来。谁能证明这种有创意的跨界思考，谁就能在国际学生评估项目中取得好成绩。还有，人们对国际学生评估项目测试的一大误解就是，因为你数学考得不太好，你就肯定非常有创造力；或者说中国的孩子，因为他们数学学得太好了，就不可能有创造力。实际上，这只是另一则例子，说明国际学生评估项目打破了人们原有的认识误区。很多人都了解这一点，你去硅谷转一圈，看看那里有多少中国人就知道了。

一些经济体的挑战通常是，他们没有好好利用人们的创造力，利用他们最有创意的思想。他们的劳动力市场并不厚待这类思考。

我觉得创新技能就是今日的鉴别器。受到重视的不再是日常的认知技能。事实上，某些指责国际学生评估项目的批评意见恰巧颠倒是非了。他们实质上在说："好吧，你测试了一些思考技能，但这根本不是数学。数学就是那些公式。"

格雷厄姆：肯·罗宾逊爵士认为，国际学生评估项目引起了莫名其妙的教育焦虑，你怎么看？

安德烈亚斯：再回头看看我自己的国家，是的，2000年国际学生评估项目引发了诸多焦虑，比如学业表现不佳、社会差异巨大。但是接着，那股焦虑非常迅速地转化为教育工作者、决策者非常有建设性的行动。

如果我们自以为是，对今天的成绩沾沾自喜，我们就不可能改变。我们在教育中看到的一个基本问题是，我们周遭世界的变化比我们教育系统的变化要快速得多。每个人都说，改革的节奏太快太快。实际上，对技能的需求也比我们学校教与学的方式发展得更快。我觉得焦虑是一个伟大的起点，将它转化成为真正有意义的行动就是国际学生评估项目的目的。我真的认为，它做了这一点，虽然不是在所有国家，但在一些国家做得真的很不错。

格雷厄姆：为什么在中国你只测试了上海而不是全国？

安德烈亚斯：这只是一个测试承载量的问题。其实中国人让我很诧异。他们现在很认真地将其推广到其他省份，但是，搭建测试的基础设施是一项历时数年的工程。

格雷厄姆：也许甚至是一代人的工程？

安德烈亚斯：的确如此。在某些地区，学校都没有运作的基础设施，你怎么能幻想将类似国际学生评估项目这样的评估嵌入其中呢？这只是一个开始，上海只是教育非常出色的一个直辖市，但我觉得我们也不应轻视它的成功。上海比大部分欧洲国家都要大。它是一个相当大的实体，有2500万人口住在那里，他们生活在一种非常有挑战性的环境下。那里有很多超级富豪，也有很多非常非常贫困的人。他们的教育系统如何成功开发弱势儿童的天赋，就值得我们学习。它如何打造第一代儿童的教育理想，令人印象深刻。有很多我们可以学习的地方，但我们不应该根据测试结果推断整个中国的情况。我认为，上海是国际学生评估项目的一个既有意义也有用的参考点，就像印度一些省份曾有的情形那样，但是在这两个国家，要达到这样的水平都需要花费大量时间。

结　论

即便您是一位习惯从后面开始翻阅的读者，也感谢您一直阅读到此。我踏上了一次全球之旅，寻求我们教与学过程中创新和变革的实践。我发现它无处不在。我最大的收获是，语境至关重要；数字技术是变革的催化剂；而未来，不是预设的目的地，而是我们人类社会决意去实现的一个目标。

远在世界教育创新峰会给我这个机会让它成为现实之前，本书的书名——“重新想象学习：互联社会的学习变革”，就是我多年来一直在思考的问题。我的想法是记录我们的全球社会如何反思我们的学习方式，也许更重要的是，我们为何而学习。

数字技术的影响就是我探索的起点，但是，如果只是报道关于学习的数字化部署的内容、方式及缘由，却不去反思社会、文化与历史背景，那么，我认为这将错失一大机会。成堆的书都在说明技术为何就是解决办法，我也不想再多制造一本——要是技术真的就是万能方案的话，那我们现在还有什么问题?

我的确相信，数字技术能够对教育系统的变革和我们的学习方式产生积极的作用。然而，我也认为，在我们向前迈进并对19世纪和20世纪的实践与信念进行数字化之前，我们尚需更广泛的公共辩论，来探讨这一切的目的何在。如果我们赞同每个儿童都有权接受教育，那么这种教育的目的是什么？只有我们回答了这个问题，我们才能真正决定怎样使用数字平台，我们的教育机构才能在全球范围内实现真正的变革。

说到“公共”，我指的是超越教育工作者、技术专家和政策制定者的更广泛的社会团体。如果我们要迎接现代社会和人类物种所面临的深度挑战的话，那么所做的决策就必须涉及所有人的参与。

但是，这些挑战是什么呢？

在我看来，我们是一个卓越的物种，享有一个美丽的家园，却热衷于自我灭绝。从历史角度而言，我们彼此破坏的痛苦以及我们给仅有的家园和自己同胞所带来的伤害，就是一种全球无意识的行为，意识形态战胜了生存。为了让我们的子孙后代做出比其祖先更好的决策，我们可以做点儿什么？

就在几十年前，我们认为自己用抗生素打赢了与疾病的战役，但当抗生素不再有效时，我们还能做什么？气候变化、人口、能源、水、食物、居所、卫生、贫困、和平——这些都是将会影响这个星球上每一个人的挑战。

教育的目的是什么？我觉得，是我们这一物种的存活，不是一个精英群体或一种文化，而是无比多样的每一个人，因为没有多样性，也就没有创新，没有艺术，没有梦想。

在创作本书期间，有人这样问我：你是否认为这个世界已被统一在一种全球行动中？你很难超越两次世界大战造成的全球性冲突或者作为全球化源头的工业化步伐去思考。但我也想到，当人们通过数字网络与上亿人互相联结，探索和分享彼此的思想与信念时，一些意想不到的惊人之事就会发生。当然，许多机构、国家和企业都害怕不受限制的跨界的言论自由。它挑战现状，挑战既得利益集团的势力范围和社会的控制。即便如此，我们也已经看到了没有既得利益的无领导、自组织团体和无国界项目的推进，它们将先进的开源技术和软件交到了大众手里。当我们让人们谈论、分享和互动时，所发生的一切不外乎这些特性。这就是互联的社会。

能遇到这么多既鼓舞人心又充满激情的人士，并且他们抽出时间与我分享他们驰骋的思想，这是我的荣幸，我希望自己成功捕捉并传达了他们思想的精髓。我们仍有一段路要走，但我们正是历史上曾就我们的社会和学习开启真正全球对话的第一代人。数字平台让这种对话成为可能，但让我疑惑的是，技术是否真的就是社会变革的推动力？它塑造了这种对话吗？就像马歇尔·麦克卢汉（Marshall Mcluhan）[①] 曾经指出的那样，媒介就是信息吗？

麦克卢汉是一位技术决定论者。他就像同时代的许多人一样，相信并给出了很令人信服的论点，认为是技术塑造并决定了社会。虽然这一观点在学术界备受质疑，却正在一点点复兴起来。实际上，无论是看报纸还是参加教育技术会议，人们很难不相信技术进步与社会进步之间存在着一种隐性的因果关系。

技术与社会之间的联系已嵌入我们的思想中，以至于我们常常误以为这就是常识。我们将人类文明按照它们的工具和手段来归类，分别为石器时代、铁器时代、蒸汽时代，以及现今的数字时代。马克思谈到了风车和封建领主、蒸汽机和工业资本家。但事实是，我们被意外卷入了这座语言监狱里。考古学和人类学是认真对待技术变革的第一批学术学科，物质文物往往是非读写社会的唯一记录。因此，即使因果关系不太明晰，我们通常也会以占主导地位的人工制品来命名社会，我甚至使用了“互联社会”这一术语作为本书的标题。

那么，我要如何走出这一思维定式？

我要说的是，十年前我完全接受了决定论者的言论。毕竟，如果不是技术决定了社会形态的话，那就是经济，对不对？

在任何全球教育高峰会议上，或者比如说瑞士的达沃斯论坛上，从世界银行

① 马歇尔·麦克卢汉，全球知名媒介思想家。1964年出版《理解媒介——论人的延伸》一书，指出媒介即讯息，它是人体的延伸。——译者注。

到经合组织，这些机构会让我们相信，教育投资将输送必要的人力资本，以满足经济发展规划和国家繁荣。当然，他们说得很对。这只是看待事物与衡量事物的不同方式。我们可以这样永无止境地辩论下去。

你可以争论是其他决定因素，如生物、性别、宗教等塑造了我们的社会，许多说法都貌似有眉有眼，甚至在某种程度上可能都是不错的。但我们不应忽视的一个关键因素便是社会决定论。我的看法是，互联社会有力量增强人类的动力、影响力、心声以及对未来的掌控。还有什么会比教育——世界上最强大的上层建筑之一——更能支持我们社会的基础呢？

这就带我到了第一个结论，即语境是王道，变革的性质与语境密切相关。

比如说，在加纳，“世界阅读者”的部分项目借助廉价的电子阅读器使人们能读到书，从而改变了农村学校。非洲农村新书的稀缺和印刷品发行的高成本，让许多学校贫困不堪。在互联网连接受限的区域，降低成本，借助廉价的阅读器发行电子书，如今已惠及成千上万的儿童、教师和家长。同样，在印度农村大部分“媒体缺位”、电力有限的地区，一款基础的移动电话通过宣教产妇保健知识挽救了生命。

在英国、美国和黎巴嫩，我们看到平板电脑无处不在，这为学校带来了更高效率，让学校改变了原有课程和时间表，以便学生享受更大的自由，来合作和反思解决问题，并聚焦学习可能发生的时空；在新加坡，我们认识到，以协同数字游戏的形式进行的模拟提供了一个安全的平台，让学生得以深思公民权与社会的形成；在约旦，我们了解到，学生彼此合作，用社交媒体平台相互分享；在卡塔尔，我们发现，受传统教学方法挑战的儿童的学习，通过辅助技术发生了变革，这些技术让学生得以参与课堂，并超越此前人们对他们可能会落后的预期。

我的第二个结论——数字技术是变革的催化剂——不言而喻，但我们必须继续追问这些变革会是什么，应当是什么。从历史角度而言，工厂、写字楼和社会的其他方面利用技术来获得质量与效益。通过减少人为误差的可能性，机器和计算机在许多情况下将工艺生产转化为大规模生产。计算机和互联网已成为巨大的去中间方，削减了个体与产品服务供应商的中间环节。借助诸如亚马逊这样的全球企业，我们再也无须亲临实体商店；借助诸如YouTube、Spotify及Netfix这类媒体流提供商，我们足不出户便可立即获得空前的娱乐体验；借助维基百科，我们构建了自己的知识结构并分享。但是，当考虑到教与学时，我们的想象力是否仅仅局限于数字化及寻求更有效的课程分配方式与测试方式？这些平台仅仅只是加强19世纪的教学评估过程吗？

苏伽特·密特拉想知道，如果我们强制要求每个孩子随身携带今天的技术进入考场，而且在考试当中他们必须相互探讨和分享答案的话，会发生什么样的事情。毫无疑问，比起要求他们使用纸笔仅仅复述事实而言，这种考试方式对这个年龄段孩子的能力培养更重要、更有用。

与“去中间方”和工业过程所提供的“大规模生产”观念相反的是，我们现在看到了创客运动的复兴，其作品便反映了我们对原创的重视。我们鼓励孩子们去设计和创造，而不仅是消费。由于实体经济在这个新的数字世界里重新进行了自我调整，也许见证实体经济的复苏并非不可想象。

我们这个社会如何重新想象教育和学习的目的？我们拭目以待的变革无疑取决于我们对这一问题的回答。这就将我带到了第三个结论：未来就是我们创造的一切。

回想我与克丽·菲斯尔的交谈，无论未来学家及政策制定者们告诉我们什么讯息，未来都还不存在；而我们，作为一个社会，对其将来的走向仍具有发言权。麻省理工学院的米奇·雷斯尼克认为，我们的社会可以更像一个终身幼儿园，到处充满了惊叹与好奇，让我们用新奇的方式来解决比比皆是的挑战。

让我们重新想象片刻，学习的目的、教育的目的，就是为我们当前与未来的一代人提供解决人类面临的重大挑战的技能。让我们想象，我们可以在这些挑战——从污染到公平，到环境，再到我们的福祉——上达成一种全球共识。让我们想象一个我们共同解决这些挑战的未来。那会怎样改变我们学习的方式？

在这次旅程中，几乎我所遇见的每个人、到访过的每个机构都不是仅从技术或经济进步的方面重新想象学习，而是关注创造一个更好更公平的世界。这最终关乎人类精神以及我们下一步的去向；关乎共同提升我们的士气，以解决未来更大的挑战。当然，人类这一物种的智慧，使得我们能够不断发明新技术以改善生活，而正是在我们的教育实践中，学习者，无论长幼，都将获得达成这一目标的洞察力和技能。我们总会抵达一个个十字路口，在那里我们没有地图，我们还不知道自己行为的意外后果。在这一切见闻之后，我想到的是教师的重要性，他不是作为一种信息传递系统，而是作为向导与人类指南针，指向重要的内容，并最终指向正确的路途。

约翰·杜威在他的《儿童与课程》① 一文中指出，在关于教育目的的辩论中，存在两种截然不同的观点。一是认为主题内容或课程就是目的，指向结果，从而决定了方法。另一派思想，也是我更支持的一派，认为：

> 儿童是起点，是中心，也是终点。他的发展、他的成长就是理想。它只提供了标准。为了儿童的成长，所有学习都是次要的；它们是工具，由于服务了成长的需求而产生了价值。个性、品质胜于学科问题。不是知识或信息，而是自我实现才是目标。

您可以说我观念守旧，但我不会信赖以一种算法来达到这一目的。

感谢您的阅读。

① *The Child and the Curriculum*,John Dewey,1902
www.gutenberg.org/ebooks/29259——作者注。